AMÉRICA LATINA ENTRE SIGLOS

DOMINACIÓN, CRISIS, LUCHA SOCIAL Y ALTERNATIVAS POLÍTICAS DE LA IZQUIERDA

Roberto Regalado Álvarez, La Habana, 1953.

Politólogo y diplomático. Graduado de la Universidad de La Habana de Periodismo y del Instituto de Idiomas "Máximo Gorki" en lengua inglesa. Funcionario del Departamento América del Comité Central del Partido Comunista de Cuba (PCC) desde 1971. En el Servicio Exterior estuvo como Primer Secretario y Consejero en los Estados Unidos y Nicaragua respectivamente.

Actualmente es Jefe de Sección en el Departamento de Relaciones Internacionales del PCC.

Miembro fundador del Foro de San Pablo y Secretario Ejecutivo Adjunto de la Conferencia Permanente de Partidos Políticos de América Latina y el Caribe (COPPPAL).

Ha publicado numerosos trabajos y ensayos tanto en Cuba como en otros países. Es coautor del libro *Transnacionalización y desnacionalización: ensayos sobre el capitalismo contemporáneo.*

AMÉRICA LATINA ENTRE SIGLOS

DOMINACIÓN, CRISIS, LUCHA SOCIAL Y ALTERNATIVAS POLÍTICAS DE LA IZQUIERDA

ROBERTO REGALADO ÁLVAREZ

Segunda edición

un proyecto de ocean press

ISBN 10: 1-921235-00-4
ISBN 13: 978-1-921235-00-9
Library of Congress Control No: 2006927894

Primera Edición 2006
Segunda Edición 2006

PUBLICADO POR OCEAN SUR

OCEAN SUR ES UN PROYECTO DE OCEAN PRESS
Australia: GPO Box 3279, Melbourne, Victoria 3001, Australia
              Fax: (61-3) 9329 5040 Tel: (61-3) 9326 4280
              E-mail: info@oceanbooks.com.au
EEUU: PO Box 1186, Old Chelsea Stn., New York,
              NY 10113-1186, USA
Cuba: Calle 7 No. 33610, Tarará, La Habana, Cuba
              E-mail: oceanhav@enet.cu

DISTRIBUIDORES DE OCEAN SUR
EEUU y Canadá: **Consortium Book Sales and Distribution**
              Tel: 1-800-283-3572   www.cbsd.com
Gran Bretaña y Europa: **Turnaround Publisher Services Ltd.**
              E-mail: orders@turnaround-uk.com
Australia y Nueva Zelanda: **Palgrave Macmillan**
              E-mail: customer.service@macmillan.com.au
Cuba y América Latina: **Ocean Press**
              E-mail: oceanhav@enet.cu

www.oceansur.com
www.oceanbooks.com.au

Índice

SEGUNDA PARTE:
DOMINACIÓN, CRISIS, LUCHA SOCIAL Y ALTERNATIVAS POLÍTICAS DE LA IZQUIERDA EN AMÉRICA LATINA

A la memoria de mi padre

La reforma legal y la revolución no son [...] diversos métodos del progreso histórico que a placer podemos elegir en la despensa de la Historia, sino momentos *distintos del desenvolvimiento de la sociedad de clases, los cuales mutuamente se condicionan o complementan, pero al mismo tiempo se excluyen...*

Rosa Luxemburgo

Prefacio a la
segunda edición

Es un reto escribir un libro que aborda temas de actualidad. La primera versión del presente ensayo fue entregada a Ocean Press en febrero de 2005, cuando recién concluía el primer mandato de George W. Bush en la presidencia de los Estados Unidos, fecha de cierre que parecía razonable. Mientras se hacía el trabajo de corrección y edición, se produjeron los movimientos de protesta que provocaron la renuncia de los presidentes Lucio Gutiérrez en Ecuador y Carlos Mesa en Bolivia. El autor y la editorial coincidimos en que esos acontecimientos justificaban posponer la publicación para incluirlos en esta valoración, por lo que el cierre de la primera edición se extendió hasta junio de 2005.

Aunque el protagonismo de Evo Morales en las luchas sociales y políticas bolivianas es bien conocido, y a pesar de que en junio de 2005 su campaña para las elecciones presidenciales de diciembre de ese año ya estaba en pleno desarrollo, en aquel momento resultaba imposible prever si él podría o no sortear los obstáculos que el imperialismo norteamericano y la derecha boliviana interpondrían en su camino hacia la primera magistratura de su país. Afortunadamente, Evo sorteó todos los obstáculos y su elección como presidente de Bolivia planteó la necesidad de rehacer, por segunda vez, los dos capítulos finales de *América Latina entre siglos*, no solo por la trascendencia del hecho en si mismo, sino también porque aportó nuevos elementos para el análisis general.

Hasta la victoria de Evo, la Revolución Bolivariana parecía una especie de accidente histórico, atribuible al grado excepcional de agudización de la crisis política y social venezolana, que no solo le impidió al imperialismo y sus aliados locales evitar la elección de Chávez en los comicios de 1998, sino tampoco les permitió impedir la aprobación de la nueva Constitución, la reforma del sistema político y electoral, el desarrollo de las misiones sociales y demás transformaciones estructurales que rompen con el *statu quo* del sistema de dominación continental. Hasta ese momento, los esfuerzos de Luiz Inácio Lula da Silva en Brasil y Tabaré Vázquez en Uruguay por ampliar sus respectivas coaliciones de gobierno con partidos de *centro* y su apego al esquema de "gobernabilidad democrática" imperante, daban la impresión de ser lo que cabía esperar como alternativa política de izquierda en América Latina a corto y mediano plazo. Pero, sin incurrir en generalizaciones caricaturescas, es obvio que la elección de Evo se asemeja más a la de Chávez que a las de Lula y Tabaré, en el sentido de que constituye una ruptura con los cánones de la "gobernabilidad democrática". Este elemento demostró que lo ocurrido en Venezuela no fue excepcional, y que las diferencias entre, por una parte, los gobiernos de Chávez y Evo y, por otra parte, los de Lula y Tabaré, obedecen al grado de agudización de la crisis política, económica y social en que se produjo cada uno de esos triunfos electorales, que es mucho mayor en la región andina que en el Cono Sur.

Al prestar más atención a los escenarios subregionales, no solo resaltan las características de la crisis capitalista en cada uno de ellos, sino también la actuación diferenciada del imperialismo norteamericano, que interfiere de forma abierta en los procesos electorales para tratar de evitar los triunfos de los candidatos presidenciales de izquierda, tanto en la subregión andina como en América Central, mientras adopta una actitud tolerante en el Cono Sur. También salta a la vista que no puede hablarse solo de un escenario subregional centroamericano, sino de toda la Cuenca del Caribe, porque, a pesar de que este libro no incluye el análisis de los países de habla inglesa, francesa y holandesa del Caribe, resulta imposible dejar de mencionar la más flagrante violación de la soberanía de una nación del continente ocurrida desde la invasión de los Estados Unidos a Panamá de 1989: nos referimos a la imposición de la renuncia forzosa y el envío a África del presidente haitiano, Jean Bertrand Aristide, llevados a cabo por fuerzas militares de los Estados Unidos en febrero de 2004.

Apenas había transcurrido poco más de un mes de la elección presidencial de Evo Morales, cuando nuevos acontecimientos aportaron más elementos de análisis: esos acontecimientos son el intento de despojar a René Preval del triunfo en la elección presidencial celebrada en Haití el 7 de febrero de 2006 y las protestas populares que frustraron esa maniobra. Esta acción de la administración Bush nos induce a hablar, ya no solo de *escenarios subregionales diferenciados*, en los que el imperialismo viola de forma más descarnada su propia política de "defensa de la democracia", sino también del *fracaso* de la reforma del sistema de dominación continental iniciada por el presidente George H. Bush (1989-1993).

Históricamente, el imperialismo norteamericano ha recurrido a un supuesto código de ética, basado en la *defensa de la democracia*, para encubrir o justificar su injerencia e intervención en América Latina y el Caribe. De acuerdo con ese código, los gobernantes de los Estados Unidos clasifican como *democráticas* a las fuerzas políticas que representan o se pliegan a sus intereses, y tildan de *antidemocráticas* a las que consideran adversarias. Esa doble moral adquirió una nueva cualidad desde el inicio de la "Guerra Fría" (1946), a raíz de la cual "la amenaza del comunismo" fue invocada como pretexto para imponer, en 1947, la firma del

Tratado Interamericano de Asistencia Recíproca (TIAR) y, en 1948, la creación de la Organización de Estados Americanos (OEA), acompañados de la promoción de dictaduras militares que sirvieran al gobierno y a los monopolios estadounidenses. La "defensa de la democracia" fue también el argumento para justificar la invasión norteamericana que derrocó al gobierno de Jacobo Arbenz en Guatemala (1954), la cual, a su vez, sirvió para afianzar el *derecho de injerencia* en el Sistema Interamericano.

A partir del triunfo de la Revolución Cubana (1959) y el subsiguiente auge de las luchas nacionalistas, democráticas, populares y revolucionarias en América Latina y el Caribe, el imperialismo norteamericano reafirmó el *derecho de injerencia* mediante las sanciones aprobadas contra Cuba en la Octava Reunión de Consulta de Ministros de Relaciones Exteriores de la OEA, celebrada en Punta del Este, Uruguay, en 1962. Sin embargo, como la política de agresión, bloqueo y aislamiento contra Cuba no destruyó a la Revolución, ni eliminó su ejemplo, el presidente Lyndon Johnson se sintió obligado a renunciar, de manera pública y formal, a la supuesta defensa de la democracia. La Doctrina Johnson proclamó que los Estados Unidos preferían contar con *aliados seguros* que con *vecinos democráticos*. Esa política se hizo efectiva en 1964, cuando el gobierno estadounidense apoyó el golpe de Estado que derrocó al presidente João Goulart y creó en Brasil el prototipo de las dictaduras militares de "seguridad nacional" que asolaron a América Latina desde entonces hasta 1989. Durante veinticinco años, las dictaduras militares de "seguridad nacional" encarcelaron, asesinaron, desaparecieron, torturaron y enviaron al exilio a decenas de miles de latinoamericanos y latinoamericanas. No fue hasta que acabaron de cumplir sus objetivos, a saber, aniquilar a toda una generación de militantes de izquierda y sentar las bases de la reforma neoliberal, que el imperialismo decidió renegar de las dictaduras militares de "seguridad nacional", les achacó toda la responsabilidad por los crímenes cometidos, y reasumió su hipócrita defensa de la democracia y los derechos humanos, con vistas a utilizarla contra la izquierda y para mediatizar a la izquierda.

En medio de la crisis terminal de la URSS y el bloque socialista europeo, por medio de la invasión militar a Panamá de diciembre de 1989 y la guerra sucia que condujo a la "derrota electoral" de la Revolución Sandinista en Nicaragua en febrero de 1990, el imperialismo norteamericano liquidó las últimas supuestas amenazas a su "seguridad nacional" en la América Latina continental. También apresuró el desmontaje pactado de la dictadura de Augusto Pinochet, la única dictadura militar de "seguridad nacional" que aún subsistía, para dotar al "milagro neoliberal" chileno de un rostro "democrático", con el fin de hacerlo atractivo como modelo para el resto de las burguesías latinoamericanas y caribeñas. Es en ese contexto que George H. Bush impuso en 1991 *la defensa de la democracia representativa* como *pilar político* de la reforma del Sistema Interamericano, el cual había quedado desarticulado como resultado de la política de fuerza de Reagan.

En las condiciones del entonces naciente "Nuevo Orden Mundial", el imperialismo norteamericano pensó que podría imponer en América Latina y el Caribe un sistema de dominación transnacional, basado en el esquema de "gobernabilidad democrática", que le permitiera ampliar y profundizar su control sobre la región sin emplear los medios y métodos históricos de injerencia e intervención —tales como la invasión militar, los golpes de Estado, el fraude, las dictaduras militares, el asesinato, la tortura y otros— que, por haber abusado tanto de ellos, llegaron a resultar muy costosos ante la opinión pública estadounidense y mundial. Sin embargo, como se argumenta en este libro, la *dominación* agudiza la *crisis*; la *crisis* estimula el auge de la *lucha popular*; y la *lucha popular* repercute en la búsqueda de *alternativas políticas de izquierda*. Y este efecto de acción y reacción en cadena, que se repite una y otra vez, obliga al imperialismo a quitarse los guantes de seda de la "gobernabilidad democrática", y a *volver a recurrir* (o a *seguir recurriendo*) a la misma injerencia e intervención abiertas que practica desde tiempos inmemoriales. En eso consiste el *fracaso* del actual sistema de dominación, que se percibe con mucha mayor nitidez hoy, que cuando cerró la primera edición de *América Latina entre siglos*.

Roberto Regalado Álvarez
Mayo de 2006

Prefacio a la primera edición

América Latina es una pieza clave en el rompecabezas de las mutaciones, las crisis, los conflictos, las luchas sociales y los enfrentamientos políticos que estremecen a la humanidad en el tránsito entre los siglos XX y XXI. Si el estudio del desarrollo capitalista en las naciones más avanzadas de la Europa decimonónica era entonces considerado suficiente para comprender *el mundo* y trazar estrategias destinadas a transformarlo, tareas de semejante envergadura no pueden circunscribirse hoy, en una medida similar, al estudio del desarrollo y las contradicciones económicas, políticas y sociales de las grandes potencias imperialistas.

Mediante una disección magistral de la economía británica, Marx fue capaz de trazar lo que, con terminología contemporánea, podríamos denominar el mapa del genoma del capitalismo. Esas investigaciones le permitieron descubrir las leyes generales que rigen el movimiento del capital, de las cuales siempre habrá que partir para comprender su desarrollo y metamorfosis posteriores. La relación entre la base económica y la superestructura social en Gran Bretaña, Francia, Alemania y otros países europeos fue otro de los principales objetos de estudio de Marx y Engels. No es que los fundadores del marxismo ignorasen o subestimasen el carácter planetario del capitalismo. Fueron ellos los primeros en analizar el papel fundamental que desempeñó la explotación colonialista

de Asia, África y América en el despliegue y afianzamiento de
la producción capitalista, la conformación del mercado mundial
y el nacimiento de la industria moderna. En esencia, fueron ellos
quienes descubrieron que el capitalismo había "dado a luz" una
historia universal, llamada a integrar, de manera progresiva, a todos
los pueblos y naciones en una totalidad orgánica. Pero el estudio
de la sociedad capitalista en ascenso tenía que centrarse en sus
puntos de máximo desarrollo, que en el siglo XIX se circunscribían
a Europa Occidental y Norteamérica: era allí donde la economía y
la estructura clasista del capitalismo estaban nítidamente conformadas, y era allí donde se encontraba el vórtice de la lucha de
clases. En la actualidad, sin embargo, un enfoque similar sería
fragmentario y unilateral.

En el transcurso del siglo XX, el desarrollo capitalista rebasó
las fronteras nacionales. A partir de la Segunda Guerra Mundial,
la concentración de la propiedad, la producción y el poder político
experimentó un salto cualitativo. La participación de los Estados
Unidos en la reconstrucción posbélica de Europa Occidental aceleró
la fusión de las economías de las grandes potencias imperialistas
y la interpenetración de sus respectivos capitales. Nacía así un
espacio transnacional de rotación del capital (que algunos llaman
globalización y otros *mundialización*) y un nuevo sujeto que ejerce la
dominación económica dentro —y también fuera— de ese espacio:
el monopolio transnacional (usualmente denominado empresa
transnacional). Como complemento de ese proceso, la alianza
política y militar establecida con motivo de la Guerra Fría contra
la Unión Soviética y el entonces recién surgido campo socialista,
cimentaba una nueva relación de competencia/cooperación pacífica entre las naciones imperialistas que, hasta entonces, se habían
enfrentado en numerosas guerras. La crisis económica de 1974, la
primera crisis económica capitalista que afectó de manera simul-
tánea a los Estados Unidos, Europa Occidental y Japón, fue también la primera manifestación perceptible de que había surgido

una economía trasnacional, que interconectaba las economías de las potencias capitalistas y privaba de su carácter nacional a las del resto del mundo. Las fronteras que durante siglos acunaron a la propiedad y la producción capitalista, se habían convertido en obstáculos para su ulterior concentración y desarrollo.

El proceso de transnacionalización y desnacionalización desplegado a partir de las últimas décadas el siglo XX convirtió al capitalismo en una genuina totalidad orgánica universal. El Norte y el Sur son en la actualidad las dos caras de una misma moneda: resulta imposible derivar conclusiones sobre la situación y las perspectivas de uno de ellos sin estudiar al otro porque el desarrollo y las contradicciones del capitalismo se proyectan, como nunca antes, a escala mundial. Solo quienes se consideren capaces de llevar a la práctica la experiencia bíblica del Arca de Noé, pueden concebir que haya regiones del mundo y clases sociales inmunes a la crisis integral capitalista que amenaza la existencia misma de la humanidad.

América Latina es hoy un laboratorio de las ciencias sociales y la política. José Carlos Mariátegui (Perú, 1894–1930) fue el primer gran pensador que se valió del instrumental marxista para desarrollar una teoría revolucionaria concebida a partir del estudio de la realidad latinoamericana. Ese enfoque particular era necesario porque la dependencia colonial y neocolonial, el subdesarrollo y la existencia de grandes masas de poblaciones aborígenes, y de esclavos de origen africano, entre otros factores, conformaron en esa región estructuras sociales y generaron contradicciones económicas, políticas y sociales diferentes a las estudiadas por Marx y Engels en la Europa del siglo XIX, y también a las analizadas por Lenin y otros protagonistas de la Revolución de Octubre de 1917. Julio Antonio Mella (Cuba, 1903–1929), Rodney Arismendi (Uruguay, 1913–1990), Ernesto Che Guevara (Argentina, 1928–1967) y Fidel Castro (Cuba, 1926), resaltan entre los dirigentes políticos que más han aportado a la conformación de un pensamiento marxista latinoamericano. Esa labor es hoy aun más necesaria porque ya no solo constituye una premisa para conocer y transformar a América Latina, sino también una contribución al conocimiento y la transformación del mundo.

Uno de los terrenos donde la izquierda latinoamericana abre sus propios caminos y, al hacerlo, ayuda a abrir los caminos de la izquierda en otras regiones, es en el debate acerca de las transformaciones ocurridas durante las últimas décadas en las condiciones, los escenarios y los sujetos de las luchas populares, y sobre la readecuación estratégica y táctica que de ellas se desprende. Como parte de ese debate, en América Latina se replantea, una vez más, la polémica histórica que motivó a Rosa Luxemburgo a publicar en 1899 *¿Reforma social o revolución?* Por supuesto, este no es un tema exclusivo de Latinoamérica, pero es en esa región donde se aborda con mayor intensidad. Ello obedece a que en el Norte "las izquierdas" —como se acostumbra a llamarlas en Europa—, lo consideran obsoleto, resuelto o superado, mientras en otras áreas del Sur, la magnitud de los conflictos y de la crisis económica, política, social y medioambiental obliga a los pueblos a concentrar la atención en las amenazas más inmediatas a su subsistencia.

El hecho que en América Latina se mantenga en efervescencia el debate entre las corrientes de izquierda que abogan por la reforma social progresista y las partidarias de la transformación revolucionaria de la sociedad, no significa que exista un equilibrio entre ambas. A partir de la implosión del paradigma socialista erigido en la Unión de Repúblicas Socialistas Soviéticas (URSS) y del recrudecimiento del intervencionismo imperialista a escala universal, hoy prevalece el criterio de que se cerró para siempre —o que en realidad nunca existió— el camino de la revolución. La noción de "viabilidad" se inclina a favor de la reforma social porque el imperialismo adopta una actitud en apariencia tolerante

—aunque no neutral, indiferente o pasiva— con relación a los espacios conquistados por varios partidos y movimientos políticos de izquierda en gobiernos locales y estaduales, en las legislaturas nacionales y hasta en los gobiernos de algunos países, actitud que, para no llamarnos a engaño, es preciso contrastar con las agresiones a Yugoslavia, Afganistán e Irak, las amenazas contra Corea del Norte, Irán y Siria, el recrudecimiento de la hostilidad y el bloqueo contra Cuba, la campaña desestabilizadora contra el gobierno del presidente Hugo Chávez en Venezuela, y la intromisión estadounidense en las campañas electorales de otros países donde la izquierda compite con posibilidades de ejercer el gobierno nacional, como ocurre en Nicaragua y El Salvador.

Quienes abogan hoy en América Latina por limitar el *horizonte estratégico* de la lucha de izquierda *dentro de los umbrales del capitalismo*, pasan por alto que en esa formación económico-social desaparecieron las condiciones que, en períodos ya rebasados de su historia, permitieron realizar reformas sociales progresistas en el Norte, algunas de las cuales se extendieron a las clases altas y medias de ciertos países del Sur. La vía socialdemócrata está agotada. El esquema de acumulación del capitalismo senil que rige los destinos de la humanidad solo es —y solo será— compatible con el acceso al gobierno de fuerzas políticas que garanticen la continuidad del proceso de concentración transnacional de la riqueza y el poder político. Ello no implica que la izquierda se abstenga de participar en la lucha electoral o rechace los espacios institucionales conquistados por medio de ella —incluido el ejercicio del gobierno nacional—, pero sí la obliga a estar consciente de que, más temprano que tarde, quien transite por esa senda enfrentará la disyuntiva de aferrarse a esos espacios *como un fin en si mismo* —en función de lo cual deberá renunciar a la identidad y los objetivos históricos de la izquierda— o concebir su utilización *como un medio de acumulación política* con miras a la futura transformación revolucionaria de la sociedad. El primero de estos caminos conduce a "administrar la crisis" capitalista; el segundo lleva al enfrentamiento con el imperialismo y sus aliados. En ambos casos, hay que pagar los costos —por supuesto, de naturaleza muy diferente— que se derivan de haber optado por uno u otro rumbo.

En un mundo donde están cerradas las posibilidades de una reforma social progresista y en el que también *parecen* estar cerradas las de una revolución socialista, las dificultades para "ver la luz al final del túnel" hacen que la polémica sobre objetivos, estrategia y táctica de la izquierda se replantee en términos imprecisos. Hoy no se habla de *reforma* y *revolución*. Ambos conceptos subyacen, de manera implícita, como polos antagónicos en el debate sobre la "búsqueda de alternativas", frase acuñada en los últimos años que revela las incertidumbres y divergencias existentes sobre cómo labrar el futuro. Esta polémica es aun más compleja debido a la influencia que en ella ejercen conceptos y valores asimilados de la doctrina neoliberal y la plataforma de la socialdemocracia europea contemporánea.

La tesis marxista de que *las ideas dominantes son las ideas de la clase dominante* nos permite comprender por qué el neoliberalismo, doctrina que satura los medios masivos de comunicación y la producción teórica universal desde hace veinticinco años, no solo influye en la conciencia social de los pueblos, sino también condiciona la óptica con que parte de la izquierda realiza sus análisis y elabora sus estrategias y sus tácticas, en especial, a partir de que el derrumbe de la Unión Soviética sumió en una crisis de credibilidad a las ideas de la revolución y el socialismo, y dejó el terreno libre para que se afianzara la noción de que el capitalismo es omnipotente, eterno y democrático.

En la medida en que la crisis integral del capitalismo revela las secuelas de la doctrina neoliberal, la socialdemocracia europea acude en ayuda del imperialismo y, como en etapas anteriores de la historia, le ofrece sus servicios a cambio de un espacio dentro del sistema emergente de dominación mundial. Uno de esos servicios es la recodificación de las ideas y las políticas neoliberales, con una presentación "humanista" que permea el debate, la producción teórica y la práctica política de parte de la izquierda, con toda una mitología sobre la "capacidad regeneradora" del capitalismo y la consumación de un "cambio civilizatorio" que, supuestamente, ya no permitirá jamás volver a comprender el mundo y mucho menos transformarlo. Para refutar esos mitos fue concebido el presente libro.

América Latina entre siglos ofrece un inventario, panorámico y sintético, de los principales elementos de análisis que permiten colocar en una perspectiva histórica los temas que son hoy objeto de debate en los partidos y movimientos políticos de la izquierda latinoamericana. En una primera parte, aborda un conjunto de elementos que, si bien no están referidos directamente a América Latina, resultan indispensables para fundamentar la posición del autor sobre la problemática regional. Se trata de algunos aspectos de la economía política del capitalismo, la historia de la democracia burguesa y la trayectoria de las corrientes *reformistas* y *revolucionarias* de la izquierda mundial. En la segunda parte, se ofrece un bosquejo de algunos aspectos de la dominación colonial y neocolonial de América Latina, y de la lucha por la emancipación de la región, que abarca desde la conquista y colonización iniciada en 1492 hasta la década de mil novecientos ochenta. La médula de este trabajo se encuentra en los dos capítulos finales:

- "América Latina en el Nuevo Orden Mundial" contiene un resumen evaluativo de la política de los Estados Unidos hacia la región y de los acontecimientos políticos más importantes ocurridos entre los años 1989 y 2005, período que abarca los mandatos de los presidentes estadounidenses George H. Bush (1989–1993) y William Clinton (1993–1997/ 1997–2001), y los primeros cinco años de la presidencia de George W. Bush (2001–2005).

- "América Latina entre siglos", del cual se deriva el título de esta obra, analiza la relación existente entre los cuatro procesos que caracterizan la situación política latinoamericana: la sujeción a un esquema de dominación mundial y continental cualitativamente superior al de posguerra; el agravamiento de la crisis integral ocasionada por la incapacidad del Estado de cumplir con las funciones de la propia dominación; el auge alcanzado por los movimientos sociales de lucha contra el neoliberalismo, y la elaboración estratégica y táctica de los partidos y movimientos políticos de izquierda que tratan de adaptarse a las nuevas condiciones en que desarrollan su actividad.

América Latina entre siglos se nutre de los resultados de una investigación colectiva, publicada en el año 2000 con el título *Transnacionalización y desnacionalización: ensayos sobre el capitalismo contemporáneo.*[1] Sin ese esfuerzo común, en el que tuve la satisfacción de participar junto a Rafael Cervantes, Felipe Gil y Rubén Zardoya, el presente libro no habría sido posible.

Finalmente, es preciso aclarar que este libro se circunscribe a la América Latina de habla hispana y portuguesa. Habría sobradas razones para incluir a los países del Caribe anglófono, francófono y holandés. Muchos de los análisis aquí realizados serían aplicables a ellos, de manera total o parcial. En temas como la historia y el funcionamiento del Sistema Interamericano, la omisión castra el análisis. Sin embargo, el estudio del conjunto de América Latina y el Caribe queda como una tarea pendiente. La exclusión de esa subregión no significa subestimación, sino, por el contrario, convencimiento de que resulta imposible aplicarle al Caribe, de manera mecánica, las conclusiones de un estudio del capitalismo latinoamericano.

Roberto Regalado Álvarez
Junio de 2005

Primera parte

¿Reforma o revolución?
Vieja polémica—nuevas condiciones

El ciclo de vida del capitalismo

Concentración de la propiedad, la producción, la población y el poder político

La polémica acerca de si objetivo estratégico de la izquierda debe ser la reforma progresista del capitalismo o la revolución socialista está determinada, inevitablemente, por la valoración que los partidarios de una u otra de estas posiciones hacen sobre las perspectivas del sistema social imperante. A partir de la aseveración de que la llamada Revolución Científico Técnica constituye una especie de fuente de la juventud, que permite al capitalismo conjurar, o postergar *ad infinitum*, el estallido de sus contradicciones antagónicas, hoy prevalece la tesis de que la sociedad capitalista será eterna.

Todo nace, se desarrolla, envejece y muere. Esta ley de la naturaleza también rige el curso de la historia. El ciclo que se inicia con el nacimiento y concluye con la muerte se cumple en toda formación económico-social: así ocurrió en la sociedad gentilicia, el esclavismo y el feudalismo,[2] y así ocurrirá, de manera inexorable, en el capitalismo y en cualquier otra forma de economía y sociedad que llegue a sucederle, tanto en el futuro predecible como en el que ni siquiera alcanzamos a imaginar. Por supuesto, resulta imposible precisar cuándo y cómo morirá el capitalismo, pero es evidente que se encuentra en una etapa de avanzada senilidad, y si su muerte no ocurre como resultado de una transformación social revolucionaria, su ciclo de vida concluirá con la extinción de la humanidad.

La historia del capitalismo es, ante todo, la historia de la concentración y el desarrollo de la propiedad y la producción. El capitalismo nace en el siglo XVI a partir de un proceso denominado *acumulación originaria del capital,* que disocia a los pequeños productores de los medios de producción que eran de su propiedad en el feudalismo —a los campesinos en la agricultura y a los artesanos en los oficios urbanos— y los convierte en obreros asalariados.[3] Tras alcanzar su apogeo entre los siglos XI y XIII, el feudalismo entra en una prolongada decadencia: el trabajo servil se torna improductivo; el hambre invade las regiones rurales de Europa; el crecimiento de las ciudades erosiona la posición privilegiada del campo; la manufactura arruina a los talleres artesanales; la acumulación de dinero en manos de mercaderes y banqueros entra en contradicción con el fraccionamiento feudal; la expansión del comercio impulsa la creación de espacios políticos y económicos que trascienden a los feudos y apuntan a la necesidad de formar lo que serían las naciones burguesas. A ello se suma la conquista y colonización del Nuevo Mundo y los avances en la navegación que, ya entrado el siglo XVI, hacen posible la llegada de grandes masas de oro y plata procedentes de las colonias.

Al consumarse la expropiación del productor individual, la concentración de la propiedad y la producción prosiguen mediante la absorción de los capitales más débiles por los más fuertes.[4] La concentración y desarrollo de la propiedad y la producción comienza con la cooperación simple, continúa con la manufactura y alcanza la madurez con la gran industria.[5] A su vez, el desarrollo de la gran industria avanza hacia una fase superior en la que surgen los monopolios que establecen su control sobre ramas completas de la economía. Son las dos grandes fases del desarrollo de la producción capitalista: *el capitalismo de libre competencia, libre concurrencia* o *premonopolista* y el *capitalismo monopolista o imperialismo*.

El imperialismo ha transitado por tres estadios. El primero abarca desde las últimas décadas del siglo XIX hasta inicios del siglo XX, período durante el cual los monopolios niegan la libre concurrencia en un número creciente de ramas de la economía nacional, pero aún no se han fundido con el Estado. En ese estadio el imperialismo es *capitalismo monopolista* "sin apellidos".

El segundo es conceptualizado por Lenin a raíz de la destrucción ocasionada en Europa por la Primera Guerra Mundial (1914–1918), que actúa como elemento catalizador de la interconexión del poder económico de los monopolios y el poder político del Estado, en virtud de la cual el *capitalismo monopolista* se convierte en *capitalismo monopolista de Estado*.[6] En lo adelante, el Estado deja de responder a los intereses de toda la clase burguesa y responde solo a los de la élite monopolista, que manipula el poder económico y político estatal para escapar de los efectos de las crisis y las guerras, y para imponer condiciones favorables para la valorización del capital monopolista, lo cual se refuerza durante la Gran Depresión (1929–1933) y la Segunda Guerra Mundial (1939–1945).

El tercer estadio es resultado del salto de la concentración *nacional* a la concentración *transnacional* de la propiedad, la producción y el poder político. Tras un proceso de maduración iniciado hacia el fin de la Segunda Guerra Mundial, su despliegue es identificable desde la década de mil novecientos setenta. A partir de ese momento, es posible conceptualizar la *metamorfosis* del *capitalismo monopolista de Estado* en *capitalismo monopolista transnacional*.[7]

El nacimiento del capitalismo monopolista transnacional responde a las necesidades expansivas de los monopolios, incentivadas por el desarrollo sin precedentes de las fuerzas productivas, ocurrido durante la posguerra como resultado de la reconstrucción de Europa Occidental y la carrera armamentista. Tal expansión conduce a la interpenetración de los capitales de las grandes potencias imperialistas y a la fusión de los *ciclos nacionales* en un solo *ciclo transnacional* de rotación del capital. Un factor decisivo en ese proceso es la necesidad de colocar en un segundo plano las contradicciones interimperialistas, con el propósito de cimentar una alianza estratégica entre los Estados Unidos, Europa Occidental y Japón, en respuesta al surgimiento del campo socialista (bipolaridad).

La transnacionalización impone una *metamorfosis* del Estado capitalista, en particular, del Estado imperialista norteamericano, una metamorfosis no solo *funcional*, sino también *estructural*. En virtud del carácter expansivo del capital, de la fatalidad que lo compele a un *acrecentamiento permanente* y de la sed de *conquista de nuevos territorios* para su valorización, en síntesis, en virtud de la necesidad de constituirse en una *totalidad orgánica universal*, transcurridos más de cinco siglos desde que comenzó a incubarse en las entrañas del feudalismo, el capitalismo conforma un *espacio transnacional de rotación del capital* y precisa de un *poder político transnacional*, que imponga condiciones uniformes para la reproducción del capital en cualquier punto del planeta. Con grandes dosis de proteccionismo —y siempre con un saldo favorable al imperialismo norteamericano—, las grandes potencias establecen entre sí regulaciones más flexibles para el flujo de capitales, mercancías, servicios y migrantes, mientras que al Sur le imponen la apertura unilateral a los flujos de capitales, mercancías y servicios, y la impermeabilización de las fronteras como primer valladar de contención de la emigración hacia el Norte.

El concepto de capitalismo monopolista transnacional no presupone que el monopolio haya roto su virtual fusión con el Estado imperialista, ni que —como afirman numerosos autores— el primero se "globaliza" mientras el segundo queda "anclado" dentro de las fronteras nacionales: es un proceso en que ambos, al unísono, proyectan sus respectivos poderes políticos y económicos a escala transnacional.

Bajo la hegemonía del imperialismo norteamericano, que aglutina y subordina al resto de los centros de poder imperialista, Estado y monopolio, en conjunto, conducen el proceso de concentración transnacional de la propiedad, la producción y el poder político. Este proceso tiene como contrapartida la desnacionalización de los Estados imperialistas más débiles y, de manera aun más aguda, de los Estados subdesarrollados y dependientes. Se trata de una devaluación de esos estados y sus instituciones, de atrofia de sus funciones nacionales y adquisición de funciones transnacionales subordinadas. Como parte de este proceso, las potencias imperialistas se atribuyen la facultad de adoptar decisiones que surten efecto sobre, e incluso dentro, del resto de las naciones, mientras que estas últimas se ven imposibilitadas de adoptar las suyas propias. Esta dominación transnacional se complementa con la refuncionalización de las instituciones del sistema internacional, entre ellas el Consejo de Seguridad de la ONU, el Fondo Monetario Internacional (FMI), el Banco Mundial (BM) y la Organización del Tratado del Atlántico Norte (OTAN).[8]

En esencia, la concentración transnacional del poder político responde a que el imperialismo necesita contar con un *Estado mundial* que rija los destinos de la humanidad. Como ejemplo de esa tendencia resalta el caso de la Unión Europea, un genuino *protoEstado regional* en fase avanzada de construcción. Sin embargo, la conformación de un Estado mundial es imposible, tanto por la existencia de insalvables contradicciones interimperialistas, como por un conjunto de contratendencias que se le oponen, entre las cuales resalta el crecimiento de la resistencia popular, representada en la actualidad, de manera simbólica, por el denominado *movimiento antiglobalización*.

El envejecimiento del capitalismo

La "ley de la selva" que compulsa a los capitales más fuertes a proseguir la concentración, que en la actualidad rige la acción depredadora universal de los monopolios transnacionales, provoca la agudización de una de las contradicciones antagónicas que aceleran la senilidad —y que en algún momento conducirán a la muerte— del capitalismo: la contradicción entre el *carácter social de la producción* —en la que participa una cantidad incalculable de seres humanos— y la *forma capitalista de apropiación de la riqueza*.

Una de las manifestaciones de la contradicción entre el carácter social de la producción y la forma capitalista de apropiación es la contradicción entre *producción* y *consumo*. Esa contradicción ocurre porque el móvil de la producción capitalista no es la satisfacción de las necesidades materiales y espirituales del ser humano, sino el lucro de una minoría sustentado en la explotación de la mayoría. De ello se desprende que los bienes y servicios producidos no se distribuyen a quienes los necesitan, sino solo a aquella parte de la humanidad que dispone (y en la medida que dispone) de dinero para comprarlos. En sentido opuesto a esa restricción de la capacidad solvente, es decir, del poder de compra de la sociedad, la lucha de todos contra todos en la que cada capitalista devora a los demás para evitar ser devorado, impone una creciente competencia que, aunque regulada por las alianzas monopolistas y los oligopolios, sobresatura los mercados.

En correspondencia con el desarrollo alcanzado hasta ese momento por la gran industria, trascurrido el primer cuarto del siglo XIX, la capacidad de producir más mercancías de las que se pueden vender comienza a provocar las *crisis de superproducción* o *crisis de subconsumo*. Se les denomina "de superproducción" a partir del criterio de que los bienes y servicios rebasan la demanda existente en el mercado, pero se les considera también "de subconsumo" debido a que se trata de "excedentes" solo en el sentido de que hay una parte de la sociedad que no tiene dinero para comprarlos, y no de que estén cubiertas las necesidades humanas que se podrían satisfacer con ellos. Las crisis de superproducción de mercancías, por lo general, son al mismo tiempo *crisis de superproducción de capitales* que no encuentran donde valorizarse y también *crisis de superproducción de población* con relación a la demanda de fuerza de trabajo por parte del capital.

Según Engels, la primera crisis económica capitalista ocurre en 1825 y, a partir de ese momento, se repiten, aproximadamente cada diez años, hasta finales del siglo XIX.[9] En la segunda década del siglo XX, además de las crisis económicas, entra a funcionar otro mecanismo de destrucción de fuerzas productivas excedentes: las guerras mundiales.

Entre 1914 y 1945, se registran tres destrucciones masivas de fuerzas productivas, ocasionadas, en ese orden, por la Primera Guerra Mundial, la crisis de 1929 a 1933 y la Segunda Guerra Mundial. Además del papel desempeñado por las dos guerras mundiales a favor de la concentración y la valorización del capital, esas conflagraciones actúan como catalizadoras de otro proceso que incide de forma determinante en la historia: a raíz de la primera nace la Unión Soviética y, a partir de la segunda, el socialismo se convierte en un sistema compuesto por varios países.

A la devastación causada por la Primer Guerra Mundial le sigue un breve período de relativa estabilización económica comprendido entre 1924 y 1929, año del comienzo de la Gran Depresión. La amenaza que la mayor crisis económica de la historia del capitalismo representa para la existencia misma de ese sistema social, obliga, a regañadientes, a los partidos liberal y laborista británicos a aceptar la doctrina del economista y político liberal inglés John Maynard Keynes (1883–1946), que llama a estimular la valorización del capital mediante el incremento del empleo y la ejecución de programas estatales de desarrollo social, ideas fundadas, a su vez, en la teoría del subconsumo del economista y sociólogo John Atkinson Hobson (1858–1940).[10]

Keynes razona que el mayor desarrollo económico del capitalismo había ocurrido durante la época de las grandes obras de la Revolución Industrial, entre las que incluye la expansión del ferrocarril por Europa y por los principales puntos coloniales de Asia; pero en aquella época se construyen obras duraderas, que no requieren reposición a corto o mediano plazo, por lo que, una vez concluidas, desciende la actividad económica y la demanda de fuerza de trabajo. De acuerdo con este análisis, la era del automóvil abre nuevas posibilidades para el desarrollo capitalista, al irrumpir en el mercado una nueva generación de productos, cuyo consumo puede masificarse y renovarse de manera periódica. Sobre esta base, es posible asentar el estímulo a la producción mediante el incremento de la demanda. En auxilio del keynesianismo acude la Segunda Guerra Mundial.

La destrucción de fuerzas productivas ocasionada por la Segunda Guerra Mundial abre el espacio para dos décadas de crecimiento expansivo de la economía de las potencias imperialistas, sin el peligro de que estallen grandes crisis de superproducción. La posguerra es el período de mayor auge económico del capitalismo en el siglo XX, fomentado por la carrera armamentista contra la Unión Soviética y la reconstrucción de Europa Occidental, en virtud de las cuales la demanda de bienes, servicios, capitales y fuerza de trabajo crece sin cesar. Sin embargo, ya a finales de los años cincuenta vuelven a producirse las crisis económicas, agravadas por la contradicción entre el desarrollo de las fuerzas productivas ocurrido en esos años en el Norte y el limitado crecimiento de los mercados del Sur.

Una vez sobresaturados los mercados norteamericano, europeo occidental y japonés, salvo en el caso de los "tigres asiáticos", los intentos de exportar los excedentes de capitales y mercancías a Asia, África y América Latina, fracasan porque esas regiones son incapaces de asimilarlos y, por supuesto, de pagarlos, lo cual repercute en la crisis de la deuda externa. En esas condiciones, para evitar el estallido de mayores crisis de superproducción, la economía capitalista entra en una semirecesión voluntaria y permanente, y el capital se reproduce por mediación de la *especulación financiera* en una magnitud sin precedentes. Se trata de un recurso que, si bien le permite reproducirse sin desencadenar de inmediato una crisis de superproducción de mercancías, desemboca en otra manifestación principal de la crisis: la crisis financiera.

La especulación financiera se convierte en el principal mecanismo mediante el cual los monopolios más poderosos llevan a la quiebra o absorben a sus competidores más débiles. Ese horizonte de competidores "más débiles" no se limita solo a empresas no monopolistas —pequeñas, medianas y grandes— sino abarca también a grandes monopolios transnacionales que no soportan la intensidad de la competencia. En sentido general, el llamado *crecimiento económico* al que aluden las fuentes oficiales del mundo actual se basa en devorar a otros capitalistas para ocupar su lugar, y no de una inversión productiva que amplíe el horizonte histórico del capitalismo. Ese proceso, caracterizado por la depredación económica, humana y medioambiental, revela los niveles de autofagia, parasitismo y descomposición a los que ha llegado la sociedad capitalista.[11]

El aumento en espiral de la especulación financiera, unida a la deuda pública y privada y a las compras a crédito —que superan con creces los ingresos que los compradores percibirán durante años e incluso durante décadas—, constituyen manifestaciones de la agudización extrema de la contradicción entre *producción* y *consumo*. La vida del capital depende de su reproducción ampliada, de su aumento constante, de su continua valorización. Marx descubrió que, para cumplir esta función vital, el capital se apropia de una parte del valor del trabajo de cada obrero (plusvalía). Pero, *en virtud del agravamiento de sus contradicciones antagónicas, hoy el capital se ve obligado a apropiarse de todo el valor del trabajo a escala mundial, e incluso eso le resulta insuficiente. Esta insaciabilidad rompe toda proporción racional entre el valor de los bienes y servicios producidos y la capacidad solvente de la sociedad. Por eso el capital tiene que recurrir, de forma suicida, a la especulación financiera.*[12] De ello se deriva que la contradicción entre el carácter social de la producción y el carácter privado de la apropiación de la riqueza, amenaza ya la subsistencia misma del capitalismo.

Nadie duda que la sociedad capitalista tenga mecanismos para prolongar su existencia. Sin embargo, crecen los peligros engendrados por todos y cada uno de esos mecanismos, mientras su efectividad paliativa decrece. La vía hipotética para postergar el estallido de las contradicciones antagónicas del capitalismo, sería la expansión del desarrollo del Norte al Sur, algo que resulta imposible en virtud de las leyes que rigen el movimiento del capital, entre ellas la ley del desarrollo económico y político desigual.

Estado, poder político y acumulación capitalista entre los siglos XVI y XIX

Como parte del proceso de concentración de la propiedad y la producción que condujo a la acumulación originaria del capital, la sociedad burguesa concentra también la población y el poder político.[13] Desde su etapa de despliegue y afianzamiento, el sistema de producción capitalista necesita un territorio dentro del cual crear condiciones uniformes y estables para valorizar el capital, y un poder político capaz de defender esa valorización. Este territorio es la nación, unificada y centralizada, y ese poder político lo ejerce el Estado burgués, un Estado que es *nacional* por su forma y *capitalista* por su contenido.

El Estado burgués cumple sus funciones mediante medios y métodos que varían acorde a las condiciones histórico-concretas. Entre tales variaciones se encuentra la fluctuación del grado de coerción y violencia empleado para garantizar la valorización del capital, que decrece en la medida que el desarrollo económico, político y social capitalista no solo *permite*, sino incluso *compulsa* a la burguesía a recurrir a formas indirectas, mediadas, menos ostensibles, de ejercer su dominación sobre las clases subordinadas. En particular, en las naciones capitalistas industrializadas se registra una variación histórica de las formas de dominación política, que comienza con el empleo descarnado de la coerción y la violencia, desde el período de acumulación originaria del capital hasta alrededor de la sexta década del siglo XIX. A partir de ese momento, se sustituye de manera progresiva y fluctuante la coerción y la violencia, por formas mediadas de dominación en algunas naciones desarrolladas, mientras en otras, como Alemania e Italia, se recrudecen y desembocan en el fascismo. Las formas mediadas de dominación alcanzan su punto de máximo desarrollo durante la segunda posguerra del siglo XX, en los países de Europa Occidental en los que se implanta el "Estado de Bienestar". Sin abandonar las formas mediadas de dominación, la coerción y la violencia vuelven a incrementarse a partir de la oleada neoliberal de la década de mil novecientos ochenta.

"El capital —dijo Marx— viene al mundo chorreando sangre y lodo por todos los poros, desde los pies a la cabeza".[14] Aunque la acumulación originaria "presenta una modalidad diversa en cada país, y en cada uno de ellos recorre las diferentes fases en distinta gradación y en épocas históricas diversas",[15] el caso inglés, que Marx cataloga de clásico, sirve para ilustrar la sangre y el lodo chorreadas en el parto del capital.

En Inglaterra, la acumulación originaria se inicia con el licenciamiento de las huestes feudales y continúa con el desalojo de los pequeños productores agrícolas (propietarios, arrendatarios y aparceros) por parte de los grandes señores feudales, quienes también se apropian mediante la fuerza de las tierras comunales, en ambos casos, con el objetivo de incrementar las áreas de pastoreo ovino dedicadas a suministrar materia prima a la producción lanera. Como resultado de este proceso, una gran masa de la población rural desplazada se concentra en las ciudades, donde cumple la doble función de aportar la mano de obra asalariada para la manufactura y conformar un mercado para ella. Debido a que la incipiente producción capitalista es incapaz de asimilar a todos los desplazados, sobreviene un masivo vagabundaje, reprimido con extrema violencia.[16] Un nuevo impulso recibe el desalojo de la población rural en el siglo XVI mediante la expropiación de tierras de que es objeto la Iglesia Católica durante la Reforma, proceso que proletariza a la masa de labradores pobres que hasta entonces cultivaba las tierras de esa institución. "El patrimonio eclesiástico —dice Marx— era el baluarte religioso detrás del cual se atrincheraba el régimen antiguo de propiedad territorial. Al derrumbarse aquél, éste tampoco podía mantenerse en pie".[17] La expropiación y apropiación de tierras, que comienza en abierto desafío al poder político, un poder político aún feudal que trata infructuosamente de detener la concentración de la propiedad rural, prosigue después con su apoyo, en la medida en que ese poder político pasa a ser de naturaleza capitalista. La apropiación de tierras comunales, que durante los siglos XVI y XVII se realiza en contra de la ley, se convierte en legal y alcanza proporciones sin precedentes en el siglo XVIII.[18]

El Estado en transición entre el feudalismo y el capitalismo tarda ciento cincuenta años —entre los siglos XVI y XVIII— en ejercer el poder político para promover la concentración de la propiedad de la tierra. Sin embargo, en lo referente a imponer condiciones extremas de explotación del trabajo asalariado, ese mismo Estado desempeña un papel activo desde mediados del siglo XIV. La primera legislación inglesa destinada a regular el trabajo asalariado es el Estatuto de Obreros (*Statute of Labourers*) promulgado por Eduardo III en 1349. Poco después se aprueba en Francia la Ordenanza de 1350. Ambas fijan límites salariales máximos para todas las actividades laborales urbanas y rurales, y establecen penas de cárcel para quienes paguen y para quienes perciban salarios superiores a los topes establecidos. Vale la pena anotar que son más severas las sanciones para quienes *perciban* que para quienes *paguen* salarios por encima de lo permitido.

Aunque en el transcurso del siglo XVI hay un aumento *nominal* de los salarios, éste es muy inferior a la depreciación del dinero y el incremento de los precios, por lo que, en realidad, se produce una reducción del salario real que agudiza en extremo la situación de los obreros. No obstante, se mantienen vigentes las leyes laborales, que incluyen sanciones tales como cortar una oreja y marcar con hierro candente a los infractores. En Inglaterra, estas leyes son ampliadas, endurecidas y extendidas, en la medida que el desarrollo capitalista abre nuevos sectores laborales.

Si bien, en lo que Marx llama el *período propiamente manufacturero*, la producción capitalista ya no necesita ni puede hacer cumplir las leyes antiobreras, éstas se mantienen durante un largo período. Su derogación fue escalonada: en 1813 quedan sin efecto las restricciones salariales; en 1825 se deroga la prohibición de establecer organizaciones obreras; en 1859 se levantan lo que Marx llama "algunos hermosos vestigios de esos antiguos estatutos", y en 1871 el parlamento británico se compromete a reconocer a los sindicatos, pero otra ley restablece la prohibición de manera diferente.[19]

No es casual que el cambio en los medios y métodos utilizados por el poder político, incluida la moderación y fluctuación del uso de la coerción y la violencia, ocurra en la década de mil ochocientos sesenta, que Lenin cataloga como la de mayor auge del capitalismo premonopolista. En el Prefacio a la edición de 1892 de *La clase obrera en Inglaterra*, Engels explica que, en la medida en que la producción capitalista adquiere una determinada madurez, el gran industrial no necesita recurrir a "aquellas trampas mezquinas y pequeñas raterías que distinguen el período inicial de su desarrollo", por lo que adopta la apariencia de estar "más de acuerdo con los requerimientos de la moralidad".[20]

La ampliación progresiva de los derechos políticos a toda la sociedad constituye el resultado de dos procesos paralelos, uno objetivo y otro subjetivo que, como ya se indicó, alcanzan la madurez a partir de la sexta década del siglo XIX: el proceso objetivo es el desarrollo económico registrado por las potencias capitalistas, en primer término por Inglaterra, en virtud de los avances en el sistema de producción capitalista y la explotación del mundo colonial, mientras el proceso subjetivo es el aumento de la organización y combatividad de los movimientos obrero, socialista y feminista, que logran aprovechar elementos de la democracia burguesa y el sistema de partidos políticos que la burguesía había implantado para la defensa exclusiva de sus intereses.

Antonio Gramsci ayuda a comprender la redistribución de riqueza por parte del Estado capitalista, cuando afirma que "debería ser una máxima de gobierno el tratar de elevar el nivel de vida material de todo el pueblo", sin que ello obedezca a "un motivo especial 'humanitario' y ni siquiera una tendencia 'democrática'", sino con el propósito de garantizar la "preexistencia de una zona de descenso suficiente para que la resistencia 'biológica' y por tanto, psicológica del pueblo no se quebrante", en caso que una guerra o una crisis económica provoque su brusco decrecimiento.[21]

Democracia burguesa y partidos políticos

La democracia burguesa es una *forma indirecta de dominio del capital* que se va entretejiendo en la medida que el desarrollo económico, político y social y, en particular, las luchas de los movimientos obrero, socialista y feminista, compulsan a las burguesías de las naciones capitalistas más industrializadas a disminuir la coerción y la violencia, y a recurrir a otros mecanismos de control social. Es Gramsci quien desarrolla el concepto de *hegemonía* en la sociedad dividida en clases para explicar la dominación basada en el *consenso de los dominados*.

El establecimiento de la hegemonía es un proceso mediante el cual las clases dominadas asimilan la ideología de la clase dominante. En la sociedad capitalista, la hegemonía se basa en que el conjunto de la sociedad haga suyos la moral, los valores, las costumbres, las leyes y el respeto a las instituciones burguesas, que les son inoculadas mediante la cultura de masas, la educación, los medios de comunicación y otras vías. Eso incluye la participación y la representación de las clases dominadas en el sistema político democrático burgués, mediante las elecciones, los partidos políticos, los sindicatos, el gobierno, el parlamento, el sistema de justicia, las administraciones locales y otros de sus componentes. Si bien esa participación y representación es *formal* en lo que a la esencia clasista de la dominación se refiere, constituye un espacio de confrontación social y lucha política en el cual las clases dominadas pueden conquistar ciertas "posiciones". Gramsci le atribuye una importancia primordial al análisis de cómo la clase dominante logra imponer el consenso a las clases dominadas, no solo en términos generales del sistema capitalista, sino en el caso concreto de cada país y cada momento histórico. Su propósito es extraer las conclusiones necesarias para conformar el consenso y construir una hegemonía popular, que conduzcan a la conquista del poder por parte de las clases actualmente dominadas.

La historia relata cómo y por qué la sociedad capitalista crea la democracia burguesa. En sus orígenes, ese sistema tiene como objetivo, primero, imponer límites al absolutismo mediante la creación de un parlamento encargado de aprobar los fondos requeridos por la Corona y, después, según el caso, suprimir a la monarquía o convertirla en una figura desprovista de poder político. Ese poder sería ejercido por instituciones ejecutivas, legislativas y judiciales, integradas y elegidas solo por ciudadanos varones poseedores de propiedad privada (entiéndase, burgueses). Son conocidos los límites de ese proceso democratizador, que desplaza del poder a la aristocracia feudal y construye un Estado *neutral* con relación a los intereses en conflicto *dentro* de la burguesía, pero apela a la represión cuando el proletariado, que lucha a su favor en las revoluciones burguesas, pretende beneficiarse. Sin embargo, al hablar de los siglos XVII, XVIII y XIX, Engels explica que "por excepción, hay períodos en que las clases en lucha están tan equilibradas, que el Poder del Estado, como mediador aparente, adquiere cierta independencia momentánea respecto a una y otra".[22]

Los primeros partidos políticos surgen en Francia y Gran Bretaña, en el primero de estos países, como resultado de la evolución de los clubes políticos formados por grupos que pugnan entre sí como parte del fermento político y social que desemboca en la Revolución Francesa de 1789, mientras que, en el segundo, son resultado de las luchas económicas y políticas entre la alta burguesía y la monarquía, que adopta la forma de enfrentamiento religioso. Solo en las condiciones del capitalismo surgen propiamente los *partidos políticos* como organizaciones capaces de expresar la delimitación objetiva de las clases sociales. En el sistema político de las sociedades esclavista y feudal, solamente existen grupos políticos *estamentales* —es decir, conformados por individuos con una misma situación jurídica—, que expresan los intereses de capas diferentes de las clases dominantes. En sentido general, dentro de la aristocracia y la alta burguesía hubo una oposición frontal a la formación de los partidos, por tratarse de instrumentos que podían ser utilizados por sectores populares para presionar al Estado en función de sus intereses. Esa oposición fue mayor y más doctrinaria en Gran Bretaña y, debido a su influencia, también en los Estados Unidos.

Las luchas de los movimientos obrero, socialista y feminista iniciadas en el siglo XIX, desempeñan un rol fundamental en la conformación del paradigma de democracia burguesa que hoy conocemos. Durante sus primeros años, el movimiento obrero y socialista lucha por la libertad de expresión y reunión, por el pluralismo político y por la ampliación del derecho al sufragio, con el propósito de consolidarse legalmente, generar condiciones más propicias para su desarrollo y arrancarle al capital los derechos de sindicalización y huelga. En lo adelante, utiliza esas conquistas políticas para promover la reducción de la jornada laboral, el aumento de los salarios, la promulgación de leyes de protección al trabajador y la oposición a la guerra imperialista. Aunque en ciertos casos ello pretendió justificarse como una omisión derivada de consideraciones tácticas, la lucha por el conceder el derecho a voto a las mujeres, no fue una prioridad del movimiento obrero y socialista, sino solo del movimiento feminista, en particular, en el período comprendido entre la Revolución de 1848 —año de publicación del *Manifiesto del Partido Comunista* y de la *Declaración de Sentimientos*[23]— y las primeras décadas del siglo XX, cuando finalmente se adopta el sufragio universal en la mayoría de los países europeos.

El parlamentarismo democrático burgués alcanza su máximo desarrollo en la medida que se produce, primero, el triunfo de la Revolución Rusa de Octubre de 1917 y, después, se conforma el Campo Socialista a raíz del desenlace de la Segunda Guerra Mundial. Estos acontecimientos marcan un cambio cualitativo debido a que el *equilibrio entre las clases* al que se refiriera Engels ya no es un equilibrio relativo *dentro de la sociedad capitalista, con un Estado burgués como "mediador aparente" y restringido al ámbito nacional* —como había ocurrido, por ejemplo, en la Alemania de fines del siglo XIX—, sino el nacimiento y la ampliación de un polo socialista capaz de ejercer influencia mundial, que obliga al capitalismo a emprender una *reforma social progresista*, para conjurar el peligro de la *revolución socialista*.

En virtud del crecimiento económico expansivo registrado por las potencias imperialistas con posterioridad a la Segunda Guerra Mundial, dentro de ellas se establece una relación directa entre el crecimiento del empleo, los salarios y la ganancia capitalista. En tales condiciones, se produce un efecto de acción y reacción: las políticas sociales elevan la demanda de bienes y servicios y, por consiguiente, contribuyen a la valorización del capital. Era lógico que los monopolios ejercieran su control sobre el Estado para desarrollar programas sociales que garantizaran la reproducción de la fuerza de trabajo (capacitación, salud y vivienda de la clase obrera). No era una política filantrópica, sino una manera de reducir los costos de producción y aumentar la ganancia. Dicho en otros términos, las mejorías registradas en los salarios, las políticas públicas y otros medios de redistribución social de riqueza durante este período obedecen a que se les utiliza como instrumentos para valorizar el capital.

La extensión del socialismo a los países de Europa Oriental liberados de la ocupación nazi por el Ejército Rojo, opera en la misma dirección que las condiciones económicas de posguerra. Ante el surgimiento de un bloque de países socialistas en Europa, las potencias imperialistas proclaman la "contención del comunismo" y desatan la Guerra Fría, uno de cuyos pilares es el "Estado de Bienestar", adornado con una profusa mitología en la propaganda y en la politología burguesas. La "amenaza del comunismo" obliga al capitalismo a una competencia política e ideológica, en la que necesita presentar un rostro "democrático" y "redistributivo". Sin embargo, el "Estado de Bienestar" no sería eterno. En los años setenta se evidencia el agotamiento de las condiciones económicas y de una parte de las condiciones políticas que lo sustentaban. Si el empleo, los salarios y los programas sociales habían sido motores del desarrollo económico durante la posguerra, en lo adelante se convertían en víctimas de la creciente dificultad para completar la valorización del capital. A partir de ese momento, los principales centros de poder mundial, con los Estados Unidos a la cabeza, enfrentan la necesidad de diseñar y ejecutar una estrategia integral de respuesta a los problemas planteados por el despliegue del capitalismo monopolista transnacional. Esa estrategia está basada en la concentración de la riqueza y, por consiguiente, presupone el descenso del nivel de vida de la mayoría de la sociedad.

Los orígenes del movimiento socialista

Patria de la Ilustración, de la *Declaración de los derechos del hombre y del ciudadano* y de la Revolución de 1789, Francia es la cuna de casi todas de las corrientes socialistas originarias. Con palabras de George Douglas Howard Cole:

> Aunque el socialismo, en un sentido, empezó mucho antes, y en otro sentido algunas décadas después de la gran Revolución Francesa, hay [...] razones suficientes para tomar el año 1789 como punto de partida para un estudio del desarrollo de las ideas socialistas modernas. Éste es el momento desde el cual es posible seguir, no solo un desarrollo continuo en la esfera del pensamiento, sino también una conexión creciente entre el pensamiento y los movimientos que tratan de darle expresión práctica.[24]

En la Revolución Francesa no se expresa, ni de ella brota directamente, un movimiento o siquiera un pensamiento *socialista*. Los Iluministas franceses del siglo XVIII, en cuyas ideas se inspira la revolución, creen que *la razón* está llamada a ser el principio rector de un orden político, económico y social basado en la igualdad, la fraternidad y la legalidad. Sin embargo, esa *razón* "no era más que el sentido común idealizado del hombre del estado llano que, precisamente por aquel entonces, se estaba convirtiendo en burgués".[25] Ello explica por qué los resultados de la revolución no guardan relación con el *Contrato Social* de Rousseau. Por el contrario, la destrucción del orden feudal acaba también con la protección ofrecida por los gremios y los programas eclesiales de beneficencia, lo que agudiza la situación económica y social de las clases medias y bajas de la sociedad. Su efecto es mayor en las ciudades, en particular, en París. Al liberar a la propiedad de las antiguas trabas feudales, lo que hace la Revolución Francesa es poner en evidencia —y colocar en primer plano— la contradicción entre ricos y pobres que, hasta entonces, se diluía en el enfrentamiento entre las clases privilegiadas y las no privilegiadas: "solo faltaban —al decir de Engels— los hombres que pusieran de relieve el desengaño...".[26]

Cole atribuye el fermento de "revolución permanente" característico de la sociedad francesa posterior a 1789 a las contradicciones sociales derivadas de la doble condición de París como sede de un Estado absolutista centralizado y ciudad industrial que albergaba la mayor concentración del proletariado nacional. Es natural que París se convirtiese en el principal escenario de la frustración de los pobres urbanos con los resultados de la Revolución Francesa, en laboratorio de ideas sobre cómo complementar la revolución política con una revolución socioeconómica y en fragua de movimientos dirigidos llevar esas ideas a la práctica.

A pesar de que el *socialismo* aún no había sido conceptualizado, el *Manifiesto de los Iguales*, fundamento de la conspiración homónima encabezada por Gracchus Babeuf en 1793, que llama a profundizar la Revolución Francesa en pos de la igualdad socioeconómica reclamada por los obreros y otras capas desposeídas de París, constituye la primera declaración *socialista* de la historia, pionera de una tradición de la que proviene la doctrina de la *lucha de clases* y la noción de *proletariado* como fuerza revolucionaria. El movimiento socialista se inicia en los primeros años del siglo XIX, con las Cartas Ginebrinas de Henry Saint-Simon (1802), la publicación de la primera obra de Charles Fourier (1808) y el comienzo de la gestión de Robert Owen al frente de la empresa textil New Lanark (1800), donde desarrolla su primera experiencia cooperativista.

Los términos *socialismo* y *socialista* surgen entre la segunda y la tercera décadas del siglo XIX, cuando se impone la necesidad de contar con un apelativo que englobase a las diversas escuelas de pensamiento que, a pesar de las diferencias y rivalidades existentes entre ellas, promueven algún tipo de enfoque *social* para la solución de los problemas humanos, en contraposición al prisma *individual* preconizado por el capitalismo *liberal* del *laissez-faire*. La palabra *comunismo* asienta su uso en Francia con posterioridad a la revolución de 1830, para designar las teorías de Étienne Cabet, asociadas con las nociones de *comuna* y *comunidad*.[27]

Entre las primeras corrientes socialistas, resaltan: la tradición conspirativa iniciada por Babeuf y continuada por Jeróme Blanqui, basada en una élite revolucionaria organizadora de insurrecciones populares; la construcción de comunidades de productores-consumidores iniciada por Owen y Fourier, a los que por aproximación se suma Cabet, cuyo *Viaje a Icaria* parte de una concepción *comunista* más vasta e igualitaria; la escuela de diseñadores y planificadores de proyectos de desarrollo, iniciada por Saint-Simon; las ideas sobre el "derecho al trabajo" y la intervención estatal en la economía para desarrollar proyectos productivos dirigidos por los obreros, originarios de Louis Blanc y retomados más tarde en Alemania por Ferdinand Lassalle, y la aversión al Estado, compartida por Pierre Joseph Proudhon y Mijail Bakunin, cuyas ideologías *anarquistas* son diferentes en todo lo demás.[28]

Durante la primera mitad del siglo XIX, el pensamiento socialista está dominado por los utopistas. Ello obedece a que el desarrollo capitalista, la conformación de la burguesía y el proletariado, y el antagonismo entre esas dos clases son incipientes y, por consiguiente, aún no existen las condiciones que permitan conceptualizar la naturaleza de las contradicciones sociales emergentes, ni los medios para enfrentarlas. La Revolución de 1848 es el acontecimiento que decanta a las corrientes utópicas del movimiento socialista. El catalizador de esa decantación es la aparición del marxismo, que ese año contribuye a la lucha del proletariado con el *Manifiesto del Partido Comunista,* doctrina que por primera vez proclama la necesidad de que los obreros se apropien de los medios de producción.[29]

Como resultado de la represión que estremece a Europa después del fracaso de la Revolución de 1848, el movimiento socialista tarda en reponerse hasta la década de mil ochocientos sesenta. En virtud del desarrollo económico y social experimentado por el capitalismo en ese lapso —expresado en una mayor concentración de la propiedad y la producción, la construcción de grandes centros industriales y la polarización de la sociedad entre burgueses y proletarios, ya no solo en Inglaterra, sino también en el resto de Europa Occidental—, el renacimiento del socialismo se produce en condiciones que, no solo *posibilitan,* sino incluso *demandan* una interrelación indisoluble entre el pensamiento, la organización, y la lucha reivindicativa y política de la clase obrera. En esas condiciones, el movimiento socialista reverdece bajo el influjo de la Asociación Internacional de los Trabajadores (la Internacional) fundada en 1864 por Marx y Engels.

La centralidad adquirida por la lucha política como arma del proletariado impulsa al deslindamiento de los campos, por una parte, entre quienes la practican y quienes la rechazan y, por otra parte, entre quienes abogan por utilizarla a favor de uno u otro de sus dos objetivos generales: la *reforma* o la *revolución.*

No hay en la historia del movimiento obrero y socialista una *única* posición *reformista* ni una *única* posición *revolucionaria,* sino ejes de convergencia variable, agrupados genéricamente dentro de uno u otro de estos dos conceptos generales. Cole afirma que "este dilema, reforma contra revolución, no fue objeto de una lucha definitiva hasta un período posterior [...] pero en la década de 1860 ya había aparecido tanto en la Gran Bretaña como en los Estados Unidos y en Suiza, aunque apenas en Francia, Bélgica y Alemania, menos aun en Italia y nada en España".[30]

Con la guerra franco-alemana de 1870, desaparece la posibilidad del inicio de la revolución europea que los líderes de la Internacional esperaban desde 1848. Incluso en Francia, la capitulación frente a Alemania cambia el carácter de la revolución. Como reacción frente a la agudización de la crisis socioeconómica ocasionada por la guerra y a los términos en que capituló el gobierno francés, son los obreros de París, nuevamente, los protagonistas de una insurrección popular, que da inicio a la Comuna de París.[31] Sin embargo, la Comuna no puede resistir los embates de la reacción reagrupada en Versalles.[32] A raíz de su derrota, en 1871, el centro del movimiento obrero y socialista se desplaza de Francia a Alemania, lo que provoca un cambio en la orientación general de la lucha revolucionaria, caracterizada hasta entonces por el énfasis en la insurrección, por la lucha parlamentaria que el Partido Socialdemócrata Alemán, dirigido por los seguidores del fallecido Ferdinand Lassalle, había emprendido con éxito desde la implantación en su país en 1866 del sufragio universal.

La socialdemocracia alemana, con su estrategia de lucha parlamentaria, alcanza el clímax de su liderazgo e influencia en el movimiento obrero y socialista mundial a partir de 1875, año de la unificación del partido lassalleano y el partido marxista (fundado en Eisenach en 1869). Aunque el *Programa de Gotha* que sirve de base a esa unificación motiva la protesta de Marx (desde el exilio) contenida en su *Crítica al Programa de Gotha* —dada a la publicidad años más tarde—, el nuevo partido asume, en sentido general, una orientación considerada marxista.[33]

El cambio en el escenario de las luchas del movimiento obrero y socialista obedece a la continuidad del desarrollo económico y social del capitalismo, que entre los años sesenta y setenta del siglo XIX alcanza el punto culminante de la fase premonopolista. Ese desarrollo facilita la disminución del uso de la coerción y la violencia, y el afianzamiento de la hegemonía burguesa. La apertura de un "espacio de confrontación" que pueden aprovechar los sindicatos y los partidos obreros más fuertes, crea las condiciones para la división entre las corrientes del movimiento obrero y socialista que acceden ese espacio para promover reformas en el sistema económico y político imperante, y las que lo hacen con el propósito de luchar por la transformación revolucionaria de la sociedad.

La reforma y la revolución hasta la década de mil novecientos setenta

La reforma social en Europa Occidental

La *reforma social progresista* en política es una estrategia que procura la transformación de uno u otro aspecto del orden social imperante, o de ese orden en su totalidad, *sin destruir o revolucionar sus fundamentos*, en particular, sin atentar contra las *relaciones de poder* existentes. En el caso del movimiento obrero y socialista, el *reformismo* se expresa como negación de la lucha de clases y la revolución social, a favor de la colaboración entre las clases en aras de convertir el capitalismo en una sociedad de bienestar y justicia social. Rosa Luxemburgo precisa que,

> ...quien para transformar la sociedad se decide por el camino de la reforma legal, *en lugar* y *en oposición* a la conquista del Poder, no emprende, realmente, un camino más descansado, más seguro, aunque más largo, que conduce al *mismo* fin, sino que, al propio tiempo, elige distinta meta: es decir, quiere, en lugar de la creación de un nuevo orden social, simples cambios no esenciales, en la sociedad ya existente.[34]

La estructuración doctrinaria y organizativa de las corrientes reformistas dentro del movimiento obrero y socialista comienza con la aparición, en 1881, del *posibilismo* francés y, en 1884, del *fabianismo* inglés, y continúa a finales de esa década, cuando el *reformismo* brota dentro del propio Partido Socialdemócrata Alemán, organización que por entonces es la principal abanderada del marxismo en el mundo. Pocos años más tarde, en las filas socialdemócratas alemanas aparece el *revisionismo*.

En virtud del dinamismo, la heterogeneidad y la complejidad del movimiento obrero y socialista francés, en la propia cuna de la revolución social surge el *posibilismo*. El posibilismo aparece en 1881 como una corriente, encabezada por el Dr. Paul Brousse, dentro de la Federación de los Obreros Socialistas de Francia, cuyo líder era el marxista George Guesde.[35] La estrategia posibilista consistía en aprovechar los espacios existentes en el sistema democrático burgués, sobre todo en los gobiernos locales, para luchar por mejoras en las condiciones laborales y el nivel de vida de los obreros, mientras la línea oficial de la Federación de Guesde era no negociar con los liberales y demás corrientes burguesas. En 1882, se produjo la ruptura entre ambas corrientes, en virtud de la cual, Brousse, con el apoyo de la mayoría, creó el Partido de los Obreros Socialistas de Francia. Por su parte, con la minoría, Guesde fundó el Partido Obrero Francés.

A diferencia de Francia, cuyos movimientos obreros y socialistas están conformados por diversas corrientes en pugna, que abarcan todo el espectro de posiciones concebibles entre la reforma y la revolución, en el caso de Gran Bretaña el reformismo fue siempre la tendencia dominante. Pionera del desarrollo económico y beneficiaria del monopolio comercial en el mundo durante el siglo XIX y las primeras décadas del XX, es en Gran Bretaña donde se origina lo que Marx y Engels bautizan como *aristocracia obrera*. Las peculiaridades del desarrollo económico y político capitalista en Gran Bretaña repercuten en el predominio de las tendencias reformistas, que se expresan en el surgimiento de la *Sociedad Fabiana* y la consolidación del *laborismo* como la principal expresión política del movimiento obrero de esa nación, en detrimento de los intentos de estabilizar una fuerza *socialista* semejante al Partido Socialdemócrata Alemán. Aunque el reformismo británico de ninguna manera se limita al pequeño grupo de intelectuales de clase media que convergió en la Sociedad Fabiana, el *fabianismo* es la más conocida e influyente doctrina reformista originaria de esa nación, a pesar de que solo se arraigó en la ciudad de Londres.

Creada en 1884, la Sociedad Fabiana alcanza notoriedad a partir de 1889 con la publicación de los *Ensayos Fabianos*, donde proclama que el desarrollo económico y social capitalista conduciría a la democratización y a la socialización de la riqueza, hasta el punto en que ese sistema llegaría a transformarse en su contrario, es decir, en socialismo. A partir de esa premisa, los fabianos desarrollan la estrategia de *impregnar* sus ideas en el sector radical del liberalismo. Su actividad consiste en publicar documentos, impartir conferencias y en el trabajo desplegado por dos de sus miembros más prominentes, los esposos Sidney y Beatrice Webb en el Concejo del Condado de Londres, donde actúan como pioneros en la promoción de un programa de protección y servicios sociales financiado y administrado por esa instancia de gobierno, en la cual constituyen minoría en relación con los liberales, a quienes, en realidad, corresponde adoptar esas decisiones. Aunque los fabianos desarrollan una larga e intensa labor proselitista en los sindicatos ingleses, no son ellos quienes les inoculan el reformismo, sino que esta es una tendencia compartida por ambos. La colaboración con el radicalismo liberal es uno de los puntos comunes entre los fabianos y el ala derecha del incipiente laborismo, los llamados liberales-laboristas (*lib-labs*), que durante un tiempo establecen alianzas político-electorales con los liberales para las elecciones al Parlamento en los distritos en que les resulta mutuamente ventajoso.

Mayor trascendencia aun que el *posibilismo* en Francia y el *fabianismo* en Gran Bretaña tienen el *reformismo* y el *revisionismo* en Alemania, por el hecho de que brotan dentro del propio Partido Socialdemócrata Alemán, que a la sazón es el baluarte del marxismo y ejerce el liderazgo indiscutible del movimiento socialista mundial. El reformismo aparece en Alemania a principios de la década de mil ochocientos noventa, representado por Georg von Vollmar, en cuyo estado, Bavaria, existe una situación política que, a diferencia de Prusia, favorece el establecimiento de alianzas con los partidos de la burguesía para aprobar leyes en beneficio de los obreros. Por su parte, el *revisionismo* irrumpe mediante los escritos y discursos de Edward Bernstein a finales de los propios años noventa, quien afirma que Marx había incurrido en errores teóricos que invalidaban una parte de los presupuestos políticos sobre los cuales basaba su acción la socialdemocracia alemana.

Por su coincidencia en aceptar a la democracia burguesa como horizonte estratégico, en virtud de lo cual toda diferencia programática existente entre ellas se convierte en secundaria y no antagónica, el posibilismo, el fabianismo, el reformismo alemán y el revisionismo conforman un solo bloque dentro de la Segunda Internacional.[36] Ese bloque relega a un plano secundario el papel de la propiedad en la definición del concepto de clase, reduce las diferencias de clase a diferencias ocupacionales, niega el antagonismo y la lucha de clases, y afirma que las contradicciones de clase serían resueltas dentro de la sociedad capitalista.[37]

Aunque la polémica desatada por Bernstein provoca la condena a sus posiciones en un congreso del partido, nunca fue separado del mismo. Aun más, Karl Kautsky, quien deviene principal defensor de las ideas de Marx después de la muerte de Engels, termina en el bando reformista, junto a Bernstein, a raíz del deslindamiento ocurrido con el estallido de la Primera Guerra Mundial y sellado con el triunfo de la Revolución de Octubre de 1917. Esa convergencia es explicable debido a que, hasta la delimitación de los campos reformista y revolucionario, la noción de *revolución* era interpretada por un buen número de sus defensores como el eventual resultado de una lucha electoral que le proporcionaría la mayoría parlamentaria al partido obrero, con la cual éste aprobaría "legalmente" la abolición del capitalismo y la implantación del socialismo. De acuerdo con tal enfoque, la acción de *contenido revolucionario*, consistente en sustituir un sistema social por otro, se consumaría por un *procedimiento legal* y *pacífico*, esto último, a menos que la burguesía se resistiese a aceptar su derrota en las urnas. Aunque ello dista mucho de lo que en la actualidad definimos como *revolucionario*, en su momento fue considerado antítesis del *reformismo* porque rechazaba las alianzas políticas y electorales con el radicalismo liberal, para evitar que estas últimas alejasen a la clase obrera de la "conquista del poder político", entendida como obtención de la mayoría parlamentaria.

La ambigüedad del concepto de revolución fue favorecida por el hecho de que, desde la derrota de la Comuna de París hasta la Primera Guerra Mundial, no se conforma ninguna nueva *situación revolucionaria* que provoque la delimitación de los campos. Vale la pena citar la definición leninista de *situación revolucionaria*:

> A un marxista —afirma Lenin— no le cabe duda de que la revolución es imposible sin una situación revolucionaria; además, no toda situación revolucionaria desemboca en una revolución. ¿Cuáles son, en términos generales, los síntomas distintivos de una situación revolucionaria? Seguramente no incurrimos en error si señalamos estos tres síntomas principales: 1) La imposibilidad para las clases dominantes de mantener inmutable su dominación; tal o cual crisis de las "alturas", una crisis en la política de la clase dominante que abre una grieta por la que irrumpen el descontento y la indignación de las clases oprimidas. Para que estalle la revolución no suele bastar con que "los de abajo no quieran", sino que hace falta, además, que "los de arriba no puedan" seguir viviendo como hasta entonces. 2) Una agravación, fuera de lo común, de la miseria y de los sufrimientos de las clases oprimidas. 3) Una intensificación

considerable, por estas causas, de la actividad de las masas, que en tiempos de "paz" se dejan expoliar tranquilamente, pero que en épocas turbulentas son empujadas, tanto por toda la situación de crisis, *como por los mismos "de arriba"*, a una acción histórica independiente. Sin estos cambios objetivos, no solo independientes de la voluntad de los distintos grupos y partidos, sino también de la voluntad de las diferentes clases, la revolución es, por regla general, imposible. El conjunto de estos cambios objetivos es lo que se denomina situación revolucionaria. No toda situación revolucionaria origina una revolución, sino tan solo la situación en que a los cambios objetivos arriba enumerados se agrega un cambio subjetivo, a saber: la capacidad de *la clase* revolucionaria de llevar a cabo acciones revolucionarias de masas lo suficientemente *fuertes* para romper (o quebrantar) el viejo Gobierno, que nunca, ni siquiera en las época de crisis "caerá" si no se le "hace caer". [38]

Esa definición no encaja en la situación europea occidental entre 1871 y 1914. Por el contrario, durante esas cuatro décadas, el aumento de la redistribución de riqueza en los países más industrializados —sustentado en el desarrollo del sistema de producción capitalista y la explotación del mundo colonial— y el afianzamiento de la hegemonía burguesa, conducen al ala reformista del movimiento obrero y socialista, no solo a anclar su horizonte histórico dentro de la sociedad capitalista, sino incluso a contemporizar con el colonialismo.[39]

La intensificación del desarrollo económico, político y social registrado por las naciones capitalistas más industrializadas entre mil ochocientos sesenta y mil ochocientos setenta repercute, en general, en una tendencia favorable a la redistribución de riqueza, al afianzamiento de la hegemonía como principal mecanismo de dominación (en lugar del empleo de la coerción y la violencia) y al florecimiento de diversas corrientes de reformismo social en las naciones capitalistas de mayor desarrollo. Aunque esta tendencia tiene fluctuaciones, desniveles y excepciones, provoca un impacto decisivo en la historia del movimiento obrero y socialista europeo occidental. No es un dato menor que en ese período se produjeran la Primera Guerra Mundial, la Gran Depresión y la Segunda Guerra Mundial. Esos tres acontecimientos no solo ocasionan gran destrucción *económica* sino también el agravamiento extremo del antagonismo *social*, al punto que, a raíz de la *situación revolucionaria* generada por la primera conflagración del orbe, triunfa la Revolución de Octubre de 1917 y, a partir de la segunda, los países de Europa Oriental conforman el Campo Socialista.

El triunfo de la Revolución de Octubre, que inaugura la era de la competencia entre el sistema capitalista y el socialista, es la primera "oportunidad" que la socialdemocracia aprovechó para hacer causa común con los partidos burgueses. Hasta ese momento, el enfrentamiento entre las corrientes reformista y revolucionaria del movimiento socialista se expresaba en un debate teórico de carácter general, entre otros temas, sobre si conservaba vigencia o no la doctrina de la dictadura del proletariado, pero a partir de entonces este enfrentamiento pasa de la teoría a la práctica y de lo general a lo particular. La socialdemocracia apoya la política de condena, bloqueo, aislamiento y agresión contra el Estado soviético asumida por las potencias imperialistas.

Aunque la Segunda Internacional, en la que coexistían las corrientes reformistas y revolucionarias del movimiento socialista, deja de existir desde el estallido de la guerra —a causa de a la alineación de los principales partidos socialdemócratas de Europa Occidental con sus respectivos gobiernos—, es la Revolución de Octubre la que sella el carácter irreversible de esa ruptura, tal como se constata con el surgimiento de la Tercera Internacional (la Internacional Comunista) y con el fracaso de la llamada Internacional Dos y Media (la Internacional de Berna), que intenta volver a agrupar en una sola organización socialdemócratas y comunistas.[40]

En la etapa entre guerras, la socialdemocracia presenta un cuadro teórico que combina el marxismo revisado, el neokantismo, el fabianismo y el positivismo. A pesar de su heterogeneidad, las doctrinas socialdemócratas coinciden en que es posible superar al capitalismo mediante un proceso de reformas que conduzcan a una sociedad en la que la propiedad *social* y el enfoque *social* de la economía y la política suplanten la primacía de la propiedad *privada* y el enfoque *individualista*. No obstante esta retórica, el movimiento real de la socialdemocracia gira hacia la colaboración con la burguesía.

En la socialdemocracia se ubican las corrientes del movimiento obrero y socialista que comparten con el liberalismo la concepción de que el Estado es una institución neutral, ubicada por encima de la sociedad, que funge como mecanismo de conciliación de las contradicciones existentes entre las clases, y que es capaz de representar los intereses de aquellos partidos políticos que lo controlan por medio de las elecciones, con independencia de las clases que representen. Debido a que el proletariado y otros sectores sociales subordinados constituyen la mayoría de la sociedad, los partidarios de esta tesis concluían que el sufragio universal, implantado en los países capitalistas desarrollados en la década de mil novecientos veinte, conduciría de forma paulatina a la democratización. Esa concepción se complementaba con el criterio de que la concentración del capital conducía a largo plazo a la socialización de los medios de producción, punto de convergencia de las teorías del "interimperialismo" de Hobson, el "ultraimperialismo" de Kautsky y el "capitalismo organizado" de Hilferding.

A la Primera Guerra Mundial le sigue un breve período de crecimiento económico (1924–1929) en el que partidos socialdemócratas, en particular, en Gran Bretaña y los países escandinavos, asumen el gobierno o participan en coaliciones gubernamentales, lo que facilita un mayor acercamiento entre el *reformismo liberal* y el *socialdemócrata*. Las condiciones estaban creadas: la socialdemocracia se había alineado con la burguesía durante la guerra y en el enfrentamiento a la Unión Soviética, y había demostrado que su propósito era preservar la estabilidad del capitalismo para escalar posiciones dentro de él. Ningún partido socialdemócrata intenta cumplir los enunciados programáticos a favor de la socialización de los medios de producción. Por el contrario, es curioso que, en los orígenes del *keynesianismo*, es decir, ante los primeros embates de la crisis de 1929 a 1933, el primer gobernante laborista de la historia, el primer ministro inglés Ramsay McDonald, se coloca "a la derecha" del liberal Keynes, con una política conservadora que tiene pésimos resultados para el empleo, los salarios y la economía británicos en general. Es la Gran Depresión la que obliga al Partido Liberal y al Partido Laborista a aceptar el keynesianismo.

La segunda posguerra es el período de convergencia definitiva, no solo práctica, sino también doctrinaria, entre el reformismo socialdemócrata y el reformismo burgués. El ideólogo de la Tercera Vía, Anthony Giddens, afirma que "el Estado de bienestar fue una creación tanto de la derecha como de la izquierda, pero en el período de la posguerra los socialistas se lo atribuyeron como propio".[41] No es casual que el sistema de democracia burguesa, combinado con el macartismo y la Guerra Fría, haya llegado a su máxima expresión en esos años en América del Norte (Estados Unidos y Canadá) y los países de Europa Occidental en los que funcionó el "Estado de Bienestar". En este período, la mayoría de los partidos socialdemócratas que mantenían el apego a la tesis de transformar el capitalismo en socialismo, dan el paso de abandonarla: la socialización de los medios de producción fue trocada por la defensa de la "democracia social". En estos años se produce la extensión por todos los países capitalistas desarrollados de la "aristocracia obrera". Como parte de ese proceso, en los Estados Unidos se consolida la fusión de la burocracia sindical de la AFL-CIO con el sector de la burguesía aglutinado en el Partido Demócrata, mientras en Europa Occidental, repercute en un cambio en la composición social y en la ideología socialdemócrata, con un decrecimiento de la composición obrera y la influencia sindical, frente al incremento de los llamados cuellos blancos y el advenimiento de una tecnocracia partidista, cuya prioridad es ampliar y consolidar sus espacios en el parlamento y el gobierno.

En correspondencia con la orientación pluriclasista que se consolida en esa organización, en el congreso de "renovación" realizado en Frankfurt, en 1951, la *Internacional Obrera y Socialista* cambia su nombre por *Internacional Socialista*, es decir, elimina la palabra "obrera". No obstante, en los países escandinavos se registra todavía un intento posterior de socialización progresiva de los medios de producción. A mediados de los setenta, los partidos socialdemócratas y los sindicatos suecos, daneses y holandeses presentan proposiciones que apuntan a la socialización gradual de la propiedad de los medios de producción, mediante una compra de acciones dirigida a transferir los "paquetes de control" —y eventualmente el control absoluto— de las empresas, de los capitalistas a los sindicatos, práctica rechazada por la burguesía de esos países, por lo que estos partidos se ven obligados a reconocer el carácter infranqueable de la barrera que protege a la propiedad privada en la sociedad capitalista.

El alto nivel de satisfacción de las necesidades materiales de la población en las naciones imperialistas alcanzado en la posguerra, que desplaza al primer plano la intensificación de otras contradicciones inherentes a la sociedad burguesa, provoca que la mayoría de los movimientos de protesta que estallan en los Estados Unidos y Europa Occidental durante las décadas de mil novecientos sesenta y setenta no estén directamente motivados por la contradicción entre el capital y el trabajo, aunque todos ellos, sin excepción, se originan y están condicionados por las contradicciones derivadas del desarrollo de la sociedad capitalista.

El movimiento por los derechos civiles de los negros no solo despierta la conciencia antirracista de la comunidad afronorteamericana —junto con la de otras minorías nacionales como los indios, los asiático-norteamericanos y los hispanos—, sino también de muchos jóvenes estudiantes blancos de clase media, que marchan al Sur a apoyar a los *"freedom riders"*.

El movimiento contra la guerra de Vietnam, originalmente provocado por el rechazo al servicio militar obligatorio y a la muerte de soldados estadounidenses en ese conflicto, se transforma en oposición al carácter imperialista de esa guerra, y en una escuela para la solidaridad con las luchas revolucionarias y de liberación nacional en el Sur.

El movimiento estudiantil y el movimiento de la contra cultura, emparentados en el rechazo a la alineación provocada por el individualismo, el consumismo, la intolerancia y otros males inherentes al sistema capitalista, alcanza niveles sin precedentes de movilización. El movimiento feminista, de tan larga data como el movimiento obrero y socialista, adquiere una nueva dimensión con la incorporación de la lucha contra el sexismo y otras formas de opresión y discriminación sexual. A ellos se suma el incipiente movimiento de defensa del medio ambiente.

La determinación clasista de todos ellos es evidente: la composición y reivindicaciones del movimiento negro y de otras minorías étnicas guardan una relación directa con la pobreza, mientras que movimientos como el feminista o ecologista tienen una composición mayoritaria de clase media.

Las protestas de los años sesenta y setenta constituyen un punto de lanzamiento —de relanzamiento en algunos casos— de los movimientos sociales y populares que orientan su actividad a la lucha con relación a temas de género, etnia, cultura, franja de edad, orientación sexual, medio ambiente, derechos humanos y otros, cuya influencia se extiende a sectores de las capas altas y medias urbanas de América Latina. Muchos de estos movimientos dejaron sembrada la semilla del eslabón articulador entre las luchas populares en el Norte y en el Sur.

Quizás, no ha transcurrido suficiente tiempo histórico para determinar sí fue una ironía de la vida, o un anticipo de la agudización de contradicciones en ciernes, lo que provocó que el estallido de los movimientos de protesta en los Estados Unidos y Europa Occidental de la década de mil novecientos sesenta y principios de la de los setenta —sobre los cuales se asientan las seudo teorías en boga acerca de la obsolescencia de las luchas clasistas y el advenimiento de la era de las luchas "posmaterialistas"—, ocurriera precisamente como preámbulo de una agudización sin precedentes de los antagonismos de clases.

Con el estallido de la crisis estructural y funcional capitalista a finales de los años sesenta, los partidos socialdemócratas que controlan los gobiernos o participan en coaliciones gubernamentales en Europa Occidental comienzan a revertir las políticas de redistribución de riqueza que sustentaban al "Estado de Bienestar". En las nuevas condiciones, la socialdemocracia, que años antes lo había asumido como propio, también asume como propio su desmontaje. En particular, el gobierno laborista británico elegido en 1969, lo sustituye por un programa de "capitalismo protegido" basado en la regulación laboral y una política fiscal regresiva destinada a subsidiar la renovación industrial, cuya impopularidad repercute en el retorno de los conservadores al gobierno en 1970.

El intento de estos últimos de aprobar una denominada Ley sobre Relaciones Industriales, de claro contenido antiobrero, provoca un movimiento de protesta no visto en Gran Bretaña desde 1926, lo que facilita el regreso de los laboristas al gobierno, en 1974. La política del nuevo gobierno laborista es el "contrato social", que establece un tope de 5% a los aumentos salariales.[42] Cuando el desempleo y la inflación hacen que los sindicatos rompan el contrato social en 1978, el gobierno se enfrenta a ellos y estimula el sentimiento antisindical, postura que coadyuva al triunfo de Margaret Thatcher en los comicios de mayo de 1979.[43] Así se inicia la avalancha mundial del neoliberalismo y así se siembra la semilla de la Tercera Vía.

En correspondencia con la necesidad de expansión del control monopolista hacia los recursos naturales y mercados del Sur, entonces convulsionado por luchas revolucionarias y de liberación nacional, desde mediados de los años setenta, la Internacional Socialista (IS) se concentra en la ampliación de su membresía en Asia, África y América Latina, con el fin de promover la vía social-demócrata como opción política en esas regiones. Dentro de este contexto, América Latina recibe la atención prioritaria, porque en ese subcontinente se encuentran en apogeo las dictaduras militares y se expande la llama de la revolución social por Centroamérica. Por mediación de la IS, el capitalismo monopolista europeo no solo se propone evitar la ampliación del sistema socialista, sino también de ocupar espacios en función de la competencia inter-imperialista contra los Estados Unidos y Japón. En esta lucha, la socialdemocracia europea es la cara joven, amable y "democrá-tica" que ofrecen las viejas metrópolis colonialistas a las fuerzas antimperialistas que luchan por su verdadera independencia, soberanía y autodeterminación. En este sentido, el XIII Congreso de la IS (Ginebra, 1976), el XIV Congreso (Vancouver, 1978) y el XV Congreso (Madrid, 1980), se pronuncian a favor de la distensión, la coexistencia pacífica, el Nuevo Orden Económico Internacional, el respeto a los derechos humanos (enfilado contra los países socialistas, las dictaduras militares y el régimen del Apartheid en Sudáfrica) y la atención a los problemas políticos, económicos y sociales del Sur.

En síntesis, es innegable que durante las primeras seis décadas del siglo XX y, en especial, durante la segunda posguerra hubo una interacción entre el capitalismo desarrollado y la socialdemocracia, pero, a juzgar por su desenlace histórico, no fue la socialdemocracia la que reformó al capitalismo, sino el capitalismo el que reformó a la socialdemocracia. Eso resulta evidente porque, a finales de los años setenta, esta última ya participaba en el desmontaje del "Estado de Bienestar" y actuaba como punta de lanza del imperialismo Europeo en el Sur.

Las revoluciones socialistas y las luchas de liberación nacional

A partir del análisis de la situación del mundo de mediados del siglo XIX, Marx y Engels estimaron que la revolución comunista sería protagonizada por el proletariado de las naciones más industrializadas de Europa. La experiencia de la Comuna de París les sirvió para desarrollar el concepto de *dictadura del proletariado*, entendida como dictadura de la mayoría social sobre sus antiguos explotadores. La dictadura del proletariado sería la encarnación de la *democracia para la mayoría*: el verdadero gobierno del pueblo, por el pueblo y para el pueblo porque la transición del capitalismo al comunismo transcurriría bajo la conducción del proletariado, que no solo poseía conciencia de *clase en sí* y *clase para sí*, sino también sería capaz de asimilar y satisfacer las reivindicaciones de las demás clases hasta entonces dominadas y explotadas por la burguesía.

La sociedad comunista se asentaría sobre una base material sólida porque la expropiación de la riqueza acumulada, incluida la socialización de los medios de producción creados por el capital durante cuatro siglos, permitiría, realizar la distribución mediante el principio: *a cada cual según sus necesidades*. Se iniciaría un proceso de duración indeterminada durante el cual desaparecerían las clases. Como consecuencia, tras un período inicial de construcción y fortalecimiento del Estado proletario, su existencia se haría innecesaria, por lo que se extinguiría y sería sustituido por un mecanismo no coercitivo para atender los asuntos sociales. Si bien este es el concepto original de revolución comunista, el propio marxismo nos ofrece las herramientas teóricas para comprender las razones por las cuales esa tesis no se verificó en la práctica.

En sus estudios sobre Inglaterra, Marx y Engels identifican a la *aristocracia obrera*, "contenta con forjar ella misma las cadenas de oro con las que le arrastra a remolque la burguesía",[44] como un producto social del desarrollo capitalista sustentado en los avances de la industria y la explotación del mundo colonial, semi-colonial y neocolonial, que conspira contra la unidad y combati-vidad de la clase obrera. En la Introducción a la edición de 1895 de *Las luchas de clase en Francia de 1848 a 1850*, Engels analiza cómo el desarrollo económico, político y social registrado durante el siglo XIX por los países más industrializados de Europa había operado un cambio en la orientación general del movimiento obrero y socialista. Ese cambio es la disminución del énfasis en la lucha violenta, en la medida que se abren espacios para las elecciones parlamentarias, nueva forma de lucha que él concebía como un medio de acumulación de fuerzas para la transformación social revolucionaria.[45] Sobre este particular, Engels afirma que el sufragio universal abre posibilidades de "aprovechar las insti-tuciones estatales en las que se organizaba la dominación de la burguesía" para luchar "*contra* esas mismas instituciones".[46]

Tanto Marx como Engels prevén la posibilidad de una revolu-ción social en las condiciones de Rusia. En carta a Vera Zasúlich, Marx opina que la comunidad rural rusa podía deshacerse gra-dualmente de sus caracteres primitivos y desarrollarse *directa-mente* como elemento de la producción colectiva porque, al ser contemporánea con la producción capitalista, podía apropiarse de las realizaciones positivas de ésta, sin pasar por "todas sus terribles peripecias".[47] Una opinión similar expresa Engels en el Prefacio a la segunda edición rusa (de 1882) del *Manifiesto del Partido Comunista*, cuando señala que en Rusia "la forma por cierto muy desnaturalizada de la primitiva propiedad común de la tierra" podría pasar directamente a ser propiedad comunista "si la revolución rusa da la señal para una revolución proletaria en Occidente, de modo que ambas se complementen, la actual propiedad común de la tierra en Rusia podrá servir de punto de partida para el desarrollo comunista".[48]

En circunstancias similares a las planteadas por Marx y Engels, Lenin y el Partido Bolchevique rompen el eslabón más débil de la cadena, en 1917, convencidos de que la Revolución Rusa sería el anticipo de la revolución mundial que tendría su epicentro en Alemania. Ya conocemos el desenlace de aquellos acontecimientos: la situación revolucionaria generada por la guerra solo cristaliza en una revolución triunfante en Rusia, pero no en país alguno del centro neurálgico capitalista europeo occidental. En particular, la revolución alemana fue derrotada, resultado en el cual jugó un papel decisivo la vacilación de la dirigencia del Partido Socialdemócrata de ese país.[49] Cualesquiera que hayan sido las causas de la derrota de la revolución europea, lo cierto es que la naciente república soviética debió aferrarse durante más de un cuarto de siglo a la construcción del *socialismo en un solo país*.

El hecho de que la revolución socialista no tuviera un carácter mundial ni triunfara en las naciones más industrializadas de Europa, sino en Rusia, determinaba que el sujeto social de la revolución no era proletariado de los países capitalistas más industrializados, ni sus intereses y actitudes tenían la homogeneidad que se esperaba del proletariado en las condiciones imperantes en 1848, cuando Marx y Engels afirmaban que "de todas las clases que hoy se enfrentan con la burguesía, solo el proletariado es una clase verdaderamente revolucionaria".[50] En la Rusia de 1917, Lenin comprendía la necesidad de llamar a la *alianza obrero-campesina* y de implantar la *dictadura del proletariado y el campesinado pobre*, para enfrentar la agresión conjunta de las naciones imperialistas y la guerra contrarrevolucionaria interna, que amenazaban la existencia del joven poder revolucionario. El Estado de obreros y campesinos pobres no tenía a su alcance una masa suficiente de riqueza acumulada que pudiera expropiar y socializar a corto o mediano plazo para emprender la construcción socialista. No bastaba con expropiar el capital, también habría que crear, desde el ejercicio del poder político, la base material para la construcción del socialismo. Esta era una realidad no anticipada: la propia revolución sería el motor del desarrollo económico, social y cultural.

La teoría leninista tiene elementos de carácter universal, aplicables a toda experiencia de construcción socialista, y elementos de carácter particular, no generalizables. Como elementos universales del leninismo se destacan: el desarrollo creador de los principios universales del marxismo para aplicarlos a las condiciones particulares de Rusia y sus colonias; sus análisis sobre el imperialismo, sin el cual sería imposible comprender la metamorfosis por la que atraviesa el capitalismo contemporáneo, y la interpretación y desarrollo de las concepciones marxistas sobre el Estado, la dictadura del proletariado, el partido de la clase obrera y la revolución socialista, en el entendido de que Lenin insistía en que las formas concretas de la lucha política y sus instrumentos debían ser recreados en cada país y en cada coyuntura histórica. Esa creatividad fue, precisamente, lo que se perdió en muchas construcciones teóricas, con la vulgarización y dogmatización de las ideas de Lenin, por medio de la búsqueda de "regularidades" que supuestamente habrían de presentarse en cada experiencia concreta, en virtud de las cuales toda revolución tenía que contar con un equivalente al asalto al Palacio de Invierno, una estructura clasista que sustentara la alianza entre obreros y campesinos pobres, una dualidad de poderes y una copia del Partido Bolchevique.

En las circunstancias en que se produce la Revolución de Octubre de 1917, el problema *universal* planteado por Marx y Engels acerca de la sustitución del Estado burgués por un Estado socialista y de la sustitución de la propiedad privada por la propiedad social de los medios de producción, cuya solución habían

concebido para el escenario *particular* de la Europa Occidental
decimonónica, tiene que ser replanteado y resuelto en otra situación histórico-concreta. Ese constituye uno de los mayores méritos
históricos de Lenin, entre cuyas primeras obras resalta *El desarrollo
del capitalismo en Rusia*.[51] A partir de ese estudio de las características y condiciones económicas, políticas, sociales, culturales e
ideológicas de Rusia, Lenin elabora la estrategia y la táctica de la
Revolución Bolchevique. Era necesario forjar una unidad política e
ideológica que sustentara la unidad de acción para emprender las
tareas de la defensa y el desarrollo, y hacerse cargo del gobierno
nacional y de los gobiernos de vastos territorios sin contar con
suficientes cuadros que reunieran los requisitos de capacidad y
confiabilidad. Los *soviets* eran órganos de poder popular que inicialmente habían brotado de la Revolución de 1905 pero era necesario
establecer un poder político centralizado por encima de ellos. El
Partido Bolchevique se erigió en partido único fundido con el
Estado soviético y se prohibió la existencia de grupos o fracciones
dentro de él. Se imponía así la unidad político-ideológica que la
supervivencia de la revolución demandaba, aunque a riesgo de
coartar la democracia socialista, como en definitiva sucedió.

Sobre la base de que el campesinado pobre constituía la
inmensa mayoría de la población en Rusia, Lenin argumentaba
que la dictadura emanada de la alianza obrero-campesina sería
más democrática que la forma más avanzada de democracia burguesa: "Dictadura —explicaba Lenin— no significa por la fuerza
supresión de la democracia para la clase que la ejerce sobre las
otras clases, pero sí significa necesariamente supresión (o una
restricción esencialísima, que es también una forma de supresión)
de la democracia para la clase sobre la cual se ejerce la dictadura".[52]
En este sentido, Lenin decía "democracia para la mayoría gigan-
tesca del pueblo y exclusión de la democracia, para los antiguos
explotadores: tal es la modificación que experimentará la democracia durante *la transición* del capitalismo al comunismo".[53]

La concepción leninista de centralismo democrático incluía salvaguardas contra la deformación burocrática. Lenin afirmaba que "la posibilidad [de aniquilar al burocratismo] está garantizada por el hecho de que el socialismo disminuirá la jornada de trabajo, elevará a *las masas* a una vida nueva, colocará a *la mayoría* de la población en condiciones que permitirán a *todos* sin excepción ejercer las 'funciones del Estado', y esto conducirá a *la extinción completa* de todo el aparato en general".[54] Sin embargo, el equilibrio entre los dos componentes del centralismo democrático dependía de factores que no ayudaron al proceso, entre ellos la carencia de una base económica que permitiera "disminuir la jornada de trabajo" y elevar "a las masas a una nueva vida", la continuidad de las agresiones y las amenazas externas, y las extraordinarias facultades discrecionales con que contaba la dirigencia del partido. Por estas y otras razones que sería largo enumerar, tras la desaparición de Lenin, el elemento concentrador del poder, el *centralismo*, se impuso al elemento más difuso, la *democracia*. En vez de ampliar y diseminar "a todos sin excepción" el ejercicio de las "funciones del Estado", el poder se concentró en una élite y, más aun, en la dirección unipersonal de Stalin, quien invocaba al socialismo, pero negaba en los hechos la democracia socialista.

La desviación de los objetivos proclamados por la Revolución de Octubre avivó la polémica iniciada décadas atrás entre partidarios y críticos del concepto de *dictadura del proletariado* y, en el caso de sus partidarios, abrió otra polémica sobre si tal desviación era resultado de la forma en que Lenin aplicó ese concepto y desarrolló el *centralismo democrático*, o si era producto del abandono del leninismo y de una manipulación de la figura de Lenin hecha tras su fallecimiento en 1924. De este gran debate histórico sobre objetivos, medios, métodos y resultados de la experiencia socialista soviética, forman parte también los argumentos a favor y en contra del *comunismo de guerra*, la *colectivización forzosa de la agricultura*, la *estatización de la industria* y demás componentes del *esquema económico centralizado*, implantado en los primeros años de la revolución para garantizar el despegue.

Otro tema para analizar es la expansión del socialismo a los países de Europa Oriental liberados de la Alemania nazi durante la Segunda Guerra por el Ejército Rojo. Huelga decir que la edificación de las llamadas democracias populares europeas no fue el resultado de las luchas nacionales a favor del socialismo. No obstante, sería absurdo cuestionar que la potencia militar triunfante en esa parte de Europa impusiera allí su sistema social porque también las potencias triunfantes en el occidente reafirmaron el suyo en aquellos países donde los comunistas habían desempeñado un papel protagónico en la lucha antifascista. Tras esa última conflagración, el desarrollo de las fuerzas productivas y la política de "contención del comunismo", basada en la Guerra Fría y el "Estado de Bienestar", cerraron la posibilidad de que se abriera una nueva situación revolucionaria en el continente europeo.

En la posguerra era lógico que el "eslabón más débil de la cadena" se desplazara hacia el mundo subdesarrollado. En China, Corea y Vietnam, la revolución anticolonialista era también de carácter socialista. Por su parte, en Cuba, poco después de la victoria, la revolución asumía identidad y objetivos socialistas. En común con la Revolución de Octubre, estos cuatro procesos no solo tenían los objetivos socialistas, sino también la necesidad de concentrar el poder político en un partido y un Estado, capaces de garantizar la defensa y el desarrollo económico y social. Tanto en los Estados socialistas de Europa Oriental, como en China, Corea del Norte, Vietnam y Cuba, se aplicaron los criterios generales de organización y funcionamiento político y económico de la Unión Soviética, sin que en aquel momento estuviese a la orden del día preguntarse —ni existiesen tampoco los parámetros actuales para evaluar—, en que medida se estaban aplicando experiencias soviéticas con una validez *universal*, *particular* o *singular*, ni en qué medida una parte importante de esas experiencias iba a tener en la propia URSS resultados tan negativos. Nacía así lo que en la actualidad se conoce como el "paradigma soviético".

En la segunda mitad de la década de mil novecientos cincuenta, en el período más álgido de la Guerra Fría, se profundiza la fragmentación del movimiento comunista —iniciada a finales de los años veinte con la purga de Trotsky—, entre otros factores, por la crítica pública al estalinismo, la invasión a Hungría (1956) y la ruptura chino-soviética, a lo que se sumó, en los años sesenta, el salto experimentado por el desarrollo económico y social capitalista, el "efecto vitrina" del "Estado de Bienestar" europeo occidental y el rechazo a la invasión a Checoslovaquia (1968).

En la mayoría de los casos, el "eslabón más débil de la cadena" en el Sur no se quiebra con una definición socialista. Con la descolonización del Medio Oriente, Asia y África surgen numerosos Estados capitalistas, que conforman la masa del Movimiento de Países No Alineados. No obstante, con independencia de que esas naciones no se sumaran al Campo Socialista, las luchas de liberación nacional, tanto la lucha no violenta que condujo a la independencia de la India, como la lucha armada en Argelia y las colonias portuguesas de África, se inscriben en la historia de la revolución social como rupturas del sistema de dominación imperialista.

Las luchas de liberación nacional en el Sur llegan al clímax en los años setenta y principios de los ochenta. En Asia, es el momento de la derrota del imperialismo norteamericano en Vietnam, hecho que repercute en todo el sudeste asiático. En África, resalta la independencia de las colonias portuguesas, en particular, el rechazo —con ayuda de Cuba— a la invasión sudafricana contra la naciente República Popular de Angola,[55] lo cual crea una correlación de fuerzas en el Cono Sur Africano, favorable a la liberación de Zimbabwe y Namibia, unidas al desmantelamiento del régimen del apartheid en la propia África del Sur. En América

Latina, se produce el triunfo de la Revolución Popular Sandinista en Nicaragua y la conquista del gobierno por parte del Movimiento de la Nueva Joya en Granada, ambos en 1979. A partir de ese momento, se incrementa la lucha armada en El Salvador y Guatemala. Todos esos acontecimientos reflejan hasta qué punto se había erosionado la hegemonía imperialista mundial.

La contraofensiva del imperialismo norteamericano

En la década de mil novecientos setenta, el imperialismo norteamericano se enfrenta a la disyuntiva de aceptar la erosión de la supremacía que ejercía desde la Segunda Guerra Mundial o intentar restablecerla. Esta última opción implicaba determinar en qué medida acudir al garrote y en qué medida a la zanahoria para cumplir cuatro requerimientos básicos: primero, "disciplinar" a las capas bajas y medias de la sociedad y limitar las expectativas de redistribución de riqueza desarrolladas por ellas en la posguerra; segundo, reafirmar la subordinación de los aliados de Europa Occidental y Japón; tercero, inclinar la correlación mundial de fuerzas a favor del capitalismo y en contra del socialismo, y cuarto, reforzar la dominación del Sur, amenazada por la descolonización del Medio Oriente y Asia, las luchas de liberación nacional en África y la insurgencia revolucionaria en América Latina. Ante estos desafíos, durante los períodos presidenciales de Richard Nixon (1969–1974), Gerald Ford (1974–1977) y James Carter (1977–1981) se exacerban las pugnas intestinas en los círculos de poder de los Estados Unidos.

Desde el lanzamiento del *Sputnik* (1957) y el vuelo del primer cosmonauta del mundo (1961), el soviético Yuri Gagarin, la sociedad estadounidense arrastraba el sentimiento de vulnerabilidad provocado por los avances de la Unión Soviética en la industria aeroespacial, que demostraban la capacidad de construir vehículos intercontinentales portadores de armas nucleares. Se iniciaba así una nueva fase de la Guerra Fría caracterizada por la histeria belicista, que servía de telón de fondo al auge de los movimientos a favor de los derechos civiles de los negros, de la contracultura, estudiantil y antibélico, cuya masividad y combatividad revelaba las contradicciones sociales acumuladas durante el período macartista. Aunque el principal factor de movilización de los cientos de miles de jóvenes blancos, de clase media, participantes en las protestas que estremecieron a las grandes ciudades y las universidades élite de los Estados Unidos fue la alienación provocada por la llamada *sociedad afluente*, su activismo social incluyó la denuncia de que existían alrededor de treinta millones de pobres dentro de la nación más rica y poderosa del mundo, en su mayoría negros, hispanos y de otras minorías nacionales. Particular preocupación causaba esta denuncia en los círculos de poder porque se producía en el preciso momento en que el imperialismo se ve compulsado a revertir la tendencia al incremento de la redistribución social de la riqueza establecida en la posguerra, que había llegado a ser considerada como eterna y natural.

En una coyuntura histórica en que las grandes potencias imperialistas necesitan ampliar sus fuentes de acumulación externa, el clamor por el establecimiento de un Nuevo Orden Económico Internacional encarna la demanda de los países del Sur de obtener mayores beneficios por la venta de sus productos primarios en el mercado mundial, aspiración que refleja la conformación de un nuevo escenario internacional al que durante los años cincuenta y sesenta se habían sumado como actores independientes las repúblicas surgidas de la descolonización del Medio Oriente y Asia, seguidas por el auge de las luchas de liberación nacional en África en los años setenta. Hitos de esta rebelión tercermundista son el papel alcanzado por el no alineamiento y la creación de la Organización de Países Exportadores de Petróleo (OPEP), cuya decisión de regular la producción e incrementar los precios de los hidrocarburos estremece al Norte y repercute en el surgimiento de otras (menos afortunadas) asociaciones de países del Sur exportadores de productos primarios.

La erosión del poderío del imperialismo norteamericano alcanza la máxima expresión a raíz de su derrota en la Guerra de Vietnam (1975), que no solo proyecta una imagen externa de debilidad, sino también genera una fuerte oposición social interna por el uso de soldados estadounidenses fuera de las fronteras nacionales, conocida como "síndrome de Vietnam". Esa derrota se combina con tres acontecimientos previos que dañan la credibilidad del gobierno estadounidense y limitan su capacidad de maniobra en política exterior: la publicación de *Los Papeles del Pentágono* (1971) revela que los "incidentes del Golfo de Tonkin" (2 al 4 de agosto de 1964), utilizados por el presidente Johnson para justificar la escalada de la participación de los Estados Unidos en la guerra del sudeste asiático (Vietnam, Laos y Camboya) habían sido autoprovocaciones fraguadas por los servicios especiales de los propios Estados Unidos;[56] el Escándalo de Watergate (1972), ocasionado por la captura de un *team* de espionaje que penetró en las oficinas del Comité Nacional del Partido Demócrata, descubre la podredumbre del sistema político y electoral estadounidense, y la revelación de la complicidad del gobierno de Nixon en el golpe de Estado del 11 de septiembre de 1973 contra el presidente constitucional de Chile, Salvador Allende, aporta una prueba de la complicidad del gobierno de los Estados Unidos con las atrocidades cometidas por la dictadura de Augusto Pinochet[57] y, por extensión, con los crímenes cometidos por todas las dictaduras latinoamericanas.

La necesidad de definir el rumbo estratégico que debería seguir el imperialismo norteamericano para hacer frente a las contradicciones planteadas, desencadena una intensa lucha política e ideológica acerca de si se debía adoptar una política *supuesta-*

mente conciliadora o una *visiblemente agresiva* para reafirmar la hegemonía mundial y neutralizar las demandas de los grupos sociales subordinados dentro de los propios Estados Unidos. Ante esta situación, la corriente conservadora tradicional imperante en el gobierno de Richard Nixon abraza el proteccionismo frente a los aliados y la opción supuestamente conciliadora con la Unión Soviética y China.

Mediante los llamados *shocks* de Nixon —que incluyen la cancelación unilateral de la paridad dólar-oro acordada en Bretton Woods, el aumento del 10% de los impuestos a las importaciones, las presiones ejercidas contra los productores de textiles asiáticos para que limitaran sus exportaciones a los Estados Unidos y las devaluaciones del dólar realizadas en 1971 y 1973—, la administración Nixon se "atrinchera" en la defensa del mercado interno y acepta como inevitable el deterioro de la supremacía mundial del imperialismo norteamericano, la cual intenta revertir mediante el establecimiento de un nuevo balance de poder mundial que le permitiera mantener la hegemonía en un contexto internacional más equilibrado. El artífice de esa concepción es Henry Kissinger, secretario de Estado de los presidentes Nixon y Ford.

Con los países de Europa Occidental y Japón, Kissinger propone pactar una nueva repartición de los costos y beneficios de la dominación imperialista mundial; con la Unión Soviética, aboga por acordar el reconocimiento de sus respectivas esferas de influencia y establecer un sistema de "incentivos" y "desincentivos" para "moderar" su política exterior de y, con China, plantea exacerbar las contradicciones entre esa nación y la Unión Soviética. Finalmente, preconiza una relación privilegiada con los subimperialismos regionales, tales como Irán, gobernado por el Sha en el Golfo Pérsico y la dictadura militar brasileña en América del Sur, para que ejercieran funciones policíacas e intervencionistas en los llamados conflictos regionales. En el caso de las relaciones con la URSS, los "incentivos" consistían en facilitar aspectos de interés de la parte soviética en las relaciones bilaterales con los Estados Unidos, en particular, en lo referido a las negociaciones para la limitación de las armas estratégicas y la flexibilización de algunas restricciones comerciales, mientras que los "desincentivos" eran un endurecimiento en estas mismas cuestiones.

La política proteccionista de Nixon deteriora las relaciones cimentadas durante la posguerra con Europa Occidental y Japón,[58] en particular, a raíz de la ruptura de los acuerdos de Bretton Woods, acción de fuerza que, en el fondo, revela la debilidad de los Estados Unidos frente a las crisis económicas que habían reaparecido en 1969 con la nueva modalidad de la "estagflación" (*stagflation*), resultado de la combinación de la recesión con el desempleo y la inflación.[59] Este deterioro de las relaciones con los aliados afecta a los sectores del capital financiero estadounidense que habían alcanzado un alto nivel de transnacionalización durante la posguerra, interesados en evitar una guerra económica contra sus principales socios comerciales, y en diseñar junto con ellos nuevos medios y métodos para combatir la rebeldía popular en las sociedades industrializadas y reafirmar la dominación imperialista sobre un Sur desafiante. Los portavoces de esta posición son la Brookings Institution y el Consejo de Relaciones Exteriores de Nueva York, a los que se suma la Comisión Trilateral. Son estos grupos los que, con mayor fuerza y sistematicidad, atacan a Nixon hasta su renuncia y sustitución por Gerald Ford, en agosto de 1974, después de una manipulación dosificada del Escándalo de Watergate, cuya intensidad había sido moderada durante la recta final de la campaña presidencial para evitar el triunfo del demócrata liberal George McGovern.

El candidato del Partido Demócrata que disputa la presidencia a Gerald Ford en noviembre de 1976, el ex gobernador de Georgia, James Carter, es un miembro poco conocido de la Comisión Trilateral. Fundada en el año 1973 por el banquero David Rockefeller e integrada por alrededor de trescientos hombres de negocios, políticos e intelectuales de los Estados Unidos, Europa Occidental y Japón, la Comisión Trilateral responde a la necesidad de los *monopolios transnacionales* de disponer de mecanismos de elaboración teórica y formulación política para enfrentar las contradicciones derivadas del proceso de concentración transnacional de la propiedad y la producción. Dos décadas antes de que fuera acuñado el término *globalización*, la Comisión Trilateral se erige en portaestandarte de la ideología y el proyecto de dominación mundial de la "corporación global", los cuales plasma en su estudio *La Crisis de la Democracia: informe sobre la gobernabilidad de las democracias para la Comisión Trilateral*, publicado en 1975.

La Comisión Trilateral es la gestora de la doctrina de la gobernabilidad (*governance*), esquema de control social asentado en los mecanismos de la democracia burguesa, consistente en eliminar el espacio de confrontación social en el que los partidos políticos, los sindicatos y otras organizaciones representativas de las clases populares pueden luchar por la satisfacción de sus reivindicaciones políticas, económicas y sociales. En la opinión de Samuel Huntington, autor del capítulo sobre los Estados Unidos en el informe de la Comisión, en la década de mil novecientos sesenta se había registrado una explosión del "igualitarismo democrático" encarnado en los múltiples "grupos de interés" que abrumaban al Estado con demandas por encima de sus posibilidades, situación que repercutía en una sobrecarga impositiva con efectos negativos para la valorización del capital. La solución propuesta por Huntington era fomentar el gobierno de las élites, promover la apatía de las mayorías, limitar las expectativas de las capas sociales bajas y medias, aumentar el poder presidencial, fortalecer el apoyo del Estado al sector privado y reprimir a los sectores radicalizados del movimiento sindical. Con palabras de Huntington:

> La operación efectiva del sistema político democrático usualmente requiere mayor medida de apatía y no participación

de parte de algunos individuos y grupos. En el pasado, toda sociedad democrática ha tenido una población marginal, de mayor o menor tamaño, que no ha participado activamente en la política. En si misma, esta marginalidad de parte de algunos grupos es inherentemente no democrática, pero es también uno de los factores que ha permitido a la democracia funcionar efectivamente.[60]

En virtud de ese diagnóstico social, la Comisión Trilateral aconseja: promover la autocensura, la censura y la manipulación de los mensajes transmitidos por los medios de comunicación para fortalecer la autoridad estatal y promover los intereses del capital; neutralizar la producción intelectual adversa a los intereses del capital y fomentar una "intelectualidad tecnocrática"; restringir y tamizar el ingreso a la educación superior, y reorientar a la gran masa de la población juvenil hacia carreras técnicas de nivel medio; pasar de los contratos laborales —que tienen carácter vinculante para los patronos— al concepto menos comprometido de "formación de consenso" entre capitalistas y obreros; cooptar la dirigencia sindical; desregular la política salarial; fortalecer la autoridad presidencial; desactivar la oposición ciudadana a las agresiones militares externas; garantizar niveles mínimos de subsistencia para los sectores populares desprotegidos, y masificar el espejismo de la sociedad de consumo.[61] Se trata de una combinación de los elementos tradicionales del "garrote" y la "zanahoria", en este caso, la zanahoria de la cooptación selectiva de líderes y grupos de capas medias y populares. Según Holly Sklar: "Noam Chomsky es quien mejor resume el tema: 'la respuesta de la trilateral a la crisis: gobernabilidad sí, democracia no'".[62] Además de sentar las pautas para revertir la reforma progresista iniciada en los Estados Unidos con el Nuevo Trato (*New Deal*) de Franklyn Delano Roosevelt, la Comisión Trilateral diseñó el andamiaje conceptual de un nuevo sistema de dominación mundial basado en la creación de una política "global" y poderes supranacionales encargados de ejecutarla.[63]

Gregorio Selser asegura que al presidente James Carter le corresponde cumplir dos tareas incompatibles entre sí: por una parte "a finales de 1976 —afirma Selser— había una necesidad de bañarse en aguas lustrales, purificadoras de pecados comprobados y de otros no tan sabidos"[64] —es decir, había que restaurar la credibilidad del sistema político estadounidense— y, por otra parte, era necesario recurrir a la fuerza para reafirmar la supremacía del imperialismo norteamericano. Esa necesidad de proyectar una imagen de "paloma" y ejecutar una política de "halcón" es la que mueve a Selser a decir que "la política exterior de Carter semejará el rostro bifronte de Jano, con Brzezinski oficiando de 'halcón' y el secretario de Estado Cyrus Vance, de dulcificada 'paloma'.[65] Esta dualidad hace a Carter aparecer como débil e indeciso a la luz de la campaña chovinista lanzada por la "nueva derecha" que lleva a Ronald Reagan como candidato a las elecciones presidenciales de 1976, en las que es derrotado por Carter, y 1980, en las que derrota a Carter.

Si la política belicista y de apoyo a los regímenes dictatoriales en todo el mundo ejecutada por Johnson y Nixon había generado una ola moralista, opuesta a la intervención y la injerencia del imperialismo norteamericano en los asuntos internos de otras naciones, la "nueva derecha" se encarga de hacer "oscilar el péndulo" en sentido contrario, con una campaña de miedo basada en la supuesta debilidad y vulnerabilidad derivada de la política de "distensión" con la Unión Soviética y de las restricciones impuestas por Carter —de palabra, pero no de hecho— a las relaciones con las dictaduras militares.

A la administración Reagan le corresponde resolver las disputas sobre el rumbo estratégico que adoptaría el imperialismo norteamericano durante las últimas décadas del siglo XX y en lo adelante, es decir, imponer el llamado consenso bipartidista que hasta hoy impera en los asuntos medulares de ese país. En relación con la disyuntiva acerca de la conveniencia de adoptar una política interna y externa conciliadora o agresiva, tanto en la condición de candidato presidencial en 1976 y 1980, como en su carácter de presidente durante el período 1981-1989, Reagan mantuvo una postura invariable a favor del uso de la represión y la fuerza. Con Reagan no habría un "balance de poder mundial" como había propuesto Kissinger apenas unos años antes. Los aliados tendrían que compartir los costos —más que los beneficios— de la dominación mundial, mientras que a la URSS no solo se le negaría el reconocimiento de sus "esferas de influencia", sino incluso el de su propio derecho a existir: la doctrina de la *contención* sería sustituida por la doctrina de la *reversión* del comunismo (*roll back*).

A partir de la elección de Reagan, el imperialismo norteamericano emprende una "guerra santa" contra "el imperio del mal". El nuevo mandatario reniega de los Acuerdos de Limitación de Armas Estratégicas (I y II) suscritos con la Unión Soviética por la administración Nixon. Con el programa conocido como "Guerra de las Galaxias" —en alusión a la conocida película de George Lucas que por entonces se estrenaba—, Reagan le imprime un nuevo impulso a la carrera armamentista. En particular, su gobierno desconoce el Tratado SALT II, que proscribía la construcción de armas nucleares defensivas con el propósito de evitar que alguna de las dos superpotencias llegara a sentirse suficientemente protegida como para lanzar un "primer golpe". También escala el desarrollo y construcción de las armas convencionales —incluida la ampliación de la flota de portaviones y la introducción de las llamadas *armas inteligentes*—, empresa voluminosa y costosa que a la Unión Soviética le sería difícil emular. Otro elemento de su política es una combinación diferenciada del "garrote" y la "zanahoria", destinada a "desgajar" a los otros miembros del bloque socialista europeo.

La estrategia de desgaste de la Unión Soviética emprendida por Reagan apuesta a la "superioridad tecnológica" mediante la carrera armamentista. Mientras la industria de armamentos era desde hacía décadas el motor del desarrollo económico y científico técnico del imperialismo norteamericano, en el caso de la URSS esa industria succionaba recursos del desarrollo económico y social y, por consiguiente, agudizaba las contradicciones de la sociedad soviética. Esta política de desgaste económico y social fue complementada por la labor de zapa realizada por la primera ministra británica Margaret Thatcher a partir de la designación de Mijail Gorbachov como jefe de Estado de la Unión Soviética, quien inicia el "desmontaje" del socialismo, por medio de un proceso denominado *perestroika*. La política del "garrote" y la "zanahoria" de Reagan surte efecto poco después de concluido su mandato. Durante la presidencia de su sucesor, George H. Bush, en diciembre de 1989, se produce la caída del Muro de Berlín —que abre paso a la restauración capitalista en Europa Oriental— y, en diciembre de 1991, se consuma el derrumbe de la propia Unión Soviética.

Consecuencias del derrumbe de la Unión Soviética

A raíz de la crisis de liderazgo ocurrida en la URSS por la senilidad y el fallecimiento de los últimos dirigentes de la generación formada durante la Segunda Guerra Mundial, en 1985 el Buró Político del Partido Comunista de la Unión Soviética (PCUS) designa a una figura relativamente joven, Mijail Gorbachov, para el cargo de secretario general de esa organización. Ese cambio generacional ocurre en medio de la agudización de las contradicciones ideológicas, políticas, económicas y sociales que el socialismo soviético venía arrastrando a lo largo de su historia.

A partir de una crítica supuestamente dirigida a subsanar los errores, desviaciones e insuficiencias en los que incurrió el proceso de construcción socialista en la URSS —y, por extensión, en el resto de los países en los que imperaba ese sistema social—, Gorbachov aprovecha el verticalismo y el dogmatismo del socialismo soviético para desmontarlo desde la propia cima del poder político, proceso que culmina en diciembre de 1991. Por efectiva haya la política de la administración Reagan contra la URSS y los demás Estados socialistas europeos, es imposible concebir que ella fuese la causa fundamental de su destrucción. En sentido análogo, por sofisticada que haya resultado la "conspiración palaciega" de Gorbachov, también es imposible pensar que ella bastara para destruir todo un *sistema social*, llamado a superar históricamente al capitalismo. Es evidente que Reagan y Gorbachov actúan para acelerar un proceso de autodestrucción basado en las contradicciones estructurales y funcionales del socialismo soviético.

No se pretende analizar las *causas* del derrumbe del socialismo europeo sino algunas de sus *consecuencias*. Está claro que existe una relación indisoluble entre ambas pero lo primero nos obligaría a incursionar en la polémica sobre la historia de la Revolución de Octubre, la construcción socialista en la Unión Soviética y la implantación de ese sistema social en Europa Oriental.[66] No es necesario entrar en esa polémica para identificar los que, a nuestro juicio, constituyen los principales problemas teóricos y prácticos planteados ante la izquierda como *consecuencia* del "derrumbe", a saber, *el recrudecimiento del poderío, la injerencia y la intervención imperialista a escala universal, y la erosión de la credibilidad de las ideas de la revolución y socialismo*. Este último punto, a su vez, provoca un replanteamiento del debate sobre *las formas de propiedad y la organización de la producción en el proceso de construcción del socialismo, y sobre la relación entre poder político y democracia socialista*.

La noción que predomina hoy en el debate sobre estrategia y táctica de la izquierda latinoamericana es que el "paradigma soviético" no resolvió los problemas teóricos y prácticos de la viabilidad del poder revolucionario en sus dos dimensiones principales, el *poder económico* y el *poder político*:

- En lo económico, la opinión más generalizada es que el esquema soviético fue estructural y funcionalmente incapaz de transitar de la fase extensiva a la fase intensiva del desarrollo económico y social. Nils Castro sintetiza una conclusión muy extendida en el debate contemporáneo de la izquierda latinoamericana cuando afirma que:

  ...el sistema soviético desconoció la tesis que Carlos Marx dejó resumida en su célebre cuarto párrafo del Prólogo a su

Contribución a crítica de la economía política. Por efecto de la rigidez estalinista y de la frustración del deshielo propuesto por el XX y el XXII Congresos del PCUS, las prioridades del control político-burocrático y la perpetuación del régimen resultante de la dictadura del proletariado prevalecieron sobre las de la revolución científica y tecnológica. En creciente grado esto mermó la eficiencia, la competitividad y sostenibilidad del sistema soviético y, al cabo, las relaciones de producción creadas en la URSS dejaron de ser "formas de desarrollo de las fuerzas productivas", y se tornaron en trabas a ese desarrollo, una contradicción que, al dejarse de resolver, finalmente estremeció toda la "inmensa superestructura" erigida sobre ella.[67]

- En lo político, incluso en los sectores de la izquierda latinoamericana que reivindican las ideas de la revolución y el socialismo, prevalece el criterio de que la Unión Soviética no logró conjugar el *centralismo* con la *democracia*, es decir, construir un poder político lo suficientemente centralizado para enfrentar con éxito las tareas de la defensa y el desarrollo, pero también lo suficientemente democrático para retroalimentarse con una genuina participación y representación popular. Hoy impera en la izquierda la convicción de que, en más de ocho décadas de socialismo soviético, la élite dirigente del partido y el Estado "de los obreros y los campesinos" nunca llegó a confiar en esos obreros y esos campesinos como para dejarlos ejercer los derechos democráticos que Marx, Engels y Lenin soñaron para ellos. En su defecto, la perpetuación de su poder se convirtió en el objetivo principal de esa élite, en función de lo cual hizo recaer sobre el pueblo todo el peso de las contradicciones de un proceso que se alejaba cada día más del ideal socialista, tanto en lo espiritual como en lo material. En este último aspecto, a la URSS se le achaca que, en la medida que solucionaba los grandes problemas como la salud, la educación, la cultura, el empleo, la vivienda y otros, surgían o pasaban a primer plano otras necesidades, intereses y expectativas que resultaba incapaz de satisfacer. También esas dimensiones del problema las plasma gráficamente Nils Castro, al resumir que:

> ...lo que sucedió en la Rusia soviética y su enorme periferia demostró, por si faltara, que ninguna revolución es irreversible, y que el régimen revolucionario incluso puede morir sin haber perdido el gobierno —como los árboles que también mueren de pie—, si se degradan las motivaciones humanas indispensables para realimentar la revolución y renovarle soluciones de readaptación, reproducción, cambio y continuidad a sus bases y expectativas socioculturales, económicas y políticas.[68]

En vez de responder a la necesidad de renovación permanente, para lo cual era imprescindible una verdadera democracia socialista, tan centralista, vertical y dogmático llegó a ser el poder soviético, que fue "desmantelado" desde el propio ejercicio de ese poder, tan pronto como quienes practicaban la doble moral en las más altas esferas del partido y el gobierno lograron entronizar un nuevo dogma: la *perestroika*.

La consecuencia principal de la desaparición de la Unión Soviética es el cambio que provoca en el sistema universal de relaciones humanas, que afecta tanto a los países que mantienen su definición socialista como a los pueblos que sufren los efectos del capitalismo neoliberal. El balance de la acción desplegada por la vertiente del movimiento obrero y socialista que, a partir de la Primera Guerra Mundial, sigue el camino de la revolución, es el descarrilamiento de la locomotora que encabezaba el tren y la continuidad sobre los rieles de cinco vagones que, en un entorno hostil, desarrollan sus respectivas formas de autopropulsión.

La matriz de la construcción del socialismo soviético la continúan reivindicando China, Corea del Norte, Vietnam, Laos y Cuba. De esa matriz proviene su código genético: a partir de ella, esos Estados socialistas pueden subsanar errores y reorientar el rumbo, pero abandonarla implicaría un cambio de esencia. Por consiguiente, cada uno de esos pueblos debe decidir cuáles son los aportes *universales* de la experiencia soviética que habrán de conservar, y cuáles son los aspectos *particulares* y *singulares* sobre los que necesitan hacer elaboraciones o reelaboraciones propias.

Otros son los problemas planteados a la gran mayoría de la humanidad. En lo adelante, tanto quienes intenten quebrar la dominación capitalista por medio de la *revolución socialista,* como quienes traten de desarrollar proyectos de *reforma social progresista,* tendrán que hacerlo en una nueva realidad histórica. El fin de la bipolaridad, deja el terreno libre al imperialismo para implantar el denominado Nuevo Orden Mundial, basado en una concentración transnacional del poder político y económico, cuyo propósito es preservar, a toda costa, el *statu quo* de la dominación neoliberal.

De manera que, en momentos en que el imperialismo concentra el mayor poder político, económico y militar de la historia, y que lo emplea en una espiral de depredación humana, económica y del medio ambiente, el fracaso de la experiencia soviética se presta, por una parte, para cuestionar la necesidad y la viabilidad de socializar los medios de producción, sin lo cual es imposible reorientar la economía mundial en función de garantizar la supervivencia de la especie humana y, por otra, para negar la necesidad y la conveniencia de construir instrumentos de poder político, como un partido y un Estado revolucionarios, que sean capaces de concentrar y encauzar la fuerza de los pueblos para enfrentar con éxito las tendencias destructivas del imperialismo.

El neoliberalismo en los Estados Unidos y Europa Occidental

Con frecuencia los análisis críticos sobre el neoliberalismo incurren en el error de afirmar que esa doctrina es la causa fundamental de los males que aquejan a la humanidad desde finales de la década de mil novecientos setenta. Si el problema solo fuese que en el mundo impera una "mala política", bastaría con cambiarla por una "buena política". Sin embargo, la causa real del deterioro del nivel y las condiciones de vida de una franja creciente de la humanidad es el agravamiento de la crisis integral del capitalismo, derivada del agotamiento y la senilidad del *sistema de producción capitalista*, que enfrenta una creciente dificultad para cumplir con su razón de ser: valorizar el capital. Esa creciente dificultad es la que compulsa a la élite monopolista dominante, a ejercer todos los resortes del poder político, económico y militar, con énfasis en la dominación ideológica y cultural, para revertir la tendencia imperante en la posguerra favorable a la redistribución de social de la riqueza. Es aquí donde entra a desempeñar su papel el neoliberalismo, como doctrina encargada de conducir el proceso de concentración de la riqueza y legitimar el aumento sin precedentes de la desigualdad, la polarización y la exclusión social. De esto se desprende que, aunque la lucha contra el neoliberalismo es, sin dudas, una formidable consigna con fines de movilización social, solo puede ser efectiva si se le asume como lucha contra el capitalismo.

El *neoliberalismo* es concebido durante la Segunda Guerra Mundial por el filósofo y economista austriaco-británico Friedrich Hayek, como una doctrina legitimadora de la desigualdad social extrema que se suponía iba a azotar a Europa en la posguerra. Su obra fundacional, *Camino de Servidumbre*, se publica en 1944. Sin embargo, el neoliberalismo no llega a aplicarse en el escenario y el momento previstos por Hayek. Por el contrario, en virtud del estímulo económico derivado de la necesidad de reponer las fuerzas productivas destruidas por la guerra y el estimulo político generado por la Guerra Fría, el imperialismo opta por implantar en Europa Occidental el llamado Estado de Bienestar, cuya imagen democrática y redistributiva resulta la apropiada para apuntalar la doctrina de "contención del comunismo". No obstante, el neoliberalismo sigue siendo cultivado por pequeños núcleos de economistas, filósofos y políticos de ultraderecha, cobijados en universidades, centros de estudios e instituciones como la *Mount Pelerin Society*, de los cuales la más renombrada llegaría a ser la llamada *Escuela de Chicago*, encabezada por Milton Friedman.

El historiador argentino Tulio Halperin Donghi afirma que América del Sur es la región donde se realiza el primer intento frustrado de aplicar el neoliberalismo económico. Ante la caída de la demanda de sus productos primarios de exportación —que habían mantenido altos niveles durante la Segunda Guerra Mundial y los primeros años de posguerra—, entre 1955 y 1960 varios países sudamericanos implantan un esquema neoliberal consistente en ampliar y diversificar sus productos exportables a expensas de sacrificar el mercado interno, pero su aplicación se detiene porque se hace necesario calzar la reducción del nivel de vida de la población con grados de coerción y represión para los cuales las condiciones aún no estaban creadas.[69] Ese es el papel que desempeñarían las dictaduras militares que afloraron en la región en los años sesenta, setenta y ochenta.

A pesar de que el término aún no estaba en boga, el neoliberalismo rebrota a principios de la década de mil novecientos setenta, como parte de la misma búsqueda de paliativos frente a la crisis que lleva a la creación de la Comisión Trilateral. Con la necesidad que experimenta el capital de revertir la tendencia previa a la redistribución de riqueza, después de tres décadas de "espera", Hayek finalmente encuentra el motivo y las condiciones propicias para ampliar y profundizar su teoría, que hasta ese momento se había mantenido más bien como un planteamiento ideológico contra la socialización, que el propio padre del neoliberalismo considera insuficiente como programa económico. Hayek llena ese "vacío" en la primera mitad de los años setenta, con la publicación de los tres tomos de *Ley, Legislación y Libertad*, obra por la cual se le confiere el Premio Nóbel de Economía en 1974. En esencia, el neoliberalismo no es una nueva forma de liberalismo, sino su antípoda. Mientras el liberalismo aboga porque el Estado no intervenga en la economía, el neoliberalismo plantea que sí intervenga y le asigna la misión de hacerlo siempre que sea para establecer reglas favorables a la competencia —entiéndase, a la acumulación de riqueza—, pero nunca para ayudar a individuos o grupos humanos desprotegidos.[70]

De nuevo, es en América del Sur donde comienza la aplicación práctica del neoliberalismo. Al cabo de tres años de dictadura, iniciada el 11 de septiembre de 1973, tras haber descabezado y destruido al movimiento de izquierda y popular capaz de hacerle resistencia, en 1976, el gobierno de Augusto Pinochet impone en Chile la doctrina neoliberal.[71] No obstante, la avalancha mundial del neoliberalismo se inicia con los triunfos electorales de Margaret Thatcher en Gran Bretaña (1979) y Ronald Reagan en los Estados Unidos (1980), a partir de los cuales, se inicia un proceso sistemático de transformación de la superestructura capitalista mundial, dirigido a compatibilizarla con la transnacionalización de su base económica. Esa transformación abarca, tanto la reestructuración

económica, política, jurídica y social dentro de las grandes potencias imperialistas, como la implantación de un nuevo sistema de
dominación mundial, en ambos casos, con el fin de acelerar y
profundizar la concentración de la propiedad y la producción.

El principal aporte de la administración Reagan a la definición
del rumbo estratégico del imperialismo norteamericano fue asimilar el esquema de dominación "global" diseñado por la Comisión
Trilateral —pero no el tratamiento igualitario que ella le daba
a los aliados europeos y japoneses en el proceso de elaboración
política— y utilizarlo como portador universal de la doctrina
neoliberal. Esa fusión del "globalismo" —en este caso no tanto
"trilateral", sino *unilateral*— con el neoliberalismo constituye la
esencia del nuevo sistema de dominación mundial del imperialismo norteamericano. La implantación de ese sistema recibió un
impulso decisivo en el Sur, en particular, en América Latina, a
partir del estallido en 1982 de la crisis de la deuda externa, cuya
renegociación periódica se convirtió en un mecanismo de presión
para imponer los denominados programas de ajuste estructural
del Fondo Monetario Internacional (FMI). Sin embargo, no fue
hasta la desaparición de la Unión Soviética (1991) cuando, con el
fin de la bipolaridad mundial, el nuevo sistema de dominación
imperialista encontró el terreno libre para avanzar hacia su institucionalización.

El neoliberalismo desarrolla su propio concepto de democracia.
La *democracia neoliberal* se caracteriza por el culto a los elementos
formales de la democracia burguesa, tales como el pluripartidismo,
las elecciones periódicas, el voto secreto, el rechazo al fraude, la
alternancia en el gobierno y otros, pero con un Estado desprovisto
de la capacidad de ejercer el poder político real y, por consiguiente,
ubicado fuera del "espacio de confrontación" gramsciano, en el que
la izquierda y el movimiento popular pudieran arrancarle concesiones en materia de política social y redistribución de riqueza. La
democracia liberal se complementa con un concepto de *derechos*

humanos, que enfatiza las libertades civiles destinadas a legitimar este ejercicio antidemocrático, pero excluye, incluso cuando los acepta de palabra, la satisfacción de los derechos económicos y sociales.

Aunque Gran Bretaña y los Estados Unidos asumieron conjunto el papel protagónico en la imposición del neoliberalismo a escala universal, hubo diferencias en las modalidades de esa doctrina aplicadas, respectivamente, por Thatcher y Reagan. El neoliberalismo británico era más "puro" y "ortodoxo", con énfasis en la contracción de la emisión monetaria, la elevación de las tasas de interés, la reducción impositiva para la franja poblacional de más altos ingresos, la abolición de los controles sobre los flujos de capitales, el fomento del desempleo masivo, la represión a las huelgas, la aprobación de leyes antisindicales y el recorte de los gastos sociales, todo ello complementado posteriormente por un amplio programa privatizador que comienza por la vivienda pública y continúa con el acero, la electricidad, el petróleo, el gas y el agua.[72] Por su parte, en los Estados Unidos —país donde no existía un "Estado de Bienestar" que desmantelar—, el elemento central de la política de Reagan fue el incremento de la carrera armamentista, sustentada en los mayores déficits fiscales registrados hasta entonces en la historia de esa nación, política que Perry Anderson califica de keynesianismo militar disfrazado. Salvo esta ruptura con la ortodoxia neoliberal en materia de equilibrio fiscal —lujo que solo el imperialismo norteamericano podía darse en virtud de su rol preponderante en la economía mundial—, Reagan aplicó el esquema de reducción de los impuestos a los ricos, aumento de las tasas de interés y la represión a la huelga de los controladores aéreos de 1981, que sentó las pautas de su política antisindical.

La avalancha neoliberal se extendió por Europa Occidental. En 1982, fue electo en la República Federal Alemana el canciller demócrata cristiano Helmut Kohl; en 1983, Dinamarca, el "Estado modelo del bienestar escandinavo", pasó a ser gobernado por una coalición de derecha. La misma suerte siguieron el resto de los países del centro y el norte de Europa Occidental, salvo Suecia y Austria. Estos gobiernos de derecha de la Europa continental aplican variantes neoliberales menos drásticas que Gran Bretaña y los Estados Unidos, con mayor atención al equilibrio y las reformas fiscales que a la reducción de los gastos sociales o la represión deliberada contra los sindicatos. No obstante, era apreciable la diferencia con relación a las políticas del "Estado de Bienestar" de posguerra. Mientras tanto, en el sur de Europa Occidental, en países hasta ese momento gobernados por la derecha, Francia, España, Portugal, Italia y Grecia, fueron elegidos por primera vez gobiernos socialdemócratas.

Los gobiernos socialdemócratas electos en Europa en la década de mil novecientos ochenta proyectaban una imagen progresista, opuesta a la de los gobiernos de Reagan y Thatcher. En efecto, al menos los gobiernos de Francois Miterrand en Francia y Andreas Papandreu en Grecia trataban de desarrollar una política económica y social que Anderson califica como "una tentativa de crear un equivalente en el sur de Europa de lo que había sido la social-democracia de posguerra en el norte del continente en sus años de oro".[73] Sin embargo, esos intentos tardíos de seguir la huella del "Estado de Bienestar" navegaban a contracorriente del aumento de la concentración de la riqueza que demandaba el capital mono-polista y, por consiguiente, ambos se vieron obligados a desechar-los. Por su parte, el gobierno de Felipe González aplicó, desde sus inicios, una política de corte neoliberal.[74] Años después de concluir su gestión al frente del Poder Ejecutivo español, González empren-dió una cruzada dirigida, supuestamente, a encontrar un "punto de equilibrio" en la reestructuración del Estado y la reducción de su política económica y social.

La socialdemocracia "posneoliberal": las doctrinas de la Tercera Vía y la Comisión Progreso Global

La Tercera Vía

La noción de tercerismo ha sido utilizada a lo largo de la historia con diversas acepciones. Durante la posguerra, socialdemocracia se apropia de este concepto para colocarse en una supuesta posición intermedia entre el capitalismo estadounidense y el comunismo soviético. Desde principios de la década de mil novecientos noventa, el primer ministro laborista británico Anthony Blair y su correligionario, el economista Anthony Giddens, apelan al nombre Tercera Vía para expresar una posición que también pretende ser intermedia, pero ya no entre los polos capitalista y comunista de posguerra, sino, entre el "Estado de Bienestar" y el neoliberalismo ortodoxo.[75] Para Giddens, la Tercera Vía es "la versión contemporánea del replanteamiento periódico que los socialdemócratas han tenido que realizar con tanta frecuencia durante el último siglo".[76] Según él, este replanteamiento obedece a la disolución del consenso sobre el "Estado de Bienestar" —ocurrido a raíz de los triunfos electorales de Margaret Thatcher y Ronald Reagan—, retroalimentado a principios de los noventa por la desaparición de la Unión Soviética y el bloque socialista europeo. En las nuevas condiciones, la supervivencia y prosperidad de la socialdemocracia "solo es posible si los socialdemócratas están dispuestos a revisar sus puntos de vista preexistentes de una manera más completa de cómo lo ha hecho la mayoría hasta ahora".[77]

Los textos y discursos de Blair y Giddens construyen diversos escenarios y parámetros para ubicar en un polo a la "socialdemocracia de viejo estilo" y en el otro al "neoliberalismo", con el propósito deliberado de situarse en una posición "centrista". No hay, sin embargo, pretensiones de "equidistancia" entre el "Estado de Bienestar" y el neoliberalismo ortodoxo, sino un reconocimiento explícito de que su propósito es reciclar a este último. El propio Blair habla de la "unión" de la Tercera Vía con el liberalismo, una de las corrientes político ideológicas que más se empeñaron en combatir los fundadores del pensamiento socialista:

> La Tercera Vía —afirma Blair— no es un intento de señalar las diferencias entre la derecha y la izquierda. Se ocupa de los valores tradicionales en un mundo que ha cambiado. Se nutre de la unión de dos grandes corrientes de pensamiento de centroizquierda —socialismo democrático y liberalismo— cuyo divorcio en este siglo debilitó tanto la política progresista en todo Occidente. Los liberales hicieron énfasis en la defensa de la primacía de la libertad individual en una economía de mercado; los socialdemócratas promovieron la justicia social con el Estado como su principal agente. No tiene por qué haber conflicto entre ambas corrientes, aceptando —como lo hacemos actualmente— que el poder del Estado es un medio para alcanzar nuestros objetivos, pero no el único, y en ningún caso un fin en sí mismo.[78]

Con esa definición, Blair adultera la historia. Al hablar de "la unión de dos grandes corrientes de pensamiento de centroizquierda", el premier alude al *liberalismo social* que, en etapas ya rebasadas del desarrollo capitalista, desempeñó un papel progresista. Lo que el premier británico no dice es que ese liberalismo "de centro-izquierda" es el hermano mellizo de la "socialdemocracia de viejo estilo" cuyo entierro él proclama, por lo que la "unión" de la Tercera Vía no es con *aquel* liberalismo —cuya reencarnación, por demás, sería incompatible con las condiciones en que se realiza la valorización del capital—, sino con el *neoliberalismo*, que es la vertiente más antidemocrática y retrógrada de esa corriente ideológica.

La Tercera Vía se propone enfrentar lo que Blair y Giddens definen como los "cinco dilemas" del mundo actual: la globalización, el nuevo individualismo, el desdibujamiento de las diferencias entre izquierda y derecha, los cambios en el contenido y las formas de acción política (*political agency*), y el daño a la ecología.

De acuerdo con los ideólogos de la Tercera Vía, la *globalización* es un proceso fuera de control de los seres humanos que: *sustrae poderes* del Estado-nación, incluidos aquellos en los que se basaba la intervención keynesiana en la economía; *empuja hacia abajo* mediante la generación de nuevas demandas y posibilidades de regenerar las identidades locales, y *empuja hacia los lados* mediante la creación de regiones económicas y culturales que traspasan las fronteras nacionales. De esta manera, con la palabra globalización se encubre la acción depredadora de los monopolios transnacionales y con estos tres argumentos se justifica una supuesta incapacidad del Estado de actuar contra esa depredación, cuando en realidad lo que ocurre es que ese Estado sí actúa, de manera directa e intensa, a favor de ella.

En contraposición al "viejo individualismo", caracterizado por el afán de acumulación de riqueza a expensas de la explotación y la competencia con otros seres humanos, actitud que consideran superada en virtud del grado de satisfacción de las necesidades materiales de la sociedad británica, Blair y Giddens hablan de un "nuevo individualismo", asentado en la diversidad de estilos de vida y la lucha contra la discriminación de género, racial, de la vejez y la juventud, religiosa, cultural u orientación sexual. Si bien la lucha contra todo tipo de discriminación y a favor del libre desarrollo de la personalidad de cada ser humano son elementos reales y válidos, en esta falsa dicotomía se les pretende utilizar para hacer desaparecer las contradicciones de clase. Blair y Giddens pasan por alto que, con su política antiobrera, fueron los propios gobiernos laboristas los que iniciaron la reducción del nivel de vida de la población y crearon las condiciones para la victoria de la primera ministra Margaret Thatcher en las elecciones de 1979, que abrió paso a la implantación del neoliberalismo en Gran Bretaña.

Al hablar de la relación entre *izquierda* y *derecha* ("izquierda" entendida como socialdemocracia), Giddens no trata de ocultar la convergencia de la Tercera Vía con el neoliberalismo, sino la explica con dos argumentos. El primero lo toma de Norberto Bobbio,[79] quien afirma que, cuando la competencia entre la izquierda y la derecha está equilibrada, ninguna está interesada en cuestionar la diferencia existente entre ellas, pero cuando una de las dos da la impresión de ser "la única plausible", ambos bandos, cada uno por sus propias razones, cuestiona esa diferencia: el bando dominante afirma que "no hay alternativa" a su política, mientras el bando debilitado trata de hacer una "síntesis de las ideas opositoras con la intención, en la práctica, de salvar lo que pueda de las posiciones propias tomando prestado de las posiciones opositoras y, de esa manera, neutralizándolas".[80]

> La derecha política —afirma Giddens— se vistió con ropas nuevas, por ejemplo, en el período posterior a la Segunda Guerra Mundial, con posterioridad a la muerte del fascismo. Para sobrevivir, los partidos de derecha tuvieron que adoptar algunos de los valores de la izquierda, y aceptar el esquema básico del Estado de bienestar. Desde principios de los ochenta,

las cosas se han invertido, por la ascendencia ideológica del neoliberalismo y el colapso del comunismo. El planteamiento de que Tony Blair ha hecho suyos la mayoría de los puntos de vista del thatcherismo y los ha reciclado en algo nuevo es fácilmente comprensible desde este punto de vista (*Sic!*).[81]

Después de apelar a Bobbio para apuntar las razones por las cuales "Blair ha hecho suyos la mayoría de los puntos de vista del tatcherismo", Giddens cuestiona incluso la validez de su tesis para el presente y el futuro, en cuanto a que pueda haber nuevos "distanciamientos" y "acercamientos" coyunturales entre "derecha" e "izquierda", debido a que cambia el contenido y la magnitud de las diferencias existentes entre una y otra. Por una parte, la identidad y la agenda de la "socialdemocracia de viejo estilo" son obsoletas porque "nadie tiene ya alternativas al capitalismo" y "los temas que siguen vigentes son los relativos a cuan lejos, y por qué vías, el capitalismo puede ser gobernado y regulado" y, por otra, surgen "las cuestiones ecológicas, pero también temas que tienen que ver con la naturaleza cambiante de la familia, el trabajo y la identidad cultural y personal" que, según él, no encajan en la diferenciación entre izquierda y derecha: "la distinción izquierda/derecha sobrevive, pero una interrogante fundamental de la socialdemocracia es si la división cubre tanto campo político como lo hacía antes". Con relación a lo anterior, no vale la pena comentar estas afirmaciones sin sentido. Basta decir que solo quien no se sonroja de coincidir con el neoliberalismo puede afirmar que ya no hay diferencia entre izquierda y derecha.

Otro de los "cinco dilemas" de la Tercera Vía son los *cambios en el contenido y las formas de acción política* que se derivan, por una parte, de que los partidos socialdemócratas son desbordados por nuevos movimientos sociales y por "partidos retadores" —entre los que incluye a los *verdes* y los *populistas de derecha*— y, por otra, de la devaluación del gobierno nacional y el vaciamiento de poder que sufre este último. Finalmente, Blair y Giddens afirman que el *daño a la ecología* obliga a incorporar al proceso político y a democratizar las decisiones sobre la aplicación de la ciencia y la tecnología a la innovación industrial con vistas a garantizar su sostenibilidad.

Después de leer grandes enunciados con pretensiones de universalidad, resulta sorprendente constatar que el programa de la Tercera Vía no es más que una plataforma electoral concebida para la situación específica de Gran Bretaña. Los cuatro objetivos políticos de la Tercera Vía son: una economía dinámica, basada en el conocimiento, edificada sobre las oportunidades y el fortalecimiento individuales, en la que los gobiernos *faciliten*, en vez de *imponer*, y en la que el poder del mercado sirva a los intereses públicos; una sociedad civil fuerte que asuma derechos y deberes, en la que el Gobierno y la ciudadanía colaboren estrechamente; un Gobierno moderno basado en la colaboración y la descentralización, que profundice la democracia para adecuarla a los tiempos actuales, y una política exterior basada en la cooperación internacional.

Blair proclama una *nueva relación entre el gobierno y la sociedad civil*, a partir de la cual el gobierno debe actuar en asociación con agencias voluntarias para promover la renovación y el desarrollo comunitario, sobre la base de una "nueva economía mixta", caracterizada por la "sinergia" entre lo público y lo privado, la disminución de la propiedad estatal y el financiamiento a las entidades privadas dedicadas a la comercialización de los servicios sociales; una *democratización de la democracia*, entendida como un esfuerzo para evitar que el desestímulo que significa el cese de la competencia con el campo socialista siga erosionando la asimilación de demandas ciudadanas por conducto del sistema de partidos políticos de la democracia liberal; el combate al crimen y la promoción de la seguridad en la comunidad, y la creación de la "familia democrática".

El Primer Ministro británico aboga por sustituir el concepto de "Estado de Bienestar" por el de "Sociedad de Bienestar", lo que implica que no sea el Estado quien asuma las funciones de asistencia y desarrollo social, sino crear con tal propósito una relación de asociación entre el Estado, la empresa privada y organizaciones voluntarias. En este contexto, la redistribución cambia de la *redistribución de riqueza* a la *redistribución de posibilidades* de participar en su producción y apropiación, en particular mediante la educación y el derecho al trabajo. Por otra parte, Blair define a la *igualdad* como *inclusión* y a la *desigualdad* como *exclusión*. Este último concepto lo desdobla en *exclusión involuntaria* —que es la que sufren los estratos bajos de la sociedad— y la *exclusión voluntaria* —que es la protagonizada por las élites "aisladas" en instituciones y barrios exclusivos. Según Blair, la pensión por jubilación debe ser sustituida por un fondo del cual el individuo pueda disponer a voluntad, no solo *después* de retirarse de la fuerza de trabajo activa, sino *antes* si lo desea, sin que exista una edad predeterminada de jubilación, sino que quede al libre arbitrio de cada cual.

Aunque el corrimiento hacia la derecha de las posiciones terceristas que la socialdemocracia mantuvo durante la posguerra constituye un proceso general en el que participan todos los partidos laboristas, socialdemócratas y socialistas europeos, la manera explícita en que la Tercera Vía reconoce su convergencia con el neoliberalismo, provoca un distanciamiento retórico entre el laborismo británico —históricamente ubicado a la derecha del movimiento obrero y socialista europeo— y el resto de los partidos socialdemócratas y socialistas del Viejo Continente. Con palabras del propio Giddens:

> La más reciente apropiación de la "tercera vía" por Bill Clinton y Tony Blair ha encontrado una sombría receptividad por parte de la mayoría de los socialdemócratas del continente, al tiempo

que recibe críticas de los partidarios de la vieja izquierda en sus respectivos países. Sus críticos ven a la tercera vía como una forma de neoliberalismo entibiado. Miran a los Estados Unidos y ven una economía muy dinámica, pero también una sociedad con los niveles más extremos de desigualdad existentes en el mundo desarrollado. Clinton prometió acabar con las políticas de bienestar "de la forma en que las conocemos", de manera que parece hacer eco a algunas de las actitudes de los conservadores neoliberales. Al llegar al poder, dicen sus críticos, Blair y el *Nuevo Laborismo* han persistido con las políticas de Margaret Thatcher (*Sic!*).[82]

La Comisión Progreso Global

El XX Congreso de la Internacional Socialista (IS) celebrado en Nueva York en setiembre de 1996, crea la Comisión Progreso Global, encabezada por el ex presidente del Partido Socialista Obrero Español (PSOE) y del gobierno de ese país, Felipe González, con la tarea de "elaborar una nueva plataforma de ideas para renovar el pensamiento socialdemócrata ante los nuevos desafíos de la globalización, la nueva frontera del siglo XXI".[83] Con la participación de dirigentes de los partidos miembros de la IS, de representantes de sus organizaciones femenina y juvenil, y de profesionales e intelectuales de diversas disciplinas, la comisión debate siete temas que sus organizadores consideran determinantes en el advenimiento de una "nueva era", a saber, la *globalización*; los *movimientos internacionales de capital*; la *revolución tecnológica*; las *políticas macroeconómicas sanas*; la *reforma del Estado y de su papel*; el *sistema financiero internacional*, y la *gobernabilidad internacional*, a los que sumaron los llamados *problemas de nuestro tiempo*: la *incorporación de la mujer*, el *medio ambiente*, la *identidad cultural*, la *pobreza de capacidad* y la *solidaridad internacional*.

Los intercambios temáticos de Progreso Global se dividen en

nueve seminarios: *Economía, mercado, Estado; Globalización e identidad; Innovar el Estado de Bienestar; Educación, educación, educación; Cambio tecnológico, empleo, progreso global; Globalización y gobernabilidad económica y financiera; La mujer en el nuevo milenio; Un socialismo joven para un mundo global; Nuestra historia,* y *Una nueva internacional para un nuevo siglo.* Además, se plantea readecuar el funcionamiento de la Internacional al crecimiento experimentado por esa organización, con reuniones regionales celebradas en Europa, América Latina, Asia, África y Medio Oriente. Durante los cuatro años en que sesiona (entre el XX y el XXI congresos de la Internacional Socialista), se debaten en la Comisión Progreso Global más de 130 ponencias y documentos declarativos o resolutivos.

Las doctrinas de la Tercera Vía y la Comisión Progreso Global tienen en común el objetivo de proyectar una imagen y legitimar una política destinadas a neutralizar la desestabilización, la protesta y la lucha social provocadas por *la nueva forma en que comenzó a desarrollarse* el proceso de concentración de la riqueza". Existen entre ellas, sin embargo, dos diferencias fundamentales. La primera concierne a sus respectivas pretensiones. A pesar de sus frases generales sobre "la socialdemocracia de viejo estilo" y otras con las cuales pretenden estar abriendo una "nueva era" política, en realidad, ni Blair ni Giddens hacen esfuerzo alguno por esconder que la Tercera Vía es una mera plataforma electoral concebida solo para Gran Bretaña, mientras que la Comisión Progreso Global sí se propone proyectar la imagen de un gran esfuerzo de elaboración teórica y política de alcance universal. La segunda es obvia, en tanto que la Tercera Vía no solo asume el discurso con que los idelólogos del capital monopolista tratan de esconder el agravamiento de la la crisis integral, sino también reconoce de forma explícita que incorpora elementos de la doctrina neoliberal. Sin embargo, la Comisión Progreso Global pretende no tener puntos de contacto con el neoliberalismo.

Como un actor teatral que repite su libreto en cada presentación, en todos los seminarios realizados por Progreso Gobal, González expone, una y otra vez, las ideas que le interesa fijar, divulgar y presentar como resultado de sus deliberaciones, que pueden sintetizarse así. La *globalización* es un proceso de origen reciente que fortalece la interdependencia entre las naciones. Aunque ese proceso beneficia más a unas naciones que a otras, en sentido general, la mayor interdependencia reduce la explotación. Una de las características de la globalización es el incremento de los *movimientos de capital*, que castigan a las naciones que interfieren con la obtención de ganancias —entiéndase, las que regulan el funcionamiento de la economía y cobran impuestos al capital para financiar programas sociales. Paralelamente, la *revolución tecnológica* desestructura las grandes fábricas y las cadenas productivas de antaño, en las cuales se basaba la solidaridad social, la organización sindical y la acción política de la clase obrera que alcanzaron el apogeo en el "Estado de Bienestar". En las nuevas condiciones, hay que *mantener políticas macroeconómicas sanas*, es decir, mantener el equilibrio entre la captación fiscal (mermada por la inconveniencia de gravar al capital) y los gastos sociales, por lo que es preciso realizar una *reforma del Estado*, que se encuentra atenazado por un proceso de "supranacionalidad" y otro de "intranacionalidad", el primero derivado de la pérdida de soberanía, independencia y capacidad de autodeterminación que experimenta como resultado de la globalización, y el segundo en virtud de las presiones regionales y locales a favor de la descentralización política y administrativa.

Según González, la situación del mundo se complica debido a que la libertad e intensidad de los flujos de capitales convierte a las naciones en más vulnerables ante las crisis financieras, por lo que sería apropiado reestructurar el *sistema financiero internacional con vistas* a crear algún mecanismo de previsión y alerta temprana del estallido de esas crisis. También aboga por una *gobernabilidad global*, basada en el derecho de injerencia (como el de "injerencia humanitaria"), pero con mecanismos y salvaguardas para que sea ejercida solo con fines "nobles" y "humanitarios".

En las nuevas condiciones, el ex mandatario considera necesario encontrar respuestas a los problemas planteados por la *incorporación de la mujer* a la economía y la sociedad, el deterioro del *medio ambiente* ocasionado por el desarrollo industrial, la amenaza a la *identidad cultural* de los pueblos por la unilateralidad de la llamada revolución comunicacional, la *pobreza de capacidad* (entendida como insuficiente educación, capacitación profesional y desarrollo de capital humano) y la demanda de *solidaridad internacional* derivada de la brecha existente entre países ricos y pobres.

Como puede apreciarse, mucho más que la Tercera Vía, la Comisión Progreso Global es un ejercicio destinado a cumplir, en las actuales condiciones, lo que Lenin identifica como papel histórico de la socialdemocracia: tratar de compatibilizar los intereses del capital con los del trabajo. Por cuanto esos intereses son incompatibles, en toda situación de antagonismo entre las clases, la socialdemocracia se pliega al capital. Eso es lo que hace Progreso Global, por una parte, con su apelación al "realismo" ante las fuerzas económicas "incontrolables" que reducen la capacidad de acción del Estado nación; por otra parte, mediante la promesa (incumplible) de preservar parte de esos programas sin oponerse a la concentración transnacional de la propiedad y la producción.

En lugar de la plataforma de análisis sobre los problemas mundiales y de pautas de acción política para enfrentarlos prometida por González, lo que hace la Comisión Progreso Global es pronunciar las palabras fúnebres de un entierro que había ocurrido un cuarto de siglo antes, en el que los partidos socialdemócratas, tanto desde el gobierno como desde la oposición, fueron activos participantes: el entierro del "Estado de Bienestar". Los partidos de la socialdemocracia europea, que renuncian a la transformación social durante la posguerra para administrar el proyecto burgués llamado Estado de Bienestar y que asumen después su desmontaje —tan pronto como éste dejó de ser, tanto una necesidad del enfrentamiento ideológico al socialismo, como un esquema funcional a la reproducción del capital—, justifican ahora su convergencia con el neoliberalismo, con frases sobre la necesidad de compatibilizar los intereses sociales con individuales, algo que nadie discute, pero con el añadido de que el capitalismo contemporáneo crea las condiciones materiales y espirituales para lograrlo, como si la concentración de la riqueza y la masificación de la pobreza, que alcanzan niveles sin precedentes, no fueran obstáculos para ello.

A pesar de las diferencias puntuales existentes entre ambos, el procedimiento que utilizan Blair y González para "reubicarse" dentro del espectro político es el mismo: enfatizan el carácter extremo, antisocial e inhumano, del neoliberalismo; explican que, no obstante, los neoliberales tienen razón al hablar de condiciones "objetivas" que empujan hacia la reducción de las funciones sociales del Estado y de la redistribución de riqueza, y defienden supuestamente una posición "intermedia", que promueve la comprensión y el apoyo de los ciudadanos a tales reducciones, a cambio de que no sean tan drásticas y aceleradas. *Esta política, que satisface los intereses del capital con un menor costo social, le permite a la socialdemocracia moverse a la derecha en términos absolutos y mantenerse "a la izquierda" en términos relativos.*

Ante la famosa pregunta retórica que muchos se hacen, ¿qué es ser de izquierda hoy?, la socialdemocracia europea responde: no llegar a los excesos del neoliberalismo extremo, es decir, no liquidar *completamente* los servicios de salud pública y educación, no abandonar *totalmente* a su suerte a los desempleados y los jubilados, no cerrar los ojos ante la profundización del drama social, sino mantener ciertos niveles mínimos de política social —con amplia participación del sector privado—, *siempre que no interfieran con la tendencia fundamental hacia la concentración transnacional de la riqueza y el poder político.*

Socialdemocracia y neoliberalismo comparten la defensa de un *statu quo* "democrático" en el que la representación y la participación ciudadanas cada día tienen menos impacto en el ejercicio del poder real. También comparten, entre otras, prácticas abiertamente imperialistas como los bombardeos contra Irak, la agresión a Yugoslavia, la hostilidad contra la Revolución Cubana y la determinación de las políticas de instituciones como el Fondo Monetario Internacional y el Banco Mundial.

La convergencia con el neoliberalismo es el único camino disponible a la socialdemocracia. Tras haberlo apostado todo al "Estado de Bienestar", la bancarrota de esa construcción ideológica la coloca hoy en la picota pública. Por consiguiente, sus alternativas serían: reconocer su error histórico y reasumir la necesidad de la superación histórica del capitalismo —algo que su naturaleza jamás le permitiría— o, hacer lo que hace: pretender que "fenómenos" catalogados como ajenos a la voluntad humana cambiaron el mundo súbita y radicalmente.

En resumen, el desenlace de la historia socialdemócrata es la claudicación total ante el capitalismo, el abandono radical de sus postulados básicos, en particular, del ideal socialista que alguna vez proclamaron; la renuncia a todo lo que, aunque sea formalmente, la hacía una fuerza de oposición al sistema o, al menos, una fuerza *reformista*. Ya no son siquiera reformistas, a no ser que se considere reformista encubrir al neoliberalismo con discursos socialdemócratas.

Palabras finales de la primera parte: ¿reforma o revolución?

A casi un siglo de la ruptura definitiva entre las corrientes reformista y revolucionaria del movimiento obrero y socialista, tres factores parecen avalar la tesis de que el capitalismo constituye el "fin de la historia": la capacidad de dominación, injerencia e intervención desarrollada por el imperialismo plantea, con más fuerza que nunca, el problema de si la revolución es *posible*; la mitología construida acerca de la globalización y la "Revolución Científico Técnica" siembra la duda de si la revolución es *necesaria*, y el derrumbe de la URSS abre la interrogante de si la revolución es *deseable*. De manera que hoy nos encontramos en una situación aparentemente sin salida: por una parte, no existen condiciones a corto o mediano plazo para el triunfo de nuevas revoluciones; por otra parte, el sistema de dominación mundial solo permite el acceso al gobierno a las fuerzas políticas dispuestas a emprender o, al menos, a respetar el acumulado de la *contrarreforma neoliberal*. No obstante, al imperialismo le resulta imposible mantener ese control sobre el mundo.

No cabe duda de que el imperialismo hace todo lo que está a su alcance para crear un sistema de dominación concebido para evitar, no solo la *revolución*, sino incluso la *reforma social progresista* en cualquier punto del planeta. La interrogante es durante cuánto tiempo podrá mantener ese sistema, porque, a diferencia de la imagen que pretende inculcarnos de sí mismo, el capitalismo no ha encontrado —ni podrá encontrar jamás— un "conjuro" para evitar la agudización de las contradicciones antagónicas que provocan su senilidad y la conducen a una muerte segura. Por numerosos y graves que sean los errores cometidos en nombre de la revolución y el socialismo, esos conceptos adquieren renovada vigencia. Rosa Luxemburgo plantea el problema en términos de "socialismo o barbarie". A poco más de siete décadas de su desaparición física, la barbarie amenaza la existencia misma de la humanidad.

Segunda parte

Dominación, crisis, lucha social y alternativas políticas de la izquierda en América Latina

América Latina en la historia del capitalismo

La invasión europea a América,[84] iniciada con el llamado descubrimiento y proseguida mediante la conquista y colonización, provoca la incorporación de este continente al desarrollo capitalista en calidad de apéndice colonial. Ese proceso abarca los viajes de exploración realizados entre 1492–1519, la conquista de las civilizaciones de Mesoamérica y la cordillera de los Andes efectuada entre 1519 y 1535, y el control de los entonces considerados territorios marginales, impuesto entre 1535 y 1580.

La extracción de metales preciosos al más bajo costo para la metrópoli es el objetivo fundamental de la explotación de las colonias hispanoamericanas en los siglos XVI, XVII y principios del XVIII. Con el fin de garantizar los mayores beneficios de ese monopolio, la Corona española establece la Casa de Contratación de Sevilla (1503), el Consejo de Indias (1542) y el sistema de flotas (1561). Para satisfacer las necesidades de la producción minera, surge una economía de apoyo, casi desmonetizada, que mediante el trueque abastece de alimentos, tejidos y animales de carga a las minas y las ciudades. Esa economía colonial se basa en la explotación de los aborígenes y los esclavos importados de otros continentes.

Tras un período de esclavización indiscriminada de la población aborigen, las "leyes nuevas" promulgadas en 1542 por Carlos

III, prohíben la esclavitud indígena y establecen que la única forma autorizada para explotar a esa población es el sistema de *repartimientos* o *encomiendas*. La encomienda había sido hasta entonces la forma de explotación aplicada a aquellas etnias indígenas que, por diversas razones, los expertos en derecho canónigo y teología aconsejaban a la Corona que no fuesen esclavizadas. Las encomiendas se diferencian de la esclavitud en que no son permanentes, no hay derecho hereditario y obligan al encomendero a "civilizar" y "cristianizar" a los aborígenes cuyo trabajo explota. Aunque hasta 1679 sigue siendo legal esclavizar a los indios "rebeldes" —opuestos a la colonización— y hasta 1810 a los indios "bárbaros" —acusados de atacar a poblaciones fronterizas españolas—, las "leyes nuevas" afirman el carácter *temporal* de la *encomienda*, suprimen los *servicios personales*, ratifican la obligación de los indígenas a entregar *tributos*, y preservan la coexistencia de varias *formas de propiedad de la tierra* en el área ocupada por la población encomendada.

A diferencia de las colonias americanas de Gran Bretaña, Portugal y Francia, en Hispanoamérica prevalece la explotación de los indígenas por encima de la importación de esclavos de otros continentes. La razón principal es que, hasta la segunda mitad del siglo XVIII, la Corona no fomenta la economía de plantación, que es la más vinculada a la esclavitud africana. Aunque a partir de ese momento España multiplica la trata. En total, Hispanoamérica recibe alrededor de un 1,5 millones de esclavos durante todo el período colonial [1492–1810], cifra que representa apenas el 12% de los esclavos africanos importados en el continente.[85]

Desde el inicio de la conquista y colonización, la importación de esclavos forma parte de ese proceso. Cuando se produce la invasión española a América, en la metrópoli hay esclavos de diversos orígenes, incluidos blancos europeos, árabes, asiáticos y negros africanos. Algunos de ellos son traídos al continente americano desde 1493. Se calcula que, a finales del siglo XVI, hay en España cerca de 44 mil esclavos que constituyen el 1% de la población.[86] También desde el inicio de la conquista y colonización, la Corona española prohíbe la entrada en América de esclavos *infieles*, de etnias "rebeldes" o de otros grupos humanos que representen una amenaza para su dominación. Finalmente, en 1542, Carlos III decreta que solo se puede introducir en América esclavos negros de origen africano, con la especificación de que no provengan de ciertas etnias "guerreras".

Menos intensos que en Hispanoamérica son los primeros años de la conquista y colonización en Brasil, país cuyo nombre proviene de la producción de la madera preciosa denominada *palo brasil*, que se inicia en gran escala ya adentrado el siglo XVI. La disputa del control del litoral brasileño por parte de navegantes franceses estimula la colonización portuguesa, iniciada por medio de dos expediciones punitivas enviadas en 1526 y 1531. En 1532, la Carta Real de Joao III establece la división del territorio brasileño en quince capitanías hereditarias, de las cuales solo llegan a conformarse siete. A raíz del fracaso del sistema de capitanías, la Corona lusitana reivindica su derecho sobre todo el territorio de la colonia, al frente del cual designa a un gobernador general.

El núcleo de la economía brasileña se desplaza durante el siglo XVII hacia las plantaciones azucareras del norte, abastecidas de ganado y hombres por el resto de la colonia. Esa economía azucarera entra en crisis tras la derrota de la ocupación holandesa de Pernambuco (1630–1654), que lleva a esa potencia europea a emprender el cultivo de la caña en sus posesiones en el Caribe, lo cual también hacen Gran Bretaña y Francia. Ante la imposibilidad de Brasil de competir en este rubro con las Antillas, las zonas marginales de la colonia lusitana, que dependen de la economía de apoyo al norte azucarero, sobreviven mediante del comercio de madera, oro y piedras preciosas obtenidos por el trueque con la población indígena, junto con el desarrollo de la ganadería y la esclavización de indios capturados en territorios de frontera, la cual resulta más económica que la importación de esclavos africanos, crecientemente inaccesible para los dueños de ingenios.

En las colonias hispano y luso americanas coexisten cinco formas de producción: la economía natural campesina y comunal, la producción mercantil simple, la esclavitud patriarcal y de plantación, la producción agraria feudal o semifeudal en forma de latifundios, y los embriones precapitalistas.[87] De la dominación colonial impuesta por España se deriva la transfiguración de las relaciones de clases existentes en la América precolombina, avalada en el "derecho de conquista". Emerge así un orden social heterogéneo, en el que la supremacía la ejercen los agentes del fisco y los comerciantes peninsulares, encargados de maximizar la transferencia de riqueza a la Corona, mientras los señores de la tierra y los dueños de las minas se encuentran fuera de la circulación monetaria. Los principales sujetos de la explotación colonialista son, por supuesto, los africanos y los aborígenes, sometidos al aplastamiento étnico y convertidos en clases peculiares de la sociedad colonial, por mediación de formas variadas y mutantes de explotación. También entre ellos se establecen diferencias sociales: los esclavos africanos constituyen el escalón más bajo de la sociedad colonial.

La relación económica entre España e Hispanoamérica se transforma en el transcurso del siglo XVIII como resultado del florecimiento de la zona económica de apoyo a la minería, conformada por la agricultura y la ganadería, que conduce a la proclamación de las reformas borbónicas de 1778 y 1782. Esas reformas legalizan la importación al mercado español de otros productos coloniales —además de los metales preciosos—, tales como el azúcar y el tabaco de Cuba, el cacao de Venezuela y Quito, y los cueros del Río de la Plata. También formalizan la explotación de las colonias como mercados de consumo. Esto significa que España comienza a fomentar la economía de plantación cuando ésta ya decae en el mundo. Mientras tanto, en Brasil, el descubrimiento de yacimientos de oro y diamantes en Minas Gerais a finales del siglo XVIII, provoca el desplazamiento de su centro económico de las plantaciones del nordeste a la minería en el centro sur. También estimula el surgimiento de un conjunto de actividades económicas de apoyo al sector minero que alcanzan el clímax entre 1721 y 1870. Este proceso va aparejado a la reducción por parte de la metrópoli de la relativa autonomía administrativa y libertad comercial de las que gozaba la colonia.

Tanto en Hispanoamérica como en Brasil, durante el siglo XVIII se forman sectores criollos, en proceso de aburguesamiento, interesados en conquistar el acceso directo al mercado europeo, entre los que resaltan los plantadores, estancieros, pequeños y medianos productores y comerciantes, intelectuales y artesanos. Este proceso abona la simiente de la conciencia *nacional* americana y de las ideas independentistas, bajo influencia de la Ilustración, la independencia de las trece colonias inglesas de Norteamérica (1775–1783), la Revolución Francesa (1789), la Revolución Haitiana (1790–1804) y las guerras europeas, en particular, la ocupación de Portugal (1807) y España (1808) por los ejércitos napoleónicos, que despoja de sus respectivos tronos a ambas monarquías y dejó acéfalos a los imperios coloniales ibéricos.

Los cambios ocurridos en el sistema comercial español formalizados por medio de las reformas borbónicas, alteran el *statu quo* tanto en la metrópoli como en sus colonias. En Europa, España queda relegada al papel de intermediaria onerosa entre sus posesiones americanas y las naciones industriales, en particular, Inglaterra. En Hispanoamérica, se resquebraja el monopolio comercial debido a que la metrópoli, incapaz de cumplir con los términos de la nueva relación, práctica una intermediación parasitaria que encarece la importación de las mercancías manufacturadas.

Por cuanto las reformas borbónicas operan, de manera exclusiva, a favor de España y de los españoles residentes en las colonias, uno de sus resultados es erosionar la posición de todos los estratos de la pirámide criolla. Las nuevas restricciones entran en contradicción con la metamorfosis en curso de la estructura social hispanoamericana, hasta entonces dominada por los peninsulares (funcionarios, comerciantes y grandes propietarios), el clero y los terratenientes criollos, que asfixian a los sectores protoburgueses emergentes ligados al comercio exterior y a los sectores rurales que surgen de la diversificación de la estructura agraria. En el caso de las castas —que limitan la movilidad de los grupos étnico-sociales dedicados al trabajo artesanal y a diversos oficios y empleos desempeñados por blancos pobres, mestizos, mulatos y negros libres—, las reformas no solo crean una situación que imposibilita el ascenso *dentro* de cada una de ellas, sino incluso la transferencia a los hijos del *status* alcanzado por sus padres. Todo ello constituye un caldo de cultivo para la guerra de independencia.

La formación de la conciencia *nacional* americana y el desarrollo de la ideología *nacionalista* que reflejan la cultura y las aspiraciones políticas, económicas y sociales de sus portadores, se acelera con las luchas por la independencia, que conllevan a la *formación de las naciones latinoamericanas*. Este es un proceso muy complejo porque, junto a las contradicciones existentes entre las metrópolis ibéricas y sus respectivas colonias —que se manifiestan en el antagonismo entre los peninsulares encargados de mantener el monopolio comercial, y las capas altas y medias criollas interesadas en el libre comercio— existen otras contradicciones, entre las elites —peninsulares y criollas— que detentan el poder económico, y los esclavos negros, la población india y mestiza, y los demás sectores productivos sobre cuyos hombros recae el peso de la economía colonial. Por consiguiente, no se trata solo de una crisis de la relación de *dominación política* y *explotación económica* existente entre *metrópolis* y *colonias*, sino también de *las estructuras socioeconómicas coloniales basadas en la polarización social y la reglamentación racial*.

Sería imposible intentar aquí siquiera un bosquejo de la guerra de independencia hispanoamericana. Baste señalar que la contienda se divide en dos etapas —que abarcan de 1808 a 1815 y de 1816 a 1825—, y que la lucha tiene características diferentes en México, Centroamérica, los actuales territorios de Venezuela, Colombia, Ecuador y Bolivia —donde Bolívar es la figura cimera—, y en los de Chile, Argentina, Uruguay y Paraguay —donde la preeminencia corresponde a San Martín. En esencia, mientras en México, la rebelión liderada por Hidalgo y Morelos se inicia como un genuino movimiento popular, en el resto de Hispanoamérica comienza bajo la conducción de élites criollas tan interesadas en obtener la independencia como mantener el *statu quo* socioeconómico. En ese sentido, se destacan Venezuela y Nueva Granada, hasta que en la segunda etapa de la guerra se produce la incorporación de los sectores populares al Ejército Libertador y el propio Simón Bolívar le imprime un giro programático antiesclavista y con medidas a favor de los humildes. El enfrentamiento entre ambos polos, el oligárquico y el progresista, es el sello de los movimientos independentistas en el Río de la Plata, mientras que en Centroamérica predominan las élites criollas aferradas al poder metropolitano por temor a una insurrección popular como la ocurrida en México. En la etapa final de las luchas de independencia, esas élites mexicanas y centroamericanas se suman al proceso cuando su desenlace es obvio e inevitable.

La independencia de Brasil está estrechamente vinculada a la invasión de Francia a Portugal, debido a que esa colonia Lusoaméricana fue el lugar de refugio de la corte de Joao VI, hecho que representa el establecimiento de una virtual autonomía favorable los intereses de la aristocracia criolla. A raíz del regreso de la corte imperial a Lisboa y los intentos de los liberales portugueses de reactivar la relación colonial con Brasil, Don Pedro de Braganza, hijo del Emperador, con el apoyo de la aristocracia brasileña, rompe los vínculos con la metrópoli el 7 de septiembre de 1822 y se proclama emperador de Brasil. El nuevo imperio brasileño se consolida en 1824, tras la derrota final de las fuerzas colonialistas portuguesas y también de la rebelión republicana ocurrida en Pernambuco.

Con la independencia de América Latina,[88] esta región conformada por la antigua Hispanoamérica y Brasil cambia su *status* de apéndice *colonial* por el de apéndice *neocolonial* del capitalismo. A ello coadyuva el fracaso de los ideales acariciados por innumerables patriotas de que la *independencia* y la *integración política* fuesen elementos indisolubles de la emancipación. Su expresión cimera es el pensamiento de Bolívar, quien identifica a la unidad de *América Meridional* como condición indispensable para derrotar al panamericanismo "monroista" — América para los (norte)americanos—, promovido por los gobernantes estadounidenses.

Las repúblicas nacidas del fin del imperio colonial español en América carecen de un desarrollo económico y una estructura social capitalistas que sirva de base para integrarse y conformar la *unidad nacional* de tan extensas y diversas regiones. No solo resulta imposible crear *una* nación hispanoamericana sino que, incluso, fracasan los intentos de formar unidades estatales parciales, como la "gran" Colombia (Venezuela, Nueva Granada y Ecuador), la confederación peruano-boliviana y la Federación del Centro de América (Guatemala, Honduras, El Salvador, Nicaragua y Costa Rica). También se fragmenta el antiguo Virreinato del Río de la Plata (Argentina, Bolivia, Paraguay y Uruguay). Otro es el curso de los acontecimientos en Brasil, donde el interés de la aristocracia por preservar la esclavitud la impulsan a brindar un apoyo decisivo a las fuerzas militares del imperio de los Braganza (1822–1889), que consolidan la unidad nacional en 1848, tras sofocar las guerras civiles desatadas por varios movimientos secesionistas y regionales, entre las que resalta la guerra de los *farrapos* (1835–1845) librada en Rio Grande do Sul.

La independencia abre un panorama caracterizado por el fraccionamiento en repúblicas y el enfrentamiento entre los territorios

y pueblos con los que Bolívar soñaba construir la unidad latinoamericana. Esas repúblicas nacen subdesarrolladas, atadas a metrópolis neocolonialistas por la dependencia económica, el intercambio
desigual y el endeudamiento externo. En tales condiciones, resalta
la participación del Estado en la economía como único ente capaz
de captar créditos y movilizar capitales, el uso del poder político
como medio de adjudicar propiedades y riqueza, y el auge de la
violencia y el militarismo —en sus variantes de dictadura militar
y autoritarismo civil—, como mecanismos imprescindibles para
contener y reprimir el estallido de las contradicciones derivadas
de la desigualdad social.

La destrucción ocasionada por la guerra y la sustitución del
sistema colonial español por el sistema neocolonial estadounidense
o británico, según el caso, provocan una crisis económica que exa-
cerba las contradicciones inherentes a la abolición del viejo orden
y el parto de las nuevas sociedades independientes, incluida
la persecución a que son sometidos los funcionarios, militares
y clérigos del antiguo régimen. La violencia generalizada y la
debilidad estructural de las nuevas repúblicas repercuten en una
continuidad de la militarización, hecho que se convierte, por una
parte, en elemento democratizador, que permite la movilidad
social de los indios, negros, mestizos y blancos pobres convertidos
en oficiales de los ejércitos insurrectos y, por otra parte, en freno
para que esa democratización no se extienda más de lo inevitable.
En tales circunstancias, se establece un equilibrio de poder des-
favorable a la ciudad y favorable al campo, derivado de la importancia adquirida por las masas rurales en la conformación de los
ejércitos.

En vez de ocupar el lugar privilegiado que los peninsulares
monopolizaban en la colonia, las élites criollas urbanas resultan
empobrecidas por la destrucción de sus propiedades y la incapacidad de evitar que los británicos se adueñen del comercio ultra-
marino, hecho que repercute en la pérdida de su poder político y

la disminución de su *status* social. Quienes antes ocupaban la cima de la pirámide social criolla se convierten en empleados de las estructuras político administrativas, el ejército y los terratenientes. Como contrapartida, los máximos ganadores son los terratenientes convertidos en generales y los generales convertidos en terratenientes, cuya posesión principal, la tierra, no fue destruida por el conflicto y que, en las nuevas circunstancias, ejercen el control de las masas campesinas de las que depende el poder militar y, por consiguiente, el poder político. En este contexto se registra la transformación del papel socioeconómico de la Iglesia, derivada de su empobrecimiento, de la sustitución de obispos y sacerdotes realistas por patriotas y de su subordinación al poder civil. Esa metamorfosis se complementa con el limitado ascenso social de las capas inferiores de las ciudades y las zonas rurales de trabajo libre, la obsolescencia de la esclavitud, y el sometimiento de la población negra a nuevas formas de discriminación y subordinación.

Del colonialismo al neocolonialismo

La desaparición de los imperios coloniales de España y Portugal abre paso a la implantación en América Latina de una nueva *forma de dominación y explotación*, el *neocolonialismo*, que responde al desarrollo alcanzado por el sistema de producción capitalista. De la misma manera en que, en el transcurso de los siglos XVI, XVII y XVIII, el *colonialismo* había sido un puntal del proceso de acumulación originaria del capital, la manufactura y el despegue de la industria capitalista, en el siglo XIX el *neocolonialismo* emerge como nueva *forma de dominación y explotación* en la etapa de la Revolución Industrial y se consolida de manera paralela a la transformación del capitalismo premonopolista en capitalismo monopolista. En esencia, *el neocolonialismo es un puntal de la metamorfosis del capitalismo de libre concurrencia en capitalismo monopolista y, por consiguiente, del nacimiento y desarrollo del imperialismo.*

El neocolonialismo se caracteriza por la independencia institucional *formal* de la neocolonia, que esconde la subordinación política y dependencia económica respecto a la metrópoli. La gran potencia que establece su dominación neocolonial sobre la mayor parte de los antiguos imperios luso e hispanoamericano, especialmente, en América del Sur, es Gran Bretaña. No obstante, en la medida en que se lo permite su emergente poderío, los Estados Unidos imponen la suya en México y América Central. El neocolonialismo no se afianza en América Latina inmediatamente después de concluido el proceso de independencia del subcontinente (1825), sino alrededor de dos décadas y media más tarde. Esa demora es uno de los factores que determinan las diferencias existentes entre la dominación colonial y la neocolonial. Tras el largo proceso de formación de una *conciencia nacional,* quince años de guerra contra el colonialismo en Hispanoamérica y más de veinticinco años de existencia como repúblicas independientes, resultaba imposible que América Latina reprodujera, con Gran Bretaña y los Estados Unidos, la misma relación que antes mantenía con las metrópolis ibéricas.

La demora de Gran Bretaña en afirmar su dominación neocolonial en América Latina responde a que la Revolución Industrial acapara casi todos los capitales disponibles en ese país hasta la década de mil ochocientos setenta. Lo que la economía británica necesita en ese momento es "volcar cantidades relativamente constantes de productos industriales" en los mercados de sus socios comerciales, mientras América Latina resulta "un mercado de capacidad de consumo muy variable".[89] En el caso de los Estados Unidos, el retraso obedece a que estuvo inmerso en su propia expansión territorial hasta 1853. A partir de ese año, el neocolonialismo es la forma empleada por la potencia emergente para imponer su dominación en los territorios de la Cuenca del Caribe que no puede anexarse en virtud de la resistencia de esas naciones y de la oposición británica.

El afianzamiento de la dominación neocolonial británica en América del Sur tiene lugar entre 1850 y 1873. Durante esta etapa se amplía la demanda europea de productos tradicionales latinoamericanos, se abre el mercado europeo a sus productos no tradicionales y se establece un flujo de capitales que incluye las inversiones metropolitanas en el comercio y el transporte —luego extendidas a otros sectores— y los créditos a los gobiernos. Aunque la crisis económica de 1873 contrae las importaciones europeas e interrumpe los créditos de los que dependen los gobiernos de latinoamericanos para funcionar y saldar las deudas anteriores, la relación económica neocolonial logra rebasar ese escollo y alcanza la madurez a partir de 1880, etapa que corresponde a la metamorfosis del *capitalismo de libre concurrencia* en *capitalismo monopolista*, uno de cuyos rasgos es, precisamente, la exportación de capitales.

La relación neocolonial consolidada a partir de 1880 se basa en una división del trabajo en virtud de la cual Latinoamérica exporta materias primas y alimentos, e importa productos industriales. De manera paulatina, se reduce el componente de perecederos de esas importaciones, a favor de bienes de capital, productos de la nueva metalurgia y combustibles. En la madurez del neocolonialismo, la división del trabajo se modifica a favor de las potencias industriales. Incluso donde las élites criollas retienen el control de la producción primaria, la dependencia se acentúa como resultado de la monopolización financiera, mercantil y tecnológica, al tiempo que la demanda de capital en el sector primario estimula la penetración foránea. Lo mismo sucede con la construcción de ferrocarriles, frigoríficos, silos y centrales azucareros. Los grandes terratenientes, que se habían fortalecido a raíz de la guerra de independencia, ven erosionado su poder económico por el papel predominante que adquieren los inversionistas y comerciantes metropolitanos. Con ritmos variables en cada país, surgen clases medias urbanas que exigen crecientes reivindicaciones y sectores obreros que adquieren su propio protagonismo social.

Si bien durante la maduración del neocolonialismo los mercados europeos de exportación tienden a diversificarse, Gran Bretaña se afirma como principal suministradora mercantil de Sudamérica y conserva el control de los mecanismos bancarios y financieros sobre los que se sustenta el comercio de esa región con terceros países. De manera que ella es la principal metrópoli neocolonial en América Latina, cuando en 1889–1890 se celebra la Conferencia Internacional Americana de Washington, primer intento del naciente imperialismo norteamericano de crear un sistema de dominación continental.

Desde la independencia de los Estados Unidos de América (1776), los llamados padres fundadores sientan las pautas de la expansión territorial y la dominación colonial y neocolonial que caracterizarían las relaciones del imperialismo norteamericano con el resto del continente. Ya en 1777, el entonces embajador Benjamín Franklin asienta colonos en Louisiana con fines anexionistas. Cuando en 1809 se produce en Quito el Primer Grito de Independencia de Hispanoamérica, los Estados Unidos habían invadido Florida Oriental (1795), comprado Louisiana a Francia (1803), realizado el primer intento de anexarse a Cuba (1803), atacado durante años los puestos españoles en el Río Grande y Louisiana Occidental, enviado expediciones contra Texas y California y despojado a los aborígenes de 20 millones de hectáreas. Cuando culminan las luchas independentistas en la América del Sur (1825), se había registrado el segundo intento de anexión de Cuba y el primero de Puerto Rico (1811), España había entregado Florida Occidental y Oriental (1819), México (independiente desde 1821) sufría la política de "frontera móvil", John Quincy Adams había promovido un pacto con Gran Bretaña y Francia para evitar la liberación de Cuba y Puerto Rico, y había sido proclamada la Doctrina Monroe (1823).

Hasta 1825, los Estados Unidos mantienen una supuesta política de neutralidad con respecto a la Guerra de Independencia hispanoamericana que, sin embargo, no le impide vender armas y municiones a España. Después de la independencia latino-americana, se produce la sublevación de Texas (1832), el reconocimiento de su independencia por parte del gobierno de los Estados Unidos (1837) y la "consumación" del "Destino Manifiesto" —de expandirse hasta el Océano Pacífico—, "legitimado" en 1848 con el Tratado de Guadalupe-Hidalgo, en el que México cede Texas,

Nuevo México y California. Finalmente, tras el fracasado intento del filibustero William Walker de arrebatarle territorios adicionales a México, el gobierno de los Estados Unidos impone la llamada *compra de Gadsen* (1853), a partir de la cual queda establecida la actual frontera entre ambos países.

Si bien algunos "pioneros" sueñan con expandir los Estados Unidos, no solo desde el Atlántico hasta el Pacífico, sino también desde la costa del Mar Ártico hasta el Cabo de Hornos, tras siete décadas de conquistas, despojos, compras y anexiones, en 1853 concluye, en lo fundamental, la conformación de la masa territorial de la naciente potencia y pasa al primer plano la disputa de la dominación colonial y neocolonial ejercida por España, Gran Bretaña y otras metrópolis europeas en el resto del continente. La expansión territorial de los Estados Unidos se completa posteriormente con la incorporación de los estados de Alaska (comprado a Rusia en 1867) y Hawai (anexado en 1898 e integrado a la Unión en 1900). Sin embargo, desde la década de mil ochocientos cincuenta, la resistencia de los pueblos mexicano y centroamericanos, y la oposición británica a la ocupación y anexión de nuevos territorios le obligan a ceñirse a la ampliación de su dominación principalmente mediante el neocolonialismo. Esa ampliación, ejecutada por medio de intervenciones militares, de la imposición de gobernantes y cuerpos represivos sumisos, y de todo tipo de presiones políticas y económicas, comienza a aplicarse en la Cuenca del Caribe, para luego extenderse hacia América del Sur en la medida en que el incremento del poder del imperialismo norteamericano le permite disputar el control que sobre esa región ejerce el imperialismo británico.[90]

La primera injerencia del gobierno estadounidense en América Latina y el Caribe, es la ayuda brindada en 1791 por el presidente George Washington a Francia para enfrentar los brotes de la Revolución Haitiana. A pesar de que la independencia de ese país se consuma en 1804, las autoridades de los Estados Unidos tardan hasta 1862 en reconocer a la República de Haití. En el poco más de un siglo transcurrido desde entonces hasta la guerra hispano-cubano-norteamericana, se registran numerosos actos de injerencia e intervención estadounidense en las luchas de independencia de Hispanoamérica, en las disputas que se producen entre las nacientes repúblicas latinoamericanas y en los asuntos internos de estas últimas. Entre esos actos resaltan las tropelías cometidas por William Walker en Centroamérica entre 1855 y 1860. Con harta frecuencia recurre el gobierno de los Estados Unidos al argumento de la defensa de las vidas y propiedades de ciudadanos estado-unidenses para justificar su intervención militar en la región.

La principal acción expansionista del imperialismo norte-americano en el tránsito entre los siglos XIX y XX es la intervención en la guerra de independencia de Cuba contra España (1898), iden-tificada por Lenin como la primera guerra de carácter imperia-lista, en virtud de la cual, le roba al Ejército Libertador la derrota que estaba a punto de ocasionarle a la metrópoli, ocupa a Cuba y establece su dominación colonial sobre Puerto Rico, Filipinas y Guam.[91] Otro acontecimiento emblemático de ese período es la suscripción entre los Estados Unidos y Gran Bretaña del Tratado Hay-Pauncefote, que deja sin efecto acuerdos anteriores y autoriza al primero a construir un canal interoceánico en el istmo centro-americano. Este tratado representa el reconocimiento implícito de una división de las esferas de influencia de los imperialismos anglo-sajones en el continente: Gran Bretaña y otras potencias europeas aceptan la dominación estadounidense sobre las naciones latino-americanas ubicadas al norte del río Amazonas, mientras que los Estados Unidos consienten —por el momento— en respetar el *statu quo* de las colonias europeas del Caribe y el imperio neo-colonial británico en el resto de América del Sur.[92]

En los primeros años del siglo XX, el presidente Theodore Roosevelt (1901–1909), artífice de la política del "gran garrote", elabora su conocido Corolario Roosevelt de la Doctrina Monroe entre 1903 y 1906,[93] que afirma el derecho exclusivo del imperialismo norteamericano a ejercer la fuerza para obligar a las repúblicas latinoamericanas a saldar sus deudas internacionales. Durante su mandato, se produce la secesión forzada de Panamá (1903) con el fin de desconocer el rechazo del Congreso de Colombia a la construcción del canal interoceánico; la invasión militar a República Dominicana (1904) que da lugar a la intervención aduanera de ese país (1905-1912); la segunda ocupación de Cuba (1906-1909); la interposición de la infantería de marina con el propósito de obtener dividendos políticos de las guerras desatadas entre Guatemala y El Salvador (1906), y entre Honduras y Nicaragua (1907), y las acciones intervencionistas que conducen a la renuncia del presidente Santos Zelaya en Nicaragua (1909). El sucesor de Roosevelt, William Taft (1909-1913), protagoniza la intervención militar en Honduras para derrocar al presidente Miguel Dávila (1911); la intervención militar en Nicaragua para frustrar la rebelión encabezada por Benjamín Zeledón, (1912), e inicia la política de amenazas, presiones y agresiones destinada a entorpecer la Revolución Mexicana (1910-1917).

Entre 1913 y 1921, etapa de la llamada *diplomacia misionera* de Woodrow Wilson, con los pretextos de "promover la democracia" y "frenar la penetración alemana", el gobierno de los Estados Unidos aumenta su intromisión en los asuntos internos mexicanos, ocupa militarmente Haití e interviene sus aduanas (1915-1934), ocupa a la República Dominicana (1916-1924), interviene en Panamá (1918), respalda golpes de Estado y dictaduras militares y civiles en países de Centro y Sudamérica, aprovecha la Primera Guerra Mundial para consolidar la dominación política, económica y militar en la Cuenca del Caribe, y para desplazar de América del Sur los capitales de Alemania y sus aliados.

Tras el *impasse* provocado por la Primera Guerra Mundial, con la cobertura de un supuesto abandono del intervencionismo y un mayor respeto a la soberanía de las naciones latinoamericanas, durante la denominada *restauración republicana*, la política de los presidentes Warren Harding (1921–1923), Calvin Coolidge (1923–1929) y Herbert Hoover (1929–1933) se caracteriza por el apoyo a las dictaduras militares implantadas para contener las luchas populares desatadas por la crisis y por la política dirigida a sacar provecho de los conflictos de diversa naturaleza que surgen entre varias naciones y dentro de ellas. En esos años se produce una intervención militar en Panamá, para reprimir protestas populares (1921), dos en Honduras para "interponerse" en la guerra librada por fuerzas políticas en conflicto (1923 y 1924) y una en Nicaragua (1926) que deviene en enfrentamiento contra el Pequeño Ejército Loco del general Augusto C. Sandino.

En síntesis, el imperialismo norteamericano se concentra en afianzar su dominación política, económica y militar sobre México, Centroamérica, la franja norte de Sudamérica y las naciones independientes ubicadas en el Mar Caribe, hasta que la crisis de 1929 a 1933 provoca la quiebra del sistema neocolonial británico y le abre el camino hacia el resto de Latinoamérica. Aunque la Gran Depresión golpea tanto a los Estados Unidos como a Gran Bretaña, su efecto en las relaciones de una y otra potencia con América Latina es diferente. Ello obedece a que la dominación estadounidense se asienta más en la proximidad geográfica y la fuerza militar —elementos que no se alteran por la crisis—, mientras en el caso británico depende de su capacidad de mantener la supremacía comercial y financiera.

Durante el período comprendido entre la Gran Depresión y el fin de la Segunda Guerra Mundial transcurre la presidencia de Franklin Delano Roosevelt (1930–1945), quien aplica la llamada política del *buen vecino*, durante la cual no se registran intervenciones militares estadounidenses en América Latina y el Caribe. Roosevelt interactúa tanto con las dictaduras militares y civiles como con los gobiernos liberales constitucionalistas de orientación progresista. El "buen vecino" proclama que el gobierno de los

Estados Unidos renuncia a ejercer la intervención armada contra las repúblicas latinoamericanas. Esa política comienza a aplicarse después que el imperialismo norteamericano había instaurado en el gobierno a dictadores y guardias nacionales dóciles en los países de la Cuenca del Caribe que antes invadía, como ocurrió en los casos de Anastasio Somoza en Nicaragua y Rafael Leonidas Trujillo en República Dominicana. Esa modificación formal de la política neocolonial no incluye el abandono de las sanciones económicas y políticas. No obstante, si bien fueron muchas las presiones que el gobierno de Roosevelt empleó como represalia por la nacionalización del petróleo mexicano decretada por Lázaro Cárdenas, la situación internacional, de México y de los propios Estados Unidos, le impidió recurrir a la agresión militar usual en sus predecesores.

En dependencia de la situación de cada país, frente al incremento de las luchas populares y las demandas de mayor democratización, la respuesta de las clases dominantes es el intento de establecer un equilibrio social, ya sea mediante el *liberalismo constitucional*, o de la *dictadura militar* o *civil*, en todos los casos con una base de apoyo político sustentada en la convergencia de intereses de los sectores sociales urbanos en detrimento de los rurales. El *liberalismo constitucional* fue la respuesta en países de mayor desarrollo político, económico y social relativo, tales como Argentina y Chile, en los cuales era posible asimilar, de manera selectiva, ciertas demandas de las capas medias y el proletariado. Contra el liberalismo conspiraba, sin embargo, la casi nula incorporación del campo a la vida económica y política nacional, donde la oligarquía terrateniente conservadora ejercía el control de las masas rurales empobrecidas.

Entre las soluciones liberales aplicadas antes de y durante la Segunda Guerra Mundial se destacan: en Colombia, los gobiernos de Enrique Olaya (1930–1934) y Alfonso López Pumarejo (1934–1938 y 1942–1946); en México, el sexenio de Lázaro Cárdenas

(1934-1940) —durante el cual alcanzó el clímax la política naciona-lista revolucionaria— y el de Miguel Ávila Camacho (1941-1946); en Chile, el gobierno del Frente Popular encabezado por Pedro Aguirre (1938-1942) y el de la Alianza Democrática presidido por Juan Antonio Ríos (1942-1946) y, en Costa Rica, los gobiernos de Ángel Calderón (1940-1944) y Teodoro Picado (1944-1948), en cuya alianza participó el Partido Vanguardia Popular (comunista). Por su parte, entre los proyectos populistas resaltan: en Brasil, el gobierno de Getulio Vargas (1930-1945), en particular, con posterioridad al año 1937, en que rompió su alianza con el Partido Integrista (fascista) y, en Argentina, el golpe de Estado (1943) a partir del cual adquiere relevancia la figura de Juan Domingo Perón, electo constitucionalmente a la presidencia en 1946. Resulta imposible pasar por alto que en 1944 es derrocada en Guatemala la dictadura de Juan José Ubico y, poco más tarde, se abre la etapa de los dos gobiernos antimperialistas encabezados, respectivamente, por Juan José Arévalo (1945-1950) y Jacobo Arbenz (1951-1954). Finalmente, entre las dictaduras posteriores a la crisis de 1929, resalta el inicio de la Rafael Leonidas Trujillo en República Domi-nicana (1930-1961) y de la dinastía implantada por Anastasio Somoza García en Nicaragua (1936-1979).[94]

El imperialismo norteamericano aprovecha el clima inter-nacional existente antes del inicio y durante el desarrollo de la Segunda Guerra Mundial (1939-1945) para frenar y revertir la penetración de capitales europeos en América Latina —en especial alemanes e italianos— y para apropiarse del sector minero de la región. No ocurre lo mismo, sin embargo, con el sector industrial, que permanece bajo el control de las burguesías desarrollistas. Hasta este punto había avanzado la dominación política, econó-mica y militar del imperialismo norteamericano sobre América Latina en el momento en que el desenlace de la Segunda Guerra Mundial y el inicio de la Guerra Fría provocan cambios radicales en la situación internacional.

La Segunda Guerra Mundial modifica la configuración de un sistema de relaciones internacionales que antes había tenido que acomodarse a los resultados de la conflagración de 1914 a 1918 y de la crisis de 1929 a 1933. Entre sus resultados sobresale la destrucción de Europa, el ascenso de los Estados Unidos al *status* de primera potencia imperialista mundial y el surgimiento del mundo bipolar, a partir de la expansión del socialismo a las naciones de Europa Oriental. De esta combinación de elementos se origina la Guerra Fría (1946–1989), ofensiva universal —ideológica, política, económica, diplomática y militar— encabezada por el imperialismo norteamericano, destinada a lograr la "contención del comunismo", en especial, a evitar su expansión hacia Europa Occidental, cuna de las ideas del socialismo y el comunismo, cuya devastación amenaza con incentivar la lucha popular.

La expresión Guerra Fría es utilizada, por vez primera, por Bernard Baruch, asesor del presidente Harry Truman, en un discurso pronunciado el 16 de abril de 1946 en Columbia, Carolina del Sur, la cual es retomada posteriormente como título del libro del periodista Walter Lippman y también en un famoso discurso del primer ministro británico Winston Churchill. En ese año el presidente Truman promulga la Ley de Seguridad Nacional —que dispone la creación del Consejo de Seguridad Nacional y la Agencia Central de Inteligencia (CIA)— y anuncia el lanzamiento del Plan para la Reconstrucción de Europa o Plan Marshall. A partir de ese momento, la noción de "seguridad nacional" se convierte en un dogma inapelable, justificativo de todo tipo de acción de fuerza externa e interna.

La Guerra Fría constituye el principal instrumento del imperialismo norteamericano para ampliar y profundizar su dominación sobre América Latina, proceso que avanza más rápido en los ámbitos político y militar que en el económico. Ello obedece a que la prioridad estadounidense es reconstruir a Europa Occidental. Hacia esa región reorienta el grueso de su exportación de capitales, tanto para restablecer la capacidad productiva de su principal contraparte económica y comercial, como para convertirla en un "bastión anticomunista". De manera que, si bien los Estados Unidos aprovechan su supremacía mundial para expandir la penetración económica monopolista en Latinoamérica, los capitales disponibles para tal empresa son limitados.

La Doctrina Truman es la encarnación de la política de Guerra Fría en América Latina. Con el pretexto de combatir la "amenaza del comunismo", durante su presidencia (1945–1952), Truman desata una ofensiva destinada a destruir a todas las fuerzas políticas latinoamericanas que considera como obstáculos para la ampliación y profundización de su dominio continental. Esa política se aplica especialmente contra los partidos comunistas y otras organizaciones socialistas, progresistas y democráticas que habían participado en los llamados frentes populares antifascistas promovidos por la Unión Soviética.

Consecuente con la Doctrina Truman fue la actuación en Colombia, de los gobiernos de Mariano Ospina (1946–1950) y Carlos Urdaneta (1950–1953); en Brasil, el de Gaspar Enrico Dutra (1946–1951); en Chile, el de Gabriel González Videla (1947–1952); en México, el de Miguel Alemán (1946–1952); en Ecuador, el de Galo Plaza (1948–1952); en Costa Rica, los de José Figueres (1948–1949) y Otilio Oñate (1949–1953); en Perú, la dictadura de Manuel Odría (1948–1956) y, en Venezuela, la dictadura de Marcos Pérez Jiménez.

La Guerra Fría en América Latina encuentra continuidad en la política del presidente Dwight Eisenhower, cuya principal acción de fuerza en la región fue el derrocamiento del gobierno de Jacobo Arbenz en Guatemala, ocurrido en 1954. Además del derrocamiento de Arbenz y su sustitución por la dictadura de Carlos Castillo Armas (1954–1957), Eisenhower también estimuló la caída de los gobiernos de Getulio Vargas en Brasil (1954), de Juan Domingo Perón en Argentina (1955) y de Federico Chaves en Paraguay, que dio origen a la dictadura de Alfredo Strossner (1956-1989), al tiempo que contribuyó a minar el contenido de la Revolución Boliviana en los gobiernos de Víctor Paz Estensoro (1952-1956) y Hernán Siles Suazo (1956-1960). También en este período se inicia la dictadura de Jean Claude Duvalier en Haití. Finalmente, a raíz del triunfo de la Revolución Cubana en enero de 1959, Eisenhower ordena diseñar un plan de agresión similar al empleado contra el gobierno de Arbenz. La ejecución de ese plan condujo en abril de 1961 a su sucesor, el presidente John F. Kennedy, a la derrota de la invasión de Playa Girón.

El panamericanismo

En las postrimerías del siglo XIX, durante la presidencia de Benjamín Harrison (1889–1893), el secretario de Estado James G. Blaine se propone complementar las acciones de fuerza mediante las cuales el imperialismo norteamericano impone su dominación neocolonial en América Latina, con un "sistema panamericano" concebido para establecer su hegemonía en el continente. Es el inicio de una estrategia a largo plazo para convertir a los gobiernos y pueblos latinoamericanos en copartícipes de la dominación ejercida sobre ellos. Ese es el fin de la Primera Conferencia Internacional Americana de 1889–1890, celebrada en momentos en que los Estados Unidos aún son incapaces de disputar con éxito el control británico sobre América del Sur.

En los primeros años del siglo XX, hasta las naciones latinoamericanas más cercanas a Gran Bretaña, incluso Argentina, aceptan el avance del panamericanismo con la esperanza de que sirva de freno a las acciones de fuerza de los Estados Unidos. Esta tendencia se debilita en la medida que los gobiernos de América Latina depositan sus esperanzas en recibir la protección del sistema de organismos internacionales en proceso de formación, entre ellos, el Tribunal de La Haya. No obstante, de nuevo se sienten obligados a orientar su atención hacia el esquema panamericano cuando en Europa se agudiza el clima que conducirá a la Primera Guerra Mundial.

La cronología de la implantación del panamericanismo es más pausada que las acciones de fuerza del gobierno de los Estados Unidos:

- En 1889–1890, se celebra en Washington D.C. la Primera Conferencia Internacional Americana, a partir de la cual se crea la Oficina Internacional de las Repúblicas Americanas, institución originalmente destinada a recopilar información económica.

- En 1901–1902, la Conferencia de México crea un cuerpo de gobierno para la Oficina Internacional de las Repúblicas Americanas, integrado por todos los embajadores latino-americanos acreditados en Washington D.C. y presidido por el Secretario de Estado de los Estados Unidos.

- En 1905, la Conferencia de Río de Janeiro se propone reforzar el recién constituido embrión del Sistema Interamericano.

- En 1910, la Conferencia de Buenos Aires, por primera vez, intenta transformar la Oficina Internacional de las Repúblicas Americanas en Unión Panamericana, con el propósito (frustrado) de consolidar un mecanismo regional multilateral.

Aquí se interrumpe el avance del panamericanismo hasta después del fin de la Primera Guerra Mundial. Años después de concluida la conflagración:

- En 1923, la Conferencia de Santiago de Chile evidencia un nuevo fracaso de la tentativa de construir una organización regional, atribuible a la negativa del gobierno de los Estados Unidos a aceptar la "garantía multilateral" de la independencia y la integridad de los Estados americanos.

- En 1928, la Conferencia de La Habana rechaza la pretensión de institucionalizar el derecho de intervención y el proteccionismo aduanero.

Los acontecimientos registrados en el movimiento panamericano durante ese período reflejan los obstáculos enfrentados por los Estados Unidos en el empeño por fortalecer su dominación política en América del Sur. Sin embargo, solo en la medida en que la Segunda Guerra Mundial se inclina a favor de los aliados y, en caso particular de Argentina, solo cuando la derrota alemana resulta evidente, puede el imperialismo norteamericano aprovechar esa conflagración para que las repúblicas latinoamericanas acepten constituir lo que es hoy el denominado Sistema Interamericano. Esos escollos se reflejan en las Conferencias Panamericanas realizadas entre 1933 y 1945:

- En 1933, la Conferencia Interamericana de Montevideo suscribe un tratado de no agresión y conciliación de disputas propuesto por Argentina, aceptado por el gobierno de los Estados Unidos a cambio de no recibir una condena por sus practicas proteccionistas.

- En 1936, la Conferencia Interamericana para el Mantenimiento de la Paz de Buenos Aires fracasa en el intento de aumentar las atribuciones y la representatividad internacional de la organización panamericana.

- En 1938, la Conferencia Interamericana de Lima establece un procedimiento de consulta acerca del mantenimiento de la paz —como alternativa frente a la propuesta estadounidense de crear un Comité Consultivo Interamericano—, lo cual representa un avance, aunque modesto, en la conformación del panamericanismo.

- En 1939, la Primera Reunión de Consulta de Ministros de Relaciones Exteriores de la Unión Panamericana, realizada en Panamá, establece un Comité Consultivo Interamericano Financiero y Económico para enfrentar las eventuales consecuencias que la guerra provoque en esas esferas. También establece una zona alrededor del continente americano dentro de la cual se solicita a los países beligerantes que se abstengan de realizar acciones militares. Aunque no existe la voluntad ni la capacidad de hacer cumplir ese acuerdo, su importancia radica en que es la primera posición unánime adoptada por el movimiento panamericano ante un acontecimiento internacional de envergadura.

- En 1940, se efectúa en La Habana la Segunda Reunión de Consulta de la Unión Panamericana, influida por la percepción de una posible victoria alemana en Europa, la firme resistencia de Gran Bretaña y el creciente respaldo de los Estados Unidos a esta última, incierto panorama ante el cual América Latina prefiere mantener la prudencia. Por tal motivo, solo se pronuncia contra la transferencia de territorios coloniales enclavados en América a otras potencias europeas y a favor de autorizar a los Estados miembros a actuar en casos de urgencia sin someterse al proceso de consulta previsto, licencia otorgada al gobierno estadounidense con el propósito de que, si se involucraba en la guerra, esa decisión no comprometiera al resto de las repúblicas americanas.

- En 1942, en la Tercera Reunión de Consulta, celebrada en Río de Janeiro, el gobierno de los Estados Unidos logra vencer las reticencias existentes al respecto e impone la creación de un Comité Consultivo de Emergencia para la Defensa Política y una Junta Interamericana de Defensa (JID). Sin embargo, por la negativa de los gobiernos de Argentina y Chile a aceptar acuerdos de mayor alcance con respecto a la Segunda Guerra Mundial, esa reunión se limita a recomendar la ruptura de relaciones con Alemania, Italia y Japón. Chile demora un año y Argentina dos en cumplir ese acuerdo. Este último país solo rompe con Alemania por

el aumento de las presiones de Estados Unidos, incluida
una cuarentena diplomática y el bloqueo naval del Puerto
de Buenos Aires.

- En 1945, la Conferencia Interamericana sobre los Problemas
de la Guerra y la Paz, efectuada en México, los países latinoamericanos —con la excepción de Argentina, que no es
invitada— apoyan a los Estados Unidos en sus esfuerzos
por construir el orden mundial posbélico. En esta reunión
se dan pasos hacia la institucionalización del Sistema
Interamericano, entre ellos, se amplían las facultades del
Consejo Directivo de la Unión Panamericana y se establece
una periodicidad de cuatro años para la celebración de las
Conferencias Internacionales Americanas y de un año para
las Reuniones de Consulta de los Ministros de Relaciones
Exteriores.

A casi sesenta años de la Primera Conferencia Internacional
Americana de Washington, el imperialismo norteamericano logra
vencer la resistencia a la institucionalización del esquema de dominación continental denominado *Sistema Interamericano*. En cumplimiento de los Acuerdos de Chapultepec, en 1947 se efectúa en Río
de Janeiro la Conferencia Interamericana para el Mantenimiento
de la Paz y la Seguridad del Continente, que aprueba el Tratado
Interamericano de Asistencia Recíproca (TIAR) y, en 1948, la IX
Conferencia Internacional de Estados Americanos, celebrada en
Bogotá, crea la Organización de Estados Americanos (OEA), instituciones que nacen como instrumentos de la Guerra Fría, con
el objetivo de completar la dominación política y militar estadounidense sobre América Latina.

En 1954, la administración Eisenhower aprovecha su propia
agresión contra Guatemala para sustituir el principio de *no
intervención* por el derecho de *intervención* en las normas del
Sistema Interamericano. En la X Conferencia Internacional de

Estados Americanos, celebrada en Caracas en ese año, la OEA declara que la actividad comunista constituye una intervención en los asuntos internos americanos y afirma que la instalación de un régimen comunista en cualquier Estado americano implica una amenaza al sistema, que requeriría una reunión consultiva para adoptar medidas. Halperin asegura que, en el momento en que esto ocurre:

> ...la posibilidad de experiencias socialistas en el suelo americano parecía aún remota; la organización de un aparato anticomunista era generalmente juzgada fruto de la manía persecutoria que entonces aquejaba a la potencia hegemónica o —según observadores más maliciosos— deliberada utilización de esa manía para erigir un instrumento de hegemonía política que eventualmente podía prestar utilidades más inmediatas que las de una barrera anticomunista. Por el contrario, la alternativa política fundamental parecía entonces seguir dándose entre la democracia política y la dictadura; y los avances de ésta a partir de 1948 eran para muchos la clave de la efectiva política latinoamericana de Estados Unidos (acentuada desde el retorno del partido republicano al gobierno en 1952) que la cruzada anticomunista ocultaba cada vez peor.[95]

Por su parte, Claude Heller señala:

> Desde 1945 la noción de seguridad hemisférica estuvo orientada hacia una eventual agresión soviética en la región [...] La doctrina de seguridad hemisférica de Washington se vio acompañada desde el punto de vista político por una actitud favorable hacia los regímenes militares en América Latina. Fue así que después de la Segunda Guerra Mundial, los gobiernos de Truman y Eisenhower se pronunciaron por una política de estabilidad en el continente donde el golpe de Estado y la dictadura eran la regla. Las dos administraciones norteamericanas reconocieron y dieron su apoyo a los gobiernos *de*

facto sin ninguna consideración de orden moral o jurídico. Las únicas condiciones exigidas, e impuestas por la Guerra Fría, eran un anticomunismo militante y la oposición a toda transformación del *statu quo.*[96]

La primera de estas dos citas caracteriza el papel de la Guerra Fría como mecanismo legitimador de un grado superior de dominación del imperialismo norteamericano en América Latina en la década de los cincuenta; la segunda revela el rol de la dictadura en la afirmación de esa dominación en momentos en que la involución de la economía vuelve a agravar la crisis política y social en la región.

La acumulación desarrollista y sus consecuencias

El avance de la dominación del imperialismo norteamericano hacia la Cuenca del Caribe y la Primera Guerra Mundial son los acontecimientos de mayor impacto en la economía y sociedades latinoamericanas durante las primeras décadas del siglo XX. La construcción del Canal de Panamá y su entrada en funcionamiento estimulan la exportación de productos primarios que caracteriza la relación de América Latina con las metrópolis imperialistas desde mediados del siglo XIX. La Primer Guerra Mundial, por su parte, tiene un efecto dual: favorece la exportación latinoamericana de productos primarios, pero interrumpe la importación de productos industriales y capitales europeos, que constituye el segundo elemento básico del sistema neocolonial imperante.

La Primera Guerra Mundial es el elemento catalizador de la metamorfosis del *capitalismo monopolista* en *capitalismo monopolista de Estado*, proceso que se consolida durante la reconstrucción europea posbélica y la Gran Depresión. Esta última no solo afianza el *capitalismo monopolista de Estado* sino también interrumpe la exportación de capitales de las metrópolis a las colonias, semi-colonias y neocolonias. Este cambio responde a que la crisis abre nuevos espacios para la reproducción del capital *dentro* de las naciones imperialistas y, en sentido general, relega al resto del mundo a un papel aún más periférico del que el que desempeñan hasta entonces. Así sucumben las esperanzas, albergadas por las élites criollas desde el fin de la guerra de independencia, de que, en algún momento, la estabilización "definitiva" del capitalismo repercutiría en la equiparación del desarrollo económico latino-americano con el europeo.

La interrupción de la exportación de capitales afecta, en primer término, la relación entre Gran Bretaña y América Latina, debido a que es esa potencia la que otorga la mayoría de los créditos y realiza la mayor parte de las inversiones en la región. La crisis de 1929 a 1933, por consiguiente, provoca del destrucción del imperio neocolonial británico en Latinoamérica en momentos en que el imperialismo norteamericano todavía es incapaz de suplantar su dominación económica más allá de la Cuenca del Caribe. No obstante, este acontecimiento reviste gran importancia porque desaparece la fuerza extracontinental que frena la expansión del dominio político y militar estadounidense. A pesar de ello, hasta el final de la Segunda Guerra Mundial subsisten en el Cono Sur, en particular en Argentina, las corrientes filobritánicas que resisten la penetración de la potencia emergente.

Entre las consecuencias de la Gran Depresión en Latinoamérica resaltan el deterioro de los términos de intercambio ocasionado por el desplome de los precios del sector primario y de la producción del sector secundario, la reducción de la producción primaria destinada a contrarrestar la caída de los precios, el derrumbe del sistema financiero mundial a cuyos créditos se han habituado los países de la región, la disminución de la capacidad importadora derivada de la reducción de las exportaciones y la bancarrota del monocultivo orientado a la exportación. En respuesta a la interrupción de los intercambios de productos primarios latino-americanos por productos industriales y capitales europeos, las naciones de América Latina que están en condiciones de hacerlo, entre ellas, México, Brasil, Argentina y Chile, concentran sus esfuerzos en la construcción de economías y sociedades centradas en el desarrollo del mercado interno, un camino ya emprendido en períodos anteriores en que flaquea la relación con Europa, en el cual se había avanzado cierto trecho desde la Primera Guerra Mundial. Mientras tanto, los países más débiles, en particular, los de América Central y el Caribe, sufren inermes los embates de la crisis. Por último, Venezuela campea el temporal gracias a la exportación petrolera.

El esquema de acumulación abrazado por las naciones más fuertes de América Latina para hacer frente a la ruptura del sistema neocolonial imperante desde la década de mil ochocientos setenta es el *desarrollismo*, asentado en la *Industrialización por Sustitución de Importaciones (ISI)*. El *desarrollismo* es una modalidad de *capitalismo de Estado* destinada a movilizar los recursos económicos y naturales de la nación, estatales y privados, para la crear una industria nacional y un mercado interno.[97] El Estado *desarrollista* asume el rol principal en la dirección y control de la economía, incluida la utilización de la política fiscal como elemento de protección, regulación y captación de recursos, junto al establecimiento de una nueva política monetaria y cambiaria para la subvención del sector primario. La sustitución de importaciones comienza por la industria ligera pero está castrada por la heterogeneidad y obsolescencia tecnológica con que se arman las nuevas fábricas, la escasa infraestructura ferroviaria, la carencia de una industria pesada y la limitada capacidad solvente del mercado nacional, al que no está incorporada la población rural, factor que conspira contra una acumulación de excedentes que aporte capitales suficientes para corregir las limitaciones apuntadas.

Durante la guerra y los primeros años de la posguerra, se mantienen altos la demanda y los precios de los productos primarios que América Latina vuelve a exportar en grandes cantidades, pero no de la disponibilidad de los productos industriales que necesita importar, lo que repercute en el engrosamiento de las cuentas latinoamericanas en los bancos de los Estados Unidos. Con ese dinero, las burguesías desarrollistas compran el parque industrial estadounidense, que se ha convertido en obsoleto por la necesidad de intensificar la producción para satisfacer, primero, los requerimientos impuestos por el conflicto bélico y, después, las necesidades generadas por la reconstrucción europea y la carrera armamentista contra la URSS. La carencia de un mercado desde el cual importar y la renovación tecnológica le brindan un segundo impulso al desarrollismo, pero también profundizan sus consecuencias negativas, entre ellas, la dependencia tecnológica y la proliferación de las poblaciones marginales en los cordones urbanos que la industria no puede asimilar. Adicionalmente, mucho antes de lo anticipado concluye el *boom* exportador, hecho que provoca una crisis política, económica y social.

Castrado por su naturaleza dependiente de un sistema económico internacional incapaz de asimilar la homogenización de los niveles mundiales de desarrollo político y económico, la acumulación desarrollista se agota a principios de los años cincuenta, tan pronto como el decaimiento de la demanda internacional de productos primarios hace que la balanza comercial y de pagos de América Latina vuelva a ser deficitaria, con el agravante de que a las importaciones de la región se han sumado las maquinarias, los repuestos, los combustibles y otros insumos que la industrialización sustitutiva ha convertido en imprescindibles para el funcionamiento de la economía.

Del período terminal de la acumulación desarrollista data la formulación más completa de esa doctrina, realizada —de manera tardía— por la Comisión Económica para América Latina de la ONU (CEPAL). Sin percatarse aún de las crecientes señales de desaparición de las condiciones que provocaron y posibilitan el surgimiento del *desarrollismo*, la CEPAL inicia un análisis retrospectivo de las trasformaciones ocurridas en las economías y sociedades latinoamericanas durante las décadas de mil novecientos treinta y cuarenta, a partir del cual coloca la problemática del desarrollo regional en una perspectiva global (relación centro-periferia) y realiza un conjunto de propuestas para fomentar el desarrollo equilibrado y complementario de los sectores industrial y agrícola. Sin embargo, la CEPAL no solo obvia la relación de dominación y subordinación existente entre los centros de poder imperialista y América Latina —incluido el efecto de la ley del desarrollo económico y político desigual—, sino que lo hace en el preciso momento en que sus consecuencias comienzan a ser más drásticas. En este período cobran auge también las teorías burguesas de la "modernización" —que enfatizan los elementos culturales y suponen que en esta región se repetirá la evolución ocurrida durante el siglo XIX en Europa y los Estados Unidos— y el renacimiento de los análisis marxistas sobre el tránsito entre el feudalismo y el capitalismo en América Latina.

La crisis del *desarrollismo* obedece al avance, entonces incipiente, del sistema capitalista hacia la concentración transnacional de la riqueza, la propiedad y la producción basada en la expropiación de los capitales más débiles a escala global, incluidos los capitales de los Estados nacionales y las burguesías latinoamericanas. Esa crisis es resultado de causas objetivas —derivadas de la metamorfosis del sistema capitalista de producción— y no del simple "fracaso" o "agotamiento" de una "política de desarrollo". Es importante esclarecer la relación de causa/efecto existente entre el impacto en América Latina de la metamorfosis del sistema capitalista y la caducidad del *desarrollismo* como esquema de acumulación de capital, porque esta última es la que sería utilizada para justificar el proceso de apertura y desregulación neoliberal.

Si asumimos el criterio de Halperin de que lo ocurrido en América del Sur en la segunda mitad de los años cincuenta fue un intento prematuro de implantar el neoliberalismo, hoy podríamos concluir que ese intento demostró que el neoliberalismo no podía ser solo una política económica, sino que tendría imponerse como un credo totalitario rector de la economía, la política y la sociedad. Una mirada al pasado evidencia que el imperialismo norteamericano primero tendría que: destruir las organizaciones izquierda, capaces de encabezar la resistencia contra la nueva penetración monopolista; desarticular las alianzas sociales y políticas establecidas durante el período de la acumulación desarrollista, y transformar al Estado latinoamericano —hasta entonces dedicado a la protección y fomento del mercado interno—, en agente principal de la transnacionalización y la desnacionalización.

Aunque puede debatirse si en aquel momento existía tal nivel de conceptualización —y con independencia de que entonces se empleara o no el término *neoliberal*—, ese fue el papel de las dictaduras militares de "seguridad nacional" que afloraron en América Latina en los años sesenta, setenta y ochenta.

Lucha social e ideología política en la etapa desarrollista

Durante la primera mitad del siglo XX, el *desarrollismo* modifica la estructura y ubicación jerárquica de las clases sociales en América Latina. Surge una burguesía *nacional desarrollista* que se adueña del poder político mediante la fusión de su poder económico emergente con el poder coercitivo del Estado. Junto a ella se forma una clase media urbana compuesta por empleados públicos, pequeños y medianos empresarios, profesionales e intelectuales, que desarrolla una gran actividad política y social. La base de esa pirámide es el proletariado, que en naciones como Argentina, Chile y México alcanza un tamaño considerable de acuerdo los estándares regionales. Entre estas tres clases se establecen las principales alianzas sociales y políticas del período, por supuesto, jerarquizadas y con desiguales cuotas de poder y beneficios para cada uno de sus participantes.

Desplazados de su antiguo *status* político, económico y social resultan los sectores rurales, terratenientes y mineros, que habían prosperado en la etapa del neocolonialismo primario exportador. Los principales marginados de ese esquema son los habitantes del campo, la gran masa de campesinos pobres y los trabajadores rurales sin tierra dependientes de empleos estacionales poco remunerados o, incluso, marginados del mercado nacional. De estas áreas provienen los pobladores de las "villas miserias" que brotan en la periferia de las ciudades latinoamericanas.

La superpoblación y la sobreexplotación de la infraestructura de las ciudades afectan a todas las clases urbanas, incluida la burguesía, pero con mayor rigor a la clase media y el proletariado, que sufren la insuficiencia de la vivienda, el transporte público, los servicios hospitalarios, la distribución de energía eléctrica, el agua potable y otros. El exceso de población agrava los problemas socioeconómicos de la clase media y el proletariado, cuyas luchas a favor de la democratización de la enseñanza, el acceso al empleo, el aumento salarial, la mejora en las condiciones de trabajo, una mayor participación política y otras reivindicaciones alcanzan un momento culminante durante la denominada década de las revoluciones frustradas (1929–1939). Con este término, se alude a un conjunto de acontecimientos de este período que incluye: la sublevación de campesinos salvadoreños dirigida por Farabundo Martí y el Partido Comunista Salvadoreño (1932), la efímera República Socialista, implantada en Chile, por el coronel Marmaduke Grove; la revolución de los estudiantes y los sargentos ocurrida en Cuba tras el derrocamiento del presidente Gerardo Machado (1933); la gesta, en Nicaragua, del "Pequeño Ejército Loco", que concluyó con el asesinato de Augusto C. Sandino (1934); la lucha independentista en Puerto Rico liderada por Pedro Albizu Campos y el pronunciamiento armado de la Alianza Nacional Libertadora de Brasil (1945), organizada por Luis Carlos Prestes y el Partido Comunista.[98]

"Combinación de nacionalismo, antimperialismo y populismo —afirma Francisco Zapata—, será el proyecto que animará la política latinoamericana de los años treinta".[99] La penetración imperialista y la metamorfosis social ocurrida en las últimas décadas del siglo XIX y las primeras del XX repercuten en la evolución del *nacionalismo*, el surgimiento del *antimperialismo*, la fusión de ambos en el *nacionalismo revolucionario*, y en el arraigo de las ideas *socialistas* y *comunistas* nacidas en Europa.

El *nacionalismo* data del período de formación de la *conciencia nacional* hispano y luso americana, iniciado durante el siglo XVIII y consolidado a raíz de las luchas y procesos que concluyeron en la tercera década del siglo XIX con la independencia de Hispanoamérica y Brasil, cuyo desenlace es la creación de las naciones latinoamericanas en torno a un eje articulador de las clases sociales beneficiadas por ella. La ideología nacionalista no solo afirma la unidad de la nación sobre la base de una identidad cultural, sino también mediante la formulación de objetivos compartidos por los componentes de una estructura social heterogénea. Su fin es construir un proyecto *nacional*, que aglutine y beneficie a diversas clases y grupos sociales sin alterar las diferencias jerárquicas existentes entre ellos. Por este motivo, abraza el concepto de *conciliación de clases* y rechaza la existencia de contradicciones antagónicas entre ellas.[100]

Con el nacimiento del imperialismo, durante las décadas finales del siglo XIX la penetración monopolista se suma a las contradicciones antagónicas —derivadas del carácter clasista y el estadio precapitalista de la sociedad—, que frustran los proyectos nacionalistas. Surge entonces el *antimperialismo*, que combate la penetración de los monopolios extranjeros y la dominación política de Gran Bretaña y los Estados Unidos, al tiempo que reivindica el desarrollo de las culturas latinoamericanas sobre la base de la herencia prehispánica. Frente al avance de la dominación foránea, en particular, en las zonas mineras o agrícolas vinculadas a la acumulación capitalista de las metrópolis, el antimperialismo aglutina a amplios movimientos populares de defensa de la soberanía, la independencia y el patrimonio económico nacional.

Uno de los principales precursores del pensamiento antimperialista es José Martí, quien concibe la independencia de Cuba no solo como la liberación de su *status* de colonia española, sino para evitar también que el imperialismo norteamericano se apoderara de ella. Este es un elemento clave de las bases del Partido Revolucionario Cubano, fundado por Martí para dirigir la segunda guerra de independencia de Cuba y ayudar a la de Puerto Rico. Como parte indisoluble del proyecto de independencia, la soberanía y la autodeterminación nacional, Martí defiende la igualdad y el desarrollo social, educativo y cultural de todos los seres humanos.

De la fusión del *nacionalismo* y el *antimperialismo* surge una tercera corriente, el *nacionalismo revolucionario*. A pesar de que en una etapa posterior de su vida termina por plegarse a los intereses del imperialismo norteamericano, durante sus primeros años de producción teórica y acción política, uno de los precursores más destacados del nacionalismo revolucionario es Víctor Raúl Haya de la Torre (Perú, 1895–1979). La recuperación de las riquezas del subsuelo, la educación universal y la inversión pública son los pilares de esta ideología antimperialista y antioligárquica, que concibe al Estado como eje de un proyecto nacional de conciliación de las reivindicaciones de las grandes mayorías —incluidas las de la población indígena—, con la creación de condiciones para el desarrollo de la burguesía nacional. Aunque la Revolución Mexicana no se asienta durante sus primeras fases en una ideología definida, ese proceso llega a convertirse en exponente cimero del nacionalismo revolucionario, conformado en México por el agrarismo, la subordinación del sindicalismo al Estado y el desarrollo de un amplio proyecto nacional de educación.

Con el surgimiento del proletariado y los sindicatos latinoamericanos —resultado de la modernización de la minería, los avances de la agroindustria y los primeros amagos de una producción ligera orientada al mercado interno—, comienza el arraigo y desarrollo en la región del pensamiento *socialista*, escindido, a partir de la Primera Guerra Mundial y el triunfo de la Revolución Rusa de Octubre de 1917 en sus dos vertientes: la *socialdemocracia* y el *comunismo*. Ambas corrientes del pensamiento socialista —aunque la socialdemocracia la desecharía en un período histórico posterior— se sustentaban en la lucha de clases, hecho que establece una diferencia fundamental con el nacionalismo, el antimperialismo y el nacionalismo revolucionario, cuyo principio rector era la unidad nacional pluriclasista.

Luis Emilio Recabarren (Chile, 1876–1924), Julio Antonio Mella (Cuba, 1903–1929) y José Carlos Mariátegui (Perú, 1894–1930) constituyen figuras descollantes del pensamiento socialista latinoamericano del período. De manera que el nacionalismo, el antimperialismo, el nacionalismo revolucionario, la socialdemocracia y el comunismo son las principales corrientes ideológicas que coexisten en la izquierda —en muchos casos con límites difusos dentro de los sectores sociales en los cuales ejercen su influencia—, como corrientes opositoras al liberalismo y el conservadurismo tradicionales, en el momento en que la Gran Depresión provoca la involución política, económica y social en toda América Latina.

En virtud de una mezcla de nacionalismo, antimperialismo y nacionalismo revolucionario, y de la manipulación que hacen de ellos las burguesías desarrollista, las alianzas sociales y políticas del este período se basan en el *populismo*. Eso significa que las políticas públicas y de redistribución de riqueza dirigidas a la clase media, el proletariado y otros sectores humildes de la población no tienen carácter universal —es decir, no benefician a todos los miembros de esas clases y sectores—, sino que están basadas en el "clientelismo", práctica consistente en otorgar privilegios y prebendas a los sindicatos y las organizaciones gremiales, profesionales y sociales "oficialistas", a cambio del apoyo de sus miembros a uno u otro partido burgués.

¿Qué interesa resaltar del bosquejo histórico que abarca desde la invasión española a América hasta el período desarrollista?

Representantes de la Corona, autoridades eclesiásticas, agentes del fisco metropolitano, casas encargadas del monopolio comercial y encomenderos cuyo poder el monarca se preocupa por limitar; autoridades coloniales, grandes propietarios y comerciantes peninsulares aliados con el clero y los terratenientes criollos; terratenientes convertidos en generales y generales convertidos en terratenientes por la guerra de independencia, que asientan su poder sobre los ejércitos de peones que comandan; burguesías nacional-desarrollistas, clases medias urbanas y obreros cooptados mediante prácticas clientelistas: todos tienen algo en común.

Siempre que ello fue posible, tanto las potencias coloniales —España y Portugal—, como las potencias neocoloniales —Gran Bretaña y los Estados Unidos— y las clases dominantes latinoamericanas —allí donde ejercieron el poder político de manera efectiva—, se esforzaron por conformar un sistema de alianzas sociales y políticas *dentro* de esas colonias o repúblicas —según la etapa de que se trate—, sobre el cual asentar la dominación y la explotación de las clases populares. No es, por supuesto, un proceso homogéneo y lineal. Fueron largos e intensos los períodos de despotismo y dictadura, nunca rebasados en los países más atrasados del subcontinente, como los de América Central. Sin embargo, incluso el despotismo y la dictadura se asientan en alianzas sociales y políticas, por elitistas y reducidas que éstas sean. Como se puede apreciar en los capítulos siguientes, esa situación cambia con la concentración transnacional de la riqueza y el poder político impuesta en la región a partir de la década de mil novecientos setenta. Mediante ese proceso, el imperialismo no solo destruye las alianzas sociales y políticas latinoamericanas sobre las que asienta la dominación previa, sino también la matriz económica y social que permitiría renovarlas. Esa es una de las razones por las cuales la crisis política, económica y social estalla por doquier en la América Latina de entre siglos. La destrucción de la base socioeconómica nacional sobre la que se asienta la dominación capitalista, comienza en los años sesenta con la implantación de las dictaduras militares de "seguridad nacional".

Revolución y contrainsurgencia en los años sesenta

El triunfo de la Revolución Cubana el 1ro. de enero de 1959 marca el inicio de uno de los períodos más recientes de la historia contemporánea de América Latina. A partir de ese acontecimiento, la década de mil novecientos sesenta se caracteriza por la ofensiva del imperialismo norteamericano destinada a destruir al primer Estado socialista del continente, y por el empleo de las dictaduras militares de "seguridad nacional" con el fin de contener la lucha popular en el resto de la región e imponer un nuevo sistema de dominación continental. La agresividad imperialista se multiplica porque, al calor de la victoria de Cuba, poco después aparecen movimientos guerrilleros en Perú, Nicaragua, República Dominicana, Venezuela, Guatemala y Argentina, ninguno de los cuales, sin embargo, logra sobrevivir.

Durante sus primeros años, la política anticubana del gobierno de los Estados Unidos incluye la invasión de Playa Girón (1961),[101] las sanciones decretadas por la OEA en la reunión de Punta del Este (1962), la colocación del mundo al borde de la guerra nuclear durante la Crisis de Octubre (1962), los ataques terroristas lanzados por mar y aire desde el territorio estadounidense y de terceros países, unido a la organización, el financiamiento y la dirección de movimientos contrarrevolucionarios urbanos y rurales, cuyo

fracaso conduce desde finales de los años sesenta, al mantenimiento a largo plazo de sus componentes de bloqueo económico,
aislamiento internacional y amenaza de agresión militar, periódica-
mente actualizados e incrementados.

En medio del auge de las luchas populares latinoamericanas
inspiradas en la victoria de Cuba, el imperialismo norteamericano
decide deshacerse de la dictadura de Rafael Leonidas Trujillo
en República Dominicana, cuyo anacrónico régimen no resulta
compatible con el rostro "amable" del que se pretende dotar a la
contrainsurgencia durante la presidencia de John F. Kennedy, ni
tampoco con el esquema de dictadura militar "de nuevo tipo" que
de manera desembozada se comienza a aplicar a partir del asesinato de Kennedy y el inicio del mandato de Lyndon B. Johnson.

La hostilidad contra Cuba y la necesidad de deshacerse del
tirano Trujillo son utilizados por el imperialismo norteamericano
para afianzar el papel del Sistema Interamericano como mecanismo de injerencia e intervención, mediante la afirmación del
apoyo colectivo a la *democracia representativa*, la creación de un
Comité Consultivo de Seguridad y la fachada facilitada por la
OEA para transformar la invasión unilateral de los Estados Unidos
a República Dominicana (1965) en una ocupación militar y una
negociación de carácter "panamericano".

La ruptura de Cuba con el sistema de dominación continental,
que en abril de 1961 demuestra ser una ruptura con el sistema
capitalista, compulsa al gobierno estadounidense a promover la
reafirmación del apoyo "colectivo" a la democracia representativa
en las Reuniones de Consulta de Ministros de Relaciones Exteriores
de la OEA celebradas en Santiago de Chile (1959) y San José
(1960). La nueva definición entra aún más en contradicción con el
principio de no intervención que las formulaciones empleadas en
1954 contra el gobierno de Arbenz. Para ello se apoya de manera
oportunista en el desprestigio de la dictadura de Trujillo. Sin
embargo, ni siquiera el gobierno de Kennedy, se apega a la política

por él mismo proclamada, de romper las relaciones diplomáticas y suspender la ayuda económica y militar a los gobiernos establecidos por medio de golpes de Estado. En su defecto, opta por realizar un análisis casuístico de los pronunciamientos militares ocurridos desde el triunfo de la Revolución Cubana, política diferenciada que conduce a la aplicación de sanciones a Perú (1962), Guatemala (1963), República Dominicana (1963) y Honduras (1963), pero no a Argentina (1962) ni a Ecuador (1963), en estos últimos dos casos por tratarse de golpes de Estado que derrocan a gobiernos civiles que se habían abstenido en la votación de las medidas contra Cuba aprobadas por la OEA en Punta del Este.

A pesar de los avances reales —pero todavía incipientes y limitados— en la utilización de la OEA como mecanismo de dominación, el llamado Sistema Interamericano no desempeña el papel principal en la "pacificación" de América Latina. Aunque se realizan varias propuestas para que fuese el promotor de un desarrollo latinoamericano ajustado a las pautas generales establecidas por la CEPAL, cuando el presidente Kennedy las asume con fines contrainsurgentes en la Alianza para el Progreso, lo hace de manera sesgada. Si bien ese programa duplica el crédito público de los Estados Unidos a la región, no logra convertirse en estímulo para los flujos de inversiones externas, ni tampoco para el ahorro interno.

La estrategia contrainsurgente recae en las dictaduras militares, apoyadas mediante el entrenamiento, el asesoramiento y el equipamiento otorgado por las fuerzas armadas de los Estados Unidos, ejecutado por mediación del Programa de Asistencia Militar (PAM). Ese programa incluye la donación de material militar, la venta de armamentos a bajo costo, el entrenamiento de oficiales y la dirección encubierta de las operaciones contrainsurgentes desarrolladas por las misiones militares estadounidenses, a las que se suman los cursos impartidos en la Academia Internacional de Policía, el control de los órganos locales de seguridad por parte de la Agencia Central de Inteligencia (CIA) y el Buró Federal de Investigaciones (FBI), todo ello unido al uso de grupos paramilitares.

El presidente Johnson (1963-1969) proclama el derecho del gobierno estadounidense a intervenir en los asuntos internos de cualquier país latinoamericano cuando considere amenazado su "interés nacional". En su aplicación resalta la represión en Panamá, en enero de 1964, de una manifestación que reclama el establecimiento de la soberanía nacional en la Zona del Canal, la intromisión en las elecciones chilenas de 1964 para promover el triunfo del demócrata cristiano Eduardo Frei Montalva frente al socialista Salvador Allende, la intervención militar de abril de 1965 en República Dominicana, y el apoyo a los golpes de Estado ocurridos en Brasil contra el presidente João Goulart (1964), en Bolivia contra el presidente Víctor Paz Estensoro (1964) y en Argentina contra el presidente Arturo Ilía (1966). Durante ese período funcionan los gobiernos contrainsurgentes de Raúl Leoni en Venezuela (1963-1967), Fernando Belaunde Terry en Perú (1963-1968); León Valencia (1962-1966) y Carlos Lleras Restrepo (1966-1970) en Colombia; Julio Rivera (1962-1967) y Fidel Sánchez Fernández (1967-1972) en El Salvador, y Oscar Egido (1966-1967) y Jorge Pacheco Areco (1968-1971) en Uruguay.

Particular importancia reviste la dictadura militar brasileña implantada en 1964 a raíz del golpe de Estado contra el presidente João Goulart porque se convierte en el prototipo de las dictaduras de "tercera generación", que proliferan en América Latina durante los años sesenta, setenta y ochenta. Se trata de un esquema diferente a las dictaduras caudillistas que brotan de la debilidad de las recién surgidas repúblicas latinoamericanas tras la independencia de España y Portugal, y también diferente a las dictaduras creadas por el imperialismo norteamericano en América Central y el Caribe en las primeras décadas del siglo XX. La dictadura militar de "nuevo tipo", que impera en la región entre las décadas de mil novecientos sesenta y ochenta, tiene un carácter institucional y está concebida para ejercer el poder de las armas como el único capaz de imponer en la región la reestructuración política, económica y social que el imperialismo norteamericano necesita para afianzar su sistema de dominación continental.

La represión desatada por las dictaduras de "seguridad nacional" no se limita a aniquilar a las organizaciones revolucionarias que desarrollan la lucha armada, sino que se extiende a la destrucción de los partidos políticos y organizaciones sociales de izquierda y, en muchos casos, también de centro y de derecha. Eso es comprensible porque no solo se trata de conjurar la "amenaza del comunismo", sino también de servirse de ella para arrasar los remanentes del desarrollismo y de su expresión política, el populismo. Es conocido que no todos los países de América Latina fueron gobernados por dictaduras militares en ese período, pero resulta innecesario fundamentar que ellas sentaron las pautas de la reestructuración neoliberal aplicada a partir de finales de la década de los setenta en todo el subcontinente.

Como reacción contra las dictaduras militares y los gobiernos civiles autoritarios, en la segunda mitad de los años sesenta se produce un repunte de la lucha armada revolucionaria. Este es el momento en que opera en Bolivia, entre abril y octubre de 1967, el Ejército de Liberación Nacional (ELN), encabezado por el Comandante Ernesto Che Guevara, algunos de cuyos sobrevivientes intentan reeditar su experiencia entre 1968 y 1970. Esa es también la etapa de nacimiento, resurgimiento o auge de los siguientes movimientos revolucionarios: en Nicaragua, el Frente Sandinista de Liberación Nacional; en Argentina, los Montoneros, las Fuerzas Armadas Peronistas, Fuerzas Armadas Revolucionarias, el Partido Revolucionario del Trabajo y el Ejército Revolucionario del Pueblo; en Uruguay, el Movimiento Nacional de Liberación Tupamaros; en Brasil, el Movimiento Revolucionario 8 de Octubre, Vanguardia Popular Revolucionaria y Acción Liberadora Nacional, esta última encabezada por Carlos Mariguela; en Colombia, las Fuerzas Armadas Revolucionarias de Colombia, el Ejército de Liberación Nacional y el Ejército Popular de Liberación (EPL); en México, el Movimiento de Acción Revolucionaria y el Frente Urbano Zapatista y, en Puerto Rico, los Comandos Armados de Liberación y el Movimiento Independentista Revolucionario. En estos años se también producen los golpes de Estado nacionalistas y progresistas de Juan Velasco Alvarado en Perú (3 de octubre de 1968) y Omar Torrijos Herrera en Panamá (11 de octubre de 1968). En medio de este auge generalizado de las luchas populares, se celebran en Cuba la Conferencia Tricontinental (1966) y la primera Conferencia de Solidaridad con los Pueblos de América Latina (1967). [102]

Cuando el 20 de enero de 1969 toma posesión de la presidencia de los Estados Unidos, Richard M. Nixon está convencido de la necesidad de emprender una reevaluación de los medios y métodos de la dominación imperialista sobre América Latina. Con tal propósito encarga al gobernador del estado de Nueva York, Nelson A. Rockefeller, que encabece la gira de una comisión mandatada para recopilar información y elaborar propuestas. El 30 de agosto de 1969 esa comisión emite el informe titulado *La calidad de la vida en las Américas* o *Informe Rockefeller*.[103] La Comisión Rockefeller llama a establecer una "relación de auténtica asociación", en la cual "Estados Unidos debe determinar su actitud hacia acontecimientos políticos internos de manera más pragmática", "trasladar una creciente responsabilidad por el proceso de desarrollo a las otras naciones americanas (por vías multilaterales)" y "decidir en qué forma sus intereses son afectados por la insurgencia y subversión de otras partes del hemisferio y la medida en que sus programas pueden y deben ayudar a satisfacer los requisitos de la seguridad de sus vecinos".[104] Con relación a la OEA, el Informe Rockefeller no denota que existiese entonces una intención de reestructurar y refuncionalizar a esa organización.

Las secuelas del gobierno de Nixon y la ambivalencia de la administración Carter

El sentimiento antimperialista que estremece al mundo durante la séptima década del siglo XX tiene un fuerte impacto en América Latina. En algunos países, ese impacto se manifiesta en el ascenso al gobierno de fuerzas de progresistas, nacionalistas e incluso de izquierda, mientras en otros se refleja en el incremento de la lucha armada revolucionaria. A pesar de los esfuerzos del gobierno de Nixon para evitarlo, el día 3 de noviembre de 1970 toma posesión de la presidencia de Chile el Dr. Salvador Allende, al frente del gobierno de la Unidad Popular. Apenas semanas antes, en octubre de ese año había asumido el gobierno de Bolivia el general Juan José Torres, quien mantiene una política nacionalista y progresista similar a la de los gobiernos encabezados por Juan Velasco Alvarado en Perú y Omar Torrijos en Panamá. Esa misma senda, con énfasis en la defensa del patrimonio y la riqueza nacional, la emprende en Ecuador, en febrero de 1972, el general Guillermo Rodríguez Lara. Por otra parte, en mayo de 1973, triunfa en las elecciones argentinas el representante personal de Juan Domingo Perón, Héctor Cámpora, quien renuncia poco después para dar paso a la elección del propio Perón en septiembre del mismo año. En este contexto, crece el apoyo latinoamericano e internacional a la reivindicación panameña colocar la Zona del Canal bajo su soberanía nacional. También como resultado de la correlación de fuerzas favorable a las corrientes progresistas y democráticas de la región, se inicio un movimiento a favor del restablecimiento de las relaciones con Cuba, del reingreso de Cuba a la OEA y de una reforma de esa organización. Este movimiento es liderado en América Latina por Chile, Perú, Bolivia y México, y en el Caribe por Jamaica, Guyana y Trinidad y Tobago. Adicionalmente, la lucha armada revolucionaria se intensifica en Nicaragua, El Salvador, Guatemala, Colombia, Perú, Argentina y Uruguay.

Frente al auge de las corrientes nacionalistas y revolucionarias en América Latina, la reacción de la administración Nixon es la desestabilización y el derrocamiento de los gobiernos que considera una amenaza al "interés nacional" de los Estados Unidos y la implantación de nuevas dictaduras, entre ellas, las resultantes del golpe de Estado que derroca al general Juan José Torres en Bolivia (agosto de 1971), del autogolpe de Juan María Bordaberry en Uruguay (junio de 1973) y, en especial, del golpe de Estado en Chile del 11 de septiembre de 1973 contra el gobierno constitucional Salvador Allende. Tras la sustitución de Richard Nixon por Gerald Ford, ocurrida a raíz del Escándalo de Watergate, esa política se mantiene, como lo demuestra el golpe de Estado en Argentina de marzo de 1976, a partir del cual los gobiernos militares de ese país se dedican a exportar el esquema de dictadura de "seguridad nacional". Previamente, la enfermedad del general Juan Velasco Alvarado había sido utilizada para sustituirlo, en agosto de 1975, por el general Francisco Morales Bermúdez, quien le imprime un giro hacia la derecha al gobierno peruano. Si bien la represión, que alcanza una extensión y brutalidad sin precedentes, cumple con el propósito de descabezar y desarticular al movimiento de izquierda y popular en todos los países en que se aplica, también contribuye a agudizar la crisis moral y el rechazo internacional a la política estadounidense.

La década de mil novecientos setenta concluye durante el mandato presidencial de James Carter (1977-1981). Influida por la breve "ola moralista" desatada por la publicación de *Los Papeles del Pentágono*, el Escándalo de Watergate y la revelación del rol de la administración Nixon en el golpe de Estado en Chile de septiembre de 1973, la plataforma de política hacia América Latina de la administración Carter se basa en los informes de la Comisión Linowitz, publicados en 1974 y 1976, respectivamente. Las recomendaciones más relevantes contenidas en el informe titulado *Las Américas en un mundo en cambio* o *Informe Linowitz*,[105] son: reconocer la erosión del poder mundial de los Estados Unidos; abandonar la llamada *relación especial* con América Latina; apegarse a la doctrina de no intervención, y adoptar un enfoque "global" en las relaciones con los países de la región. El Informe Linowitz sugiere aprovechar la estructura institucional de la OEA para promover el respeto a los derechos humanos y evitar los conflictos interregionales o mediar en ellos cuando surjan. Este informe llega a decir que "con relación al futuro de la OEA —incluso su estructura, liderato y localización—, los Estados Unidos deben guiarse principalmente por las iniciativas y los deseos latinoamericanos" (*Sic!*).[106]

Elaborado por solicitud expresa del presidente electo James Carter, el informe titulado *Estados Unidos y América Latina: próximos pasos*, más conocido como *Informe Linowitz II*,[107] aboga por la conclusión urgente de la negociación de los Tratados del Canal de Panamá, realiza varias recomendaciones en materia de derechos humanos, invita a la administración Carter a "reabrir un proceso de normalización de relaciones con Cuba",[108] llama a reducir la transferencia de armas y evitar la proliferación nuclear en la región; aboga por un prisma de "comprensión de la situación y reclamaciones latinoamericanas", y se pronuncia por el estrechamiento de los intercambios culturales entre los Estados Unidos y América Latina. De toda esta agenda, a duras penas, Carter puede concretar la firma de los Tratados del Canal de Panamá.

Como resultado de la ofensiva de la "nueva derecha" contra el gobierno de James Carter, si bien los Tratados del Canal de Panamá se firman el 7 de septiembre de 1977, ello ocurre con gran retraso e imposiciones onerosas a Panamá. Por su parte, el proceso de normalización de relaciones con Cuba se revierte completamente en 1979. En sentido opuesto a los pasos dados durante los primeros dos años de su administración, incluida la firma de un Tratado de Pesca y la identificación mutua de posibilidades comerciales, la Directiva Presidencial No. 52, emitida por Carter, ordena a todas las agencias del gobierno de los Estados Unidos realizar un análisis exhaustivo de las relaciones con Cuba para "cerrar" las lagunas (*loopholes*) existentes en el bloqueo que pudiesen ser utilizadas por el gobierno cubano en su propio beneficio económico. Esta directiva puede considerarse como antecesora de las leyes Torricelli y Helms-Burton.

La "no intervención" se convierte desde 1979 en el blanco principal de los ataques del aspirante presidencial republicano Ronald Reagan, en especial, a partir de la conquista del poder por parte de fuerzas revolucionarias en Granada (13 de marzo) y Nicaragua (19 de julio), unidas a la intensificación de la lucha popular en El Salvador, ocurrida después que la oligarquía y el ejército logran neutralizar el golpe de Estado progresista (15 de octubre) que trata de interrumpir la cadena dictatorial impuesta en 1931.

Incluso antes del abandono de la política latinoamericana recomendada por la Comisión Linowitz, el gobierno de Carter carece de voluntad para promover la defensa de los "derechos humanos" y la "democratización" en Centroamérica, donde la represión practicada por las dictaduras militares de Nicaragua, El Salvador, Guatemala y Honduras agudiza la crisis política, económica y social. El "inmovilismo" de Carter llega al punto de no haber retirado siquiera el apoyo a la tiranía somocista cuando ya es evidente su crisis terminal.[109] En este contexto se inserta otro de los hitos de la historia de las relaciones interamericanas, a saber, la derrota en la XVII Reunión de Consulta de la OEA, celebrada en junio de 1978, de la propuesta estadounidense de crear una fuerza interamericana de paz para intervenir en Nicaragua. Surge así el denominado *conflicto centroamericano*, término utilizado por el imperialismo norteamericano para aludir al estallido de la revolución social en una de las subregiones más atrasadas, pobres y polarizadas de América Latina. Ese estallido se ocurre cuando ya es irreversible el reflujo de la lucha armada revolucionaria en América del Sur, con excepción de Colombia, donde aún se mantiene.

Con el apoyo recibido de sus predecesores Johnson y Nixon y el que continuaban recibiendo de la "nueva derecha", de la banca privada e incluso de su propio gobierno, las dictaduras latinoamericanas continúan inmutables durante la presidencia de Carter. Al inicio de su mandato en enero de 1977, en América Latina (incluido Haití) había once dictaduras militares y dos dictaduras encabezadas por civiles. Las dictaduras militares imperaban en: Argentina, Bolivia, Brasil, Ecuador, Haití, Honduras, Guatemala, Nicaragua, Paraguay, Perú y El Salvador. Por su parte, había presidentes civiles al frente de gobiernos dictatoriales en República Dominicana y Haití. [110] En este total de trece países, la administración Carter ejerce presiones para evitar que sean escamoteados los triunfos electorales de Antonio Guzmán (República Dominicana, 1978), Jaime Roldós (Ecuador, 1979) y Hernán Siles Suazo (Bolivia 1978, 1979 y 1980). En este último caso, tras dos victorias consecutivas de Siles frustradas por los militares en 1978 y 1979, el golpe de Estado del general Luis García Meza contra la presidenta provisional Lidia Gueiler, impide por tercera vez el triunfo del viejo caudillo del Movimiento Nacionalista Revolucionario (MNR). Este último hecho "colma la copa" y provoca la crisis terminal de la doctrina de la *democracia viable* promovida por Carter, consistente en sustituir a las dictaduras militares por gobiernos civiles que respondan a los intereses del imperialismo norteamericano. Esta doctrina solo se aplicó en las naciones donde se produjeron desconocimientos flagrantes de los resultados electorales favorables a fuerzas políticas "confiables".

Después del fracasado intento de aplicar una política económica neoliberal en varios países de América del Sur, ocurrido en los años cincuenta, esa doctrina reaparece en Latinoamérica por mediación de la dictadura militar chilena de Augusto Pinochet (1973–1990), que en 1976 emprende el programa de reestructuración económica y reforma del Estado recetado por la "Escuela de Chicago". Este experimento de aplicación de la doctrina neoliberal en las condiciones "privilegiadas" de represión imperantes en Chile se efectúa en momentos en que el imperialismo norteamericano —que se encuentra en el tránsito entre los gobiernos de Gerald Ford y James Carter— aún parecía inclinarse hacia el reconocimiento de los límites de su poderío mundial. La experiencia chilena fue una especie de balón de ensayo de la doctrina que pocos años más tarde sería impuesta como panacea universal.

Visto retrospectivamente, los cuatro años del único mandato presidencial de Carter es un período que los círculos de poder de los Estados Unidos se conceden para "exorcizar" el demonio de Richard Nixon, tras el cual le facilitan la entrada del demonio mayor: Ronald Reagan. En realidad, los primeros dos años del gobierno de Carter prueban ser suficientes para completar el exorcismo que, por demás, dista mucho de ser exhaustivo.

La política de fuerza de Ronald Reagan

En noviembre de 1980, Ronald Reagan, candidato de la "nueva derecha", fue electo presidente de los Estados Unidos. La contraparte ultraderechista a la propuesta de los Informes Linowitz I y Linowitz II, que sentaron las pautas incumplidas de la política hacia América Latina de la administración Carter, fue el Documento del Comité de Santa Fe,[111] que sirvió de plataforma de la política latinoamericana del gobierno de Reagan. Este comité llamó a destruir las revoluciones cubana, nicaragüense y granadina; intensificar la guerra contrainsurgente en El Salvador, Guatemala y Colombia; utilizar la lucha contra el narcotráfico como pretexto para aumentar la presencia militar estadounidense en América Latina; criminalizar a la izquierda y desplegar todo tipo de presiones para imponer la reestructuración neoliberal.

La década de mil novecientos ochenta se caracteriza por la intensificación de las contradicciones entre el imperialismo norteamericano y los gobiernos de América Latina. Esa involución de las relaciones interamericanas obedece a una combinación de factores, entre los que resalta el renovado apoyo del gobierno de los Estados Unidos a las dictaduras militares latinoamericanas, el alineamiento estadounidense con Gran Bretaña en la Guerra de las Malvinas (iniciada a raíz de la ocupación militar de esas posesiones coloniales británicas por parte de las fuerzas armadas argentinas el 2 de abril de 1982), la invasión militar a Granada (1984), la amenaza de intervención directa en el conflicto centroamericano y el estallido de la crisis de la deuda externa (1982).

Una vez que las dictaduras militares de "seguridad nacional" sofocan la ola revolucionaria de las décadas de los sesenta y los setenta, la prolongación de los gobiernos castrenses genera contradicciones incluso con los sectores burgueses y de clase media que originalmente los habían apoyado, pero que no logran escapar a los efectos de la reestructuración política, económica y social impuesta por ellos y, por ende, claman por una "democratización" gradual, controlada y restringida. Por su parte, en las naciones donde imperan gobiernos civiles, esos sectores se solidarizan con sus pares sojuzgados por dictaduras y se inquietan por un posible aumento de la reacción antidictatorial de los pueblos. Expresión de esas preocupaciones son la fundación en 1979 de la Conferencia Permanente de Partidos Políticos de América Latina y el Caribe (COPPPAL) y la Asociación Latinoamericana para los Derechos Humanos (ALDHU). La primera de estas organizaciones tiene un carácter político y su función en esa etapa es promover el restablecimiento de la institucionalidad democrático burguesa en los países gobernados por dictaduras. La segunda es una organización "no política" que realiza gestiones a favor de figuras encarceladas o amenazadas.

El alineamiento del imperialismo norteamericano con el gobierno de Gran Bretaña en la Guerra de las Malvinas, mientras toda Latinoamérica apoya a Argentina,[112] revela que el TIAR solo funciona en beneficio de los intereses imperialistas y dentro de la lógica de la Guerra Fría.[113] A partir de esta situación, se incrementan los llamados de dirigentes gubernamentales y políticos latinoamericanos y caribeños a favor de crear una organización integrada, de manera exclusiva, por las naciones de la región. También abogaban por una reforma del Sistema Interamericano dirigida quebrar la hegemonía que el gobierno estadounidense ejerce dentro de él.

La invasión a Granada demuestra la decisión del imperialismo norteamericano de reincorporar la intervención militar en el inventario de recursos de su política internacional, a la que había tenido que renunciar poco menos de una década antes, a raíz del "síndrome de Vietnam". Los errores de la dirección del Movimiento de la Nueva Joya, que llegaron hasta el asesinato del primer ministro Maurice Bishop, proporcionaron a la administración Reagan la justificación para invadir esa isla-nación. Además de restablecer la dominación imperialista, la intervención en Granada fue utilizada para ensayar el esquema de control y manipulación de los medios de comunicación masiva que sería empleado posteriormente en todas las acciones bélicas imperialistas. Sin embargo, aún más preocupante fue el aprovechamiento de la "victoria militar" contra ese diminuto país para exacerbar el chovinismo de los sectores conservadores de la población estadounidense.

Consumada la intervención en Granada, Reagan enfoca su atención en destruir a la Revolución Popular Sandinista de Nicaragua y evitar el triunfo del Frente Farabundo Martí de Liberación Nacional (FMLN) de El Salvador y la Unidad Revolucionaria Nacional Guatemalteca (URNG). El llamado conflicto centroamericano constituye el principal foco de atención en el continente durante la década de los ochenta. En los primeros años de su presidencia, Reagan impone el llamado *consenso bipartidista* en torno a la revitalización de la política exterior basada en la amenaza y el uso de la fuerza. Para ello desarrolla la "política de doble carril" (*two-track approach*) con respecto a Nicaragua, que combina la *guerra* preconizada por él, con el *diálogo* por el que abogan los sectores opuestos a la intervención militar.

La equiparación de los elementos *guerra* y *diálogo* en la política de doble carril tiene un mero carácter formal. Estos son los componentes de la *Guerra de Baja Intensidad* (GBI), estrategia concebida para ocasionar a la nación agredida un desgaste sistemático que la obligue a acceder a una "solución política", supuestamente negociada, que en realidad consiste en plegarse a los términos impuestos por el agresor. Como parte de esa estrategia, Reagan ejerce la *amenaza creíble* de intervención militar directa en Centroamérica, en comparación con la cual la GBI llega a parecer una opción "tolerable" para la opinión pública estadounidense e internacional, e incluso para sus propias víctimas, que tratan de evitar a toda costa una escalada militar, mientras el desgaste de "baja intensidad" se consuma.

La derrota infligida por los sectores *neoconservadores* partidarios de la guerra a los *liberales* que abogan por la no intervención en Centroamérica tiene implicaciones estratégicas. Mucho más que para legitimar el uso de la fuerza en un conflicto local, por importante que éste fuese, Reagan utiliza su victoria en la lucha desatada alrededor de este tema en los círculos de poder de los Estados Unidos para imponer, en sentido general y por tiempo indefinido, la *hegemonía neoconservadora* en la política exterior del imperialismo norteamericano que se mantiene hasta el presente. Es a esa hegemonía a la que, con frecuencia, se alude con el término *consenso bipartidista*. En ese proceso desempeña un papel fundamental la *Comisión Nacional Bipartidista sobre América Central* o *Comisión Kissinger*, cuyo informe fue publicado en enero de 1984.[114] Integrada, como su nombre lo indica, por figuras de los partidos *demócrata* y *republicano*, esa comisión incorporó al "consenso bipartidista" a los sectores opuestos a la política de fuerza, al sumarlos a la elaboración y comprometerlos con la ejecución de una política cuyas bases las establece el gobierno de Reagan.

En su política hacia Centroamérica, la administración Reagan construye y reconstruye "simetrías negociadoras" a su antojo. Entre ellas, obliga a la opinión pública internacional y al propio gobierno sandinista a reconocer el "derecho" del imperialismo norteamericano a agredir a un Estado soberano, Nicaragua, para obligarlo a modificar su sistema político. Otro paralelismo antojadizo es el establecido entre la guerra irregular en Nicaragua, por una parte, y en El Salvador y Guatemala, por otra, de manera que los términos de la negociación impuestos al FSLN para favorecer a la contrarrevolución nicaragüense, no beneficien al FMLN o a la URNG. En sentido inverso, las condiciones establecidas a favor de los gobiernos contrainsurgentes de El Salvador y Guatemala, no se aplican en el caso del gobierno de Nicaragua.

Como parte de esa política de seguridad regional, Reagan promulgó la Iniciativa de la Cuenca del Caribe, cuya asignación de 355 millones de dólares se desglosa de la siguiente forma: 100 millones fueron entregados a El Salvador, 70 a Costa Rica, 50 a Jamaica, 40 a República Dominicana, 40 a Honduras, 11 a Guatemala, 10 a Haití, 10 a Belice y 20 al Caribe Oriental. Como puede apreciarse, 221 millones de dólares estaban destinados a crear en Centroamérica un cordón contrainsurgente alrededor de Nicaragua.[115]

La amenaza de intervención militar del imperialismo norteamericano en América Central despertó el temor de las burguesías latinoamericanas, en particular, en las naciones que se encontraban en transición de la dictadura a la institucionalidad democrático burguesa, de que esa acción desatara una ola de protestas con efectos desestabilizadores en todo el continente. Esta preocupación se agudizó porque la suspensión de créditos y la elevación de las tasas de interés con las que el imperialismo respondió en 1982 a la crisis de la deuda externa, agravaron la situación socioeconómica y frustraron las ilusiones generadas por el llamado proceso de democratización.

La Guerra de las Malvinas, la invasión a Granada, la política de fuerza en Centroamérica y la crisis de la deuda externa, anularon la efectividad del Sistema Interamericano durante la década de los ochenta y condujeron a la creación del Grupo de Contadora y el Grupo de Apoyo a Contadora, más tarde fundidos en el Grupo de los Ocho, embrión del actual Grupo de Río. Ese paso representa la creación de un mecanismo de concertación política latinoamericana ajeno a la OEA. La crisis del Sistema

Interamericano colocó en agenda la reforma de la Carta de la OEA, concebida inicialmente como un proceso democratizador. En una dirección análoga apuntó el llamado de numerosos líderes políticos latinoamericanos y caribeños a favor del reingreso de Cuba a esa organización, con la intención de incrementar el peso del bloque latinoamericano dentro de la misma. Sin embargo, esta situación cambia a finales de la década.

Desde su ascenso a la secretaría general del PCUS, Mijail Gorbachov inició el desmontaje de la "bipolaridad mundial". En Centroamérica, ese desmontaje se manifestó en el debilitamiento y el condicionamiento del apoyo económico y militar de la URSS a la Revolución Popular Sandinista. Tras ocho años de desgaste sistemático ocasionado por el imperialismo norteamericano por medio de la Guerra de Baja Intensidad, agudizado por los errores propios del proceso revolucionario y por la amenaza de ver interrumpido el apoyo material externo necesario para enfrentar la agresión, el gobierno sandinista firmó en 1987 los Acuerdos de Esquipulas.

Los Acuerdos de Esquipulas comprometieron al FSLN a realizar elecciones generales en condiciones impuestas por el gobierno de los Estados Unidos, a cambio del cese de la agresión. La exigencia de "democratización" esgrimida por el imperialismo para justificar la agresión contra Nicaragua tenía su propia historia. El gobierno estadounidense había ejercido todo tipo de presiones para evitar que algún candidato opositor se presentara a las elecciones convocadas por el Gobierno Revolucionario de Nicaragua en noviembre de 1984. Era evidente que el resultado de aquellos comicios — con los que el FSLN esperaba "llenar un expediente" que dejase a la administración Reagan sin justificación para continuar la llamada guerra encubierta —, sería la reelección del presidente Daniel Ortega. El candidato opositor, Arturo Cruz rechazó las presiones del gobierno estadounidense para que abandonase la campaña, pero finalmente lo hizo una semana antes de los comicios.

Cinco años tardó el imperialismo en crear una nueva situación internacional, regional e interna en Nicaragua. En virtud del desgaste ocasionado por la Guerra de Baja Intensidad, logró que el FSLN se sintiera compelido a concurrir a una elección en condiciones en que le aguardaba una derrota segura, aunque inadvertida para la dirección sandinista.

A partir de los Acuerdos de Esquipulas, el imperialismo norteamericano incrementa la exigencia de concesiones unilaterales a los sandinistas, sin interrumpir la agresión. Para justificar esa postura, Reagan se ampara en que su gobierno no forma parte de esos acuerdos. En efecto, el gobierno de los Estados Unidos en todo momento rechazó ser parte formal de las negociaciones de paz en Centroamérica. Esas negociaciones se efectuaron, de manera paralela, entre el gobierno de Nicaragua y las bandas contrarrevolucionarias, y entre el gobierno de Nicaragua y el resto de los gobiernos de América Central. Esto significa los sandinistas quedaron comprometidos con los Acuerdos de Esquipulas pero los Estados Unidos no. Así se prolongó la agresión militar, mientras el FSLN se veía obligado a seguir dando pasos que cercenaban las bases del poder revolucionario. Esta situación se agudizó aún más a partir de una segunda ronda negociadora denominada Esquipulas II.

El desenlace del conflicto centroamericano neutralizó el disenso de las burguesías latinoamericanas con la política imperialista. Al verse obligado a reconocer la efectividad de la política de "doble carril", el Grupo de los Ocho reconoció también los límites hasta los cuales los gobiernos de la región estaban dispuestos a llevar sus discrepancias con el de los Estados Unidos. Ese mecanismo de concertación adoptó el nombre de Grupo de Río para dar cabida a nuevos miembros y se propuso aprovechar la experiencia acumulada en las negociaciones centroamericanas para emplearla en la defensa de los intereses de las burguesías latinoamericanas, asediadas por la penetración monopolista. Sin embargo, ese grupo nace en vísperas de la unipolaridad mundial. A pesar de que se creó para defender posiciones comunes en temas como la deuda externa y la negociación de acuerdos comerciales, en realidad sus miembros actuaron en ellos de manera individual y, de hecho, cada cual lo hizo en competencia con el resto.

América Latina en el Nuevo Orden Mundial

La etapa objeto de análisis (1989–2005) corresponde al tránsito entre la bipolaridad de posguerra y el llamado Nuevo Orden Mundial. Si bien esa transición comenzó en 1985 —a partir de la elección de Mijail Gorbachov como secretario general del PCUS, el lanzamiento de la *perestroika* y la *glasnost*—, su desenlace, la desaparición de los Estados socialistas europeos, que abarca desde la "caída" del Muro de Berlín (en diciembre de 1989) hasta la implosión de la URSS (en diciembre de 1991), ocurre dentro de la presidencia de George H. Bush. Bush aprovecha el cambio en la situación internacional para emprender la invasión a Panamá (1989) y la Guerra del Golfo (1991). Como parte de ese proceso, en 1991, el imperialismo norteamericano inicia la reestructuración del sistema continental de dominación creado a fines de la Segunda Guerra Mundial.[116]

A la llamada reforma del Sistema Interamericano le anteceden tres décadas durante las cuales, por medio de las dictaduras militares de "seguridad nacional" o de gobiernos civiles autoritarios, fue destruida una gran parte del movimiento popular y de izquierda, desarticulado el sistema de alianzas sociales y políticas establecido durante el período nacional-desarrollista, y transformado el Estado latinoamericano —hasta entonces dedicado a la protección y el fomento del mercado interno— en el principal agente de la desnacionalización. Con estos propósitos, en 1964 el presidente Johnson abandonó la tradicional "prédica" estadounidense sobre la "democracia representativa" y proclamó que prefería contar con "aliados seguros" en América Latina. Veinticinco años después, a expensas de un costo humano de más de cien mil muertos, torturados, presos y exiliados, a George H. Bush le correspondía retomar el culto a la "democracia" y los "derechos humanos" con vistas a institucionalizarlo como pilar político e ideológico de un grado cualitativamente superior de subordinación de América Latina a los dictados del imperialismo.

Debido a que el hilo conductor de este análisis es la política de los últimos tres presidentes de los Estados Unidos, la exposición está organizada en cuatro bloques que se corresponden con la presidencia de George H. Bush (1989–1993), el primer mandato de William Clinton (1993–1997), el segundo mandato de William Clinton (1997–2001) y los primeros cinco años de la presidencia de George W. Bush (2001–2005).

El inicio de la reestructuración del Sistema Interamericano en la presidencia de George H. Bush (1989–1993)

Después de ejercer la vicepresidencia de los Estados Unidos durante los dos mandatos de Ronald Reagan (1981–1989), al asumir el gobierno el 20 de enero de 1989, George Herbert Bush se coloca en posición de cosechar los frutos de la política de fuerza de su predecesor. Reagan concluye la "pacificación" de América Latina iniciada por Johnson en 1964, pero lo hace al precio de una agudización sin precedentes de las contradicciones con las élites de la región. Tan grave es el deterioro de las relaciones con los gobiernos latinoamericanos, que le impide pasar a la fase de negociación/imposición de una cobertura institucional para legitimar los cambios impuestos por la fuerza en el sistema de dominación.

Esa misión le corresponde a Bush.

Durante los primeros años en que George H. Bush ocupa la Casa Blanca, su gobierno elimina los últimos obstáculos que impedían la estandarización de la *democracia neoliberal* como pilar político del sistema de dominación continental del imperialismo norteamericano. Esos obstáculos eran, por una parte, la Revolución Popular Sandinista en Nicaragua y los remanentes del proceso de nacionalista y popular instaurado en 1968 por Omar Torrijos en Panamá; por otra parte, las dictaduras militares que aún subsistían en Paraguay y Chile. Hay una interrelación directa en la política imperialista hacia estos cuatro países: la invasión a Panamá y la "derrota electoral" del FSLN en Nicaragua, permitían dar por concluida la "pacificación" iniciada en 1964, cuyo eje había sido, precisamente, la dictadura militar; en sentido inverso, la imposición de la *democracia neoliberal* en Paraguay y Chile, permitía cerrar el cerco contra los dos gobiernos "no democráticos" de la América continental, Panamá y Nicaragua. Una vez "democratizados" Panamá, Nicaragua, Paraguay y Chile, el imperialismo norteamericano puede iniciar la construcción de un sistema de dominación continental entre cuyas funciones se encuentra el aislamiento de la Revolución Cubana.

Días después de la toma de posesión de Bush, en febrero de 1989, el general Andrés Rodríguez derrocó en Paraguay, con un golpe de Estado, a su suegro Alfredo Strossner. Meses más tarde, Rodríguez "legitimó" su presidencia con un proceso electoral al que acudió como candidato del oficialista Partido Colorado. Por su parte, en Chile, a raíz del referéndum convocado en 1988, en el cual las "alternativas" eran prolongar la dictadura o sustituirla por una *democracia restringida*[117] diseñada por el propio Pinochet, en octubre de 1989 se produjo el triunfo del gobierno de la Concertación de Partidos por la Democracia, encabezado por el demócrata cristiano Patricio Aylwin, cuya toma de posesión tuvo lugar en marzo de 1990.

La llamada transición a la democracia en Chile desempeñó un importante papel en la reestructuración del sistema de dominación continental. Desde su implantación en 1976, el neoliberalismo chileno había sido presentado como el prototipo de "milagro económico" a emular por el resto de los países de la región. Sin embargo, la reestructuración en Chile estuvo precedida, acompañada y seguida por una violencia de tal magnitud, que la copia de la "experiencia económica" era poco atractiva. Para persuadir al resto de Latinoamérica a que asumiera el "modelo chileno", era necesario dotarlo de un "rostro democrático", justificar sus costos sociales, y ocultar la depredación de la economía, las riquezas naturales y el medio ambiente.[118]

Las condiciones impuestas por Pinochet para aceptar la "democratización" en Chile incluyeron su continuidad al frente de las Fuerzas Armadas, el otorgamiento de una amnistía por las violaciones de los derechos humanos cometidas por la dictadura y la aprobación de una Constitución redactada por sus colaboradores. Entre otros elementos, esa Constitución otorgó privilegios y poderes de veto a las instituciones castrenses, asignó el cargo de senadores vitalicios a los principales jefes militares en retiro e impuso un sistema electoral concebido para discriminar a los partidos de izquierda. La amnistía de los golpistas chilenos fue una variante de las leyes de *caducidad* y *punto* final aprobadas en 1986, respectivamente, por los gobiernos de Julio María Sanguinetti en Uruguay y Raúl Alfonsín en Argentina.

El "retorno a los cuarteles" de las fuerzas armadas se percibía entonces como una maniobra para mejorar la imagen de los países gobernados por dictaduras, en virtud de la cual los militares fungirían como el "poder detrás del trono". Las condiciones de la "transición democrática" en Chile parecieron corroborar esa percepción. Allí Pinochet empleó la amenaza de un eventual retorno a la dictadura, una opción que en realidad ya no encajaba en la política estadounidense, para presionar al pueblo a que aceptara el "mal menor" de la *democracia neoliberal.* Ese temor popular al retorno de la dictadura explica la derrota en Uruguay, en 1989, del referéndum convocado por el Frente Amplio (FA) y otras fuerzas progresistas con el propósito de revocar la ley de caducidad. Mientras tanto, el imperialismo creaba los mecanismos transnacionales que, en lo adelante, se encargarían de la función represiva hasta entonces ejercida mediante los golpes de Estado. A partir de la imposición de la democracia neoliberal en Paraguay y Chile, el imperialismo concentró el ataque contra los gobiernos "no democráticos" de Panamá y Nicaragua.

El 20 de diciembre de 1989 el imperialismo norteamericano invadió Panamá desde sus bases militares ubicadas en la Zona del Canal. Esa invasión se produjo en medio del clima internacional creado por la caída del Muro de Berlín, ocurrida el día 9 de ese mes. A esta acción militar le antecedió una campaña desestabilizadora y deslegitimadora basada en la acusación de que el "hombre fuerte" de Panamá, el general Manuel Antonio Noriega, mantenía vínculos con el narcotráfico. El pretexto para la invasión lo facilitaron las propias autoridades panameñas. Con la ilusión de que podría librarse de la campaña desestabilizadora de que era objeto, el gobierno panameño —en el que Noriega ejercía el poder real— convocó a elecciones en 1989. En esas elecciones triunfaron las fuerzas políticas de la derecha, unificadas en torno a la candidatura de Guillermo Endara. Sin embargo, escudado en la acusación de que la victoria de Endara había sido fraudulenta, Noriega desconoció los resultados electorales, acción que lo colocó en rebeldía en medio del "clima democrático" impuesto en el continente.

Sobre las elecciones panameñas de 1989 vale la pena apuntar que, confiado en aprovechar ese mecanismo para validar su triunfo y conjurar así la campaña desestabilizadora del imperialismo, el gobierno de Panamá promovió la asistencia de *misiones de observación internacional,* una nueva modalidad de "combate al fraude" que promovía entonces el gobierno de los Estados Unidos por mediación de la OEA. Esta fue la primera oportunidad en que se practicó la "observación electoral", la cual sentó el precedente de una nueva modalidad de injerencia imperialista en los asuntos internos de las naciones latinoamericanas. En la actualidad, más que las autoridades electorales de cualquier nación, y que otros observadores internacionales, quienes "dictaminan" la validez o no de toda elección que se celebre en América Latina son la OEA y el Centro Carter.

De acuerdo con el patrón de subordinación al imperialismo impuesto en esos años —con la excepción de Cuba—, los gobiernos de América Latina se hicieron cómplices de la agresión contra Panamá. En particular, el Grupo de Río ayudó a crear las condiciones para la intervención militar por medio de la suspensión de la membresía del gobierno panameño en dicho grupo. Después de la invasión, el Grupo de Río se limitó a pronunciarse a favor del "pronto restablecimiento institucional" y levantó las sanciones a Panamá cuando Endara asumió la presidencia, dentro de una base militar estadounidense en la Zona del Canal. Esa actitud representó un abandono del concepto de solidaridad latinoamericana frente a las agresiones externas, que alcanzó su expresión culminante durante la Guerra de las Malvinas.

Menos de dos meses después de la intervención en Panamá se produjo la "derrota electoral" de la Revolución Popular Sandinista en Nicaragua. También en este caso un gobierno bajo asedio imperialista pensó que podría beneficiarse de la "observación internacional", y también en este caso el resultado fue el afianzamiento de esa modalidad de injerencia imperialista. El revés del FSLN en las elecciones de febrero de 1990 fue resultado de la política de doble carril ejecutada por la administración Reagan, la presión ejercida desde 1985 por el gobierno de Gorbachov para que aceptase una "solución negociada" a cualquier precio y los errores del propio FSLN, en particular, la promulgación de la ley del Servicio

Militar Patriótico (obligatorio), que despertó el rechazo de amplios sectores de la población.

El revés electoral del sandinismo provocó un cambio en la correlación de fuerzas en América Central. La negociación entre el FMLN y el gobierno de El Salvador, concebida hasta entonces como un recurso táctico de apoyo a la lucha armada, se transformó en la única opción para esa coalición de izquierda. La nueva situación compulsó a la URNG a emprender un camino similar. Así se extinguieron en Centroamérica las últimas brasas del fuego revolucionario que recorrió a América Latina a partir del triunfo de la Revolución Cubana. También desaparecieron las últimas las causas que enturbiaron las relaciones interamericanas durante la presidencia de Reagan.

Venezuela fue el primer país latinoamericano en mostrar signos de crisis institucional. El *caracazo*, ocurrido en 1989, apenas semanas después del comienzo del segundo período presidencial de Carlos Andrés Pérez, reveló la descomposición del sistema político basado en el "Pacto de Punto Fijo". Así se denomina el acuerdo de alternancia entre los partidos Acción Democrática (socialdemócrata) y COPEI (demócrata cristiano), establecido en 1959 como un supuesto esquema alternativo a la Revolución Cubana. La presidencia de Pérez concluyó con la destitución y prisión domiciliaria del mandatario, por delitos de corrupción. A este desenlace, le antecedieron varios intentos de golpes de Estado, entre ellos el protagonizado en 1992 por el Tte. Coronel Hugo Chávez, al frente del Movimiento Bolivariano 200.

Ante la frustración característica del momento, proliferó la figura del caudillo "neopopulista" que, mediante la crítica a "la política" y "los políticos", se aprovechaba de la desesperación popular para reciclar la dominación. Como parte de esa corriente, en 1989, Fernando Color de Melo y Carlos Saúl Menem incentivaron y manipularon a su favor, en Brasil y Argentina, respectivamente, el voto de castigo contra un sistema político del cual formaban parte. Aunque Alberto Fujimori no tenía una trayectoria política anterior, como Color y Menem, algo análogo ocurrió con él en la elección peruana de 1990, cuando "sepultó" con una avalancha de votos a los partidos tradicionales, tanto de la derecha como de la izquierda. Otro paliativo a la crisis estructural que se afianzaba era la conformación de alianzas entre fuerzas de muy diversas trayectorias políticas e identidades ideológicas —en algunos casos conformadas hasta por antagonistas históricos—, destinadas a contrarrestar el descrédito del sistema político y electoral. Esa práctica se inició en 1989, con el Acuerdo Patriótico en Bolivia, que facilitó el ascenso a la presidencia del socialdemócrata Jaime Paz, candidato del Movimiento de Izquierda Revolucionaria (MIR), con el apoyo del ex dictador Hugo Banzer.[119]

Una vez concluida la "pacificación" de América Latina y reafirmada la subordinación de las burguesías del subcontinente, se inició la fase de institucionalización del nuevo sistema de dominación continental del imperialismo norteamericano, cuyos tres pilares fundamentales son: la afirmación de la democracia representativa como única forma de gobierno legítima en el continente americano (pilar político); el establecimiento del Área de Libre Comercio de las Américas (pilar económico), y el aumento de la presencia militar directa de los Estados Unidos en América Latina y de su control sobre las fuerzas armadas de la región (pilar militar).

Tan pronto como el imperialismo logró sortear la crisis del sistema financiero internacional, el gobierno de Bush institucionalizó la utilización de la deuda externa como mecanismo de dominación y penetración. Mediante el Plan Brady, Bush encubrió ese proceso con la apariencia de cierta flexibilización y alivio con respecto a la política de elevación de las tasas de interés, restricción de créditos y exigencia de pagos, impuesta por Reagan. Con este antecedente, el lanzamiento en diciembre de 1989 de la *Iniciativa para las Américas* o *Iniciativa Bush,* en particular, la idea de crear un

Área de Libre Comercio de las Américas (ALCA), se convirtió en el catalizador de un giro de ciento ochenta grados en la actitud de los gobiernos de América Latina. La ilusión generada por el supuesto libre acceso al mercado de los Estados Unidos, no solo sirvió para que las burguesías de la región enterraran sus diferencias con Washington, sino también para vencer su resistencia a pagar los costos de la reestructuración neoliberal. Esos costos consistían en enfrentar la crisis económica, política y social de la región, incluida la quiebra de una parte importante de sus propios capitales, la desarticulación del sistema político electoral y la represión del movimiento popular de protesta y resistencia.

En medio de las expectativas generadas por el ALCA, poco más de un año después de la "derrota electoral" del FSLN en Nicaragua y el establecimiento de la democracia neoliberal en Chile, en junio de 1991, el gobierno de los Estados Unidos logró que la Asamblea General de la OEA, realizada en el propio Santiago de Chile, aprobara el *Compromiso de Santiago de Chile con la Democracia y con la Renovación del Sistema Interamericano*. A partir de su adopción, la reforma de la Carta de la OEA, originalmente concebida para promover la democratización de esa organización, se convirtió en su contrario. El *Compromiso de Santiago* no solo anuló el concepto de pluralismo en las relaciones interamericanas —que se había abierto paso en los años setenta—, sino también sirvió de base para la institucionalización de mecanismos transnacionales de injerencia, control y sanción que sustraen crecientes cuotas de poder del ámbito de la soberanía de las naciones de América Latina.

La legitimación de la injerencia en los asuntos internos de los Estados se reflejó en el XVI Período Extraordinario de Sesiones de la Asamblea General de la OEA —realizado en Washington D.C. en diciembre de 1992—, en el cual se aprobó el Protocolo de Washington. Este protocolo estableció que un miembro "cuyo gobierno democráticamente constituido sea derrocado por la fuerza podrá ser suspendido del derecho de participación" en todas las instancias del Sistema Interamericano. Las nuevas medidas constituyeron un escalón superior con respecto al *Compromiso de Santiago* porque establecieron sanciones concretas contra quienes violasen el "compromiso indeclinable con la defensa y la promoción de la democracia representativa y de los derechos humanos en la región" y eliminaron la condición de que la defensa de la democracia representativa se mantuviera "dentro del respeto a los principios de libre determinación y no intervención". Como parte de ese proceso, todos los foros, acuerdos y mecanismos regionales y subregionales latinoamericanos asumieron la llamada *cláusula democrática*, que prohíbe la pertenencia de países en los que no impere la "democracia representativa" y establece la separación —junto con otras amenazas, presiones y represalias— contra aquellos en los que se interrumpa el "orden democrático". Por solo citar algunos ejemplos, esa cláusula fue adoptada por el Grupo de Río, el Mercosur y la Comunidad Andina de Naciones. Los objetivos fundamentales de este andamiaje son: primero, recrudecer la política de bloqueo y aislamiento contra la Revolución Cubana; segundo, establecer un pacto transnacional entre las élites de la región destinado a evitar el triunfo de nuevas revoluciones o procesos políticos populares, y tercero, implantar un mecanismo para reencauzar por vías constitucionales los conflictos interburgueses que estallen mediante de golpes de Estado u otras vías que pongan en riesgo al nuevo sistema de dominación.

El golpe de Estado en 1991 contra el presidente de Haití, Jean Bertrand Aristide y el autogolpe en 1992 de Alberto Fujimori en Perú, ocurridos ambos antes de la firma del Protocolo de Washington, sirvieron de ejercicio práctico a las nuevas facultades de la OEA. El procedimiento consiste en designar una comisión para que negocie con las partes en conflicto una fórmula de "solución política" con los mayores visos de legalidad posibles, siempre tratando de evitar que la situación pueda derivar hacia un proceso de orientación popular. En el caso de Haití, el presidente Aristide fue instalado en la Isla del Gobernador, en la ciudad de Nueva York, donde participó en una negociación en la que aceptó neutralizar el radicalismo social del Movimiento Lavalás, que él encabezaba. El desenlace de esa negociación fue el regreso de Aristide al gobierno cuando ya estaba a punto de expirar su mandato. En el caso de Perú, la OEA le concedió a Fujimori un plazo de varios meses para convocar una Asamblea Constituyente, la cual legitimó su permanencia en el poder.

El cambio en la correlación mundial de fuerzas, la avalancha de la doctrina neoliberal y la percepción de que la Revolución Cubana tenía sus días contados, provocaron un cambio en la actitud de los gobiernos latinoamericanos respecto a Cuba. Hasta ese momento, los principales miembros del Grupo de Río abogaban por el levantamiento de las sanciones contra Cuba en la OEA y por el reingreso del Gobierno Revolucionario a esa organización. Esas posturas habían sido adoptabas durante la década anterior, al calor de sus contradicciones con la administración Reagan. Sin embargo, como expresión de la nueva situación, en la Cumbre de Cartagena (1991), ese mismo grupo emitió, por primera vez, una declaración crítica sobre la "democracia" y los "derechos humanos" en Cuba. Esa crítica fue reiterada posteriormente en varias ocasiones y hecha extensiva a las reuniones de jefes de Estado y gobierno de la Unión Europea y América Latina.

Entre vientos cruzados se celebró en Guadalajara, en septiembre de 1991, la Primera Cumbre Iberoamericana. A pesar de las presiones ejercidas por el gobierno de los Estados Unidos y algunos gobernantes latinoamericanos, el presidente de México, Carlos Salinas de Gortari, invitó a ese evento al Presidente del Consejo de Estado de la República de Cuba, Fidel Castro Ruz. Desde ese momento, el imperialismo norteamericano y sus aliados intentaron crear una situación incómoda dentro de este espacio para que Cuba se viese obligada a abandonarlo.

De 1982, año en que Estados Unidos y América Latina quedaron en bandos opuestos a raíz de la Guerra de las Malvinas, data el primer llamado reciente a crear un espacio iberoamericano de concertación política.[120] Fue una de las iniciativas de aquella década destinada a fortalecer la capacidad de enfrentamiento de Latinoamérica al imperialismo, entre ellas, crear una Asociación de Estados Latinoamericanos y readmitir a Cuba en la OEA. Sin embargo, el giro en la posición de los gobiernos de la región ya se había producido. Uno de los propósitos del gobierno de los Estados Unidos al promover la adopción del *Compromiso de Santiago* era, precisamente, cerrar el debate sobre el reingreso de Cuba al Sistema Interamericano. Como parte del recrudecimiento del bloqueo, a finales de 1992 el Congreso de los Estados Unidos aprobó la ley Torricelli que, entre otras restricciones adicionales a las ya existentes, prohíbe tocar puerto de los Estados Unidos por un período de seis meses a los barcos mercantes que transporten mercancías hasta o desde Cuba.

Bajo la influencia de la *perestroika* y la *glasnost* soviéticas, a finales de la década de mil novecientos ochenta se inició el proceso de reestructuración, redefinición programática y recomposición de las alianzas de los partidos y movimientos políticos de la izquierda latinoamericana. Entre 1985 y 1990, la *perestroika* y la *glasnost* proyectan la imagen de políticas dirigidas a "perfeccionar el socialismo", aunque con un sospechoso énfasis en la desacralización del poder soviético. Sin embargo, la "caída del Muro de Berlín", símbolo del desmontaje del sistema socialista en los países de Europa Oriental, no dejó lugar a dudas sobre sus objetivos reales. El cumplimiento de esos objetivos se consumó, en diciembre de 1991, con la desaparición de la propia Unión Soviética. Fue muy diverso el impacto de ese acontecimiento en los distintos sectores de la izquierda latinoamericana. En sentido general, inicialmente predominó la simpatía con el objetivo proclamado de "perfeccionar el socialismo". No obstante, a partir de la "caída del

Muro de Berlín" y, en especial, del derrumbe de la URSS, lo que prevaleció fue el descrédito de las ideas del socialismo.

Aunque el derrumbe de la URSS actuó como catalizador del proceso de transformaciones emprendido por la izquierda latinoamericana, esa no fue su única causa. La crisis terminal del socialismo europeo coincidió con el fin de la ofensiva contrainsurgente y contrarrevolucionaria desatada 1964. Esto significa que, por razones propias, los partidos y movimientos políticos de la región se encontraban ante la necesidad de buscar fórmulas para recuperarse de los golpes recibidos durante las tres décadas anteriores, adaptar sus medios y métodos de lucha a una estructura social en transformación y redefinir su actitud hacia un Estado que perdía soberanía. El desplome de la URSS agravó esta situación, al menos, en dos sentidos: en primer lugar, ocasionó traumatismos ideológicos y políticos; en segundo lugar, con el fin de la bipolaridad aumentó la capacidad de injerencia e intervención imperialista.

La unipolaridad mundial puso fin a la etapa de la lucha armada iniciada con el triunfo de la Revolución Cubana. Si bien, con la "derrota electoral" del FSLN la vía armada no desapareció como forma de lucha en América Latina, a partir de ese momento se evidenció que la conquista del poder por medio de una revolución quedaba diferida, al menos a corto y mediano plazo, en espera de un cambio en la situación mundial y regional. En las nuevas condiciones, una revolución triunfante no contaría con el apoyo político, económico y militar externo imprescindible para sobrevivir el cerco y la agresión imperialista. En ese contexto, se produjo en Colombia la desmovilización negociada del Movimiento 19 de Abril (M-19), la guerrilla indigenista Quintín Lame y la fracción mayoritaria del Ejército Popular de Liberación (EPL). En sentido opuesto, se orientaron las Fuerzas Armadas Revolucionarias de Colombia-Ejército del Pueblo (FARC-EP), el Ejército de Liberación Nacional (ELN) y la fracción minoritaria del EPL, que no se plantearon interrumpir la actividad guerrillera. También en Perú aumentabas las acciones armadas de "Sendero Luminoso" y el Movimiento Revolucionario "Tupac Amaru" (MRTA). Sin embargo, el acontecimiento que simboliza la transición de la lucha armada a la lucha política institucional fue la firma en México, en enero de 1992, de los Acuerdos de Chapultepec, que abrieron paso a la transformación del FMLN de El Salvador en partido político.

De manera paralela al reflujo de la lucha armada, la transición pactada entre la dictadura militar y la democracia burguesa abrió o reabrió, según el caso, espacios para la lucha electoral de la izquierda, con resultados sin precedentes en países como Brasil y Uruguay. La crisis de las estructuras de poder en México también creó allí un escenario más favorable. Como consecuencia del papel asignado a la democracia burguesa como pilar del sistema de dominación continental —un viejo propósito del imperialismo que, por primera vez en la historia, no se vio entorpecido por la necesidad de coexistir con las dictaduras militares y civiles—, las élites criollas tendrían que respetar las reglas formales de la "democracia representativa". Eso no significa que dejarían de obstaculizar los triunfos electorales de las fuerzas progresistas y de izquierda, sino que no podrían llegar al uso de la fuerza o a transgredir la ley abiertamente. Ese problema fue resuelto mediante la imposición de la *democracia neoliberal*, un sistema político que no permite adoptar medidas que entorpezcan la acumulación del capital. En esas circunstancias, incluso la izquierda podría gobernar cuando no hubiese alternativa.

En la elección presidencial realizada en México en julio de 1988, el Ing. Cuauhtémoc Cárdenas, al frente de una alianza formada por ex miembros del Partido Revolucionario Institucional (PRI) y casi todo el espectro de la izquierda nacional, denominada Frente Democrático Nacional, tuvo un desempeño sin precedentes para un candidato opositor en ese país. A partir de esa demostración de fuerza, una parte mayoritaria de los integrantes del Frente Democrático Nacional creó el Partido de la Revolución Democrática (PRD). Poco más de un año después, en la primera elección presidencial directa realizada en Brasil, Luiz Inácio Lula da Silva logró pasar a la segunda vuelta en los comicios de noviembre de 1989, y aunque resultó derrotado en su competencia con Fernando Color de Melo en la nueva votación, efectuada en diciembre de mismo año, sin dudas su desempeño fue muy destacado. En esta oportunidad, el PT logró formar una bancada en el Congreso Federal y asumió el control de numerosos gobiernos locales, incluidos los de San Pablo y Porto Alegre. Ese mismo año, el general Líber Seregni, candidato del Frente Amplio (FA), alianza política fundada en 1971, disputaba la presidencia de Uruguay, mientras su correligionario, Tabaré Vázquez, resultaba electo Intendente de Montevideo, ciudad capital y lugar de residencia del 50% de la población nacional. Meses más tarde, ya adentrado 1992, el FA obtuvo un nuevo éxito con el 71% de votos recibidos por el "no" en el referéndum sobre la Ley de Empresas Públicas, con la cual el gobierno de Sanguinetti pretendía abrir el camino a la ola privatizadora. Se producía así, en América Latina, la primera derrota a la reestructuración neoliberal.

En desafío a la tesis del *fin de la historia* del filósofo ultraconservador Francis Fukuyama, según la cual el capitalismo es el escalón supremo del desarrollo social, todo el espectro de la izquierda latinoamericana se reunió por primera vez en San Pablo, Brasil, en julio de 1990. Allí sus participantes declararon que la crisis del capitalismo constituye la esencia de los problemas de la región. Ese pronunciamiento lo emitió el Encuentro de Partidos y Organizaciones de Izquierda de América Latina y el Caribe, que un año más tarde adoptó el nombre de Foro de San Pablo (FSP).[121]

El FSP no fue el resultado de un esfuerzo consciente, dirigido a crear una organización política regional, sino la consecuencia espontánea de la situación creada en América Latina por la reestructuración del sistema de dominación continental del imperialismo norteamericano y el derrumbe del socialismo europeo. Por iniciativa del PT de Brasil, este encuentro de la izquierda continental se celebró con el objeto de intercambiar opiniones sobre el impacto en América Latina de los cambios que tenían lugar en la URSS y los países de Europa Oriental. De las numerosas convocatorias que entonces proliferaron con fines similares, ésta fue la que más prosperó debido al reconocimiento e interés que despertaron los buenos resultados obtenidos por el PT en las elecciones brasileñas de 1989.

La singularidad del Encuentro de julio de 1990 radica en que, por vez primera, convergieron representantes de casi todas las corrientes de la izquierda latinoamericana. Tres factores explican esa novedad: la crisis del socialismo europeo obligó a todos a reconsiderar sus diferencias anteriores; la característica del PT de partido *multitendencias*, cada una de cuyas corrientes internas invitó a sus homólogos de otros países, y el hecho de que fuese originalmente concebido como una reunión a celebrarse una sola vez, en virtud de lo cual no se previeron los problemas de identidad, composición y correlación interna de fuerzas, que afloraron tan pronto se decidió convertirlo en un espacio permanente.

El encuentro de la izquierda latinoamericana de julio de 1990 emitió la "Declaración de San Pablo". Ese documento afirmó que los problemas de América Latina no guardan relación con la *crisis del socialismo*, y que la izquierda latinoamericana mantendría la lucha contra toda forma de dominación y explotación en la región. Desde el punto de vista funcional, el principal acuerdo adoptado fue proseguir los debates en una nueva reunión que habría de efectuarse el siguiente año en la Ciudad de México. El encuentro de México fue más complejo porque, si bien en San Pablo todos los participantes coincidieron en que la desaparición de la Unión Soviética no implicaba que cesara la lucha de la izquierda en América Latina, eso no significa que hubiera consenso acerca de cuáles debían ser los objetivos y las formas de lucha a seguir.

Los espacios conquistados por partidos y movimientos políticos de izquierda en legislaturas nacionales y gobiernos estaduales y locales de varios países latinoamericanos parecieron avalar la tesis del triunfo de la "democracia sin apellidos". Con esa frase se negaba el carácter clasista de la democracia burguesa. Se produjo una confusa interrelación entre la defensa de la *democracia representativa* —preconizada por el imperialismo como pilar del nuevo sistema de dominación— y la defensa de los espacios institucionales conquistados por la izquierda, sin duda alguna, por sus propios méritos. En el replanteo del viejo debate sobre *reforma* o *revolución*, los partidarios de cada una de estas posiciones pasaban por alto las nuevas limitaciones impuestas a sus respectivas formas de lucha.

El propio nombre *Foro de San Pablo* fue resultado de las contradicciones políticas e ideológicas existentes en su seno. Una vez que en el Encuentro de México se evidenció que no se trataba de una mera reunión eventual, sino de la conformación de un espacio político permanente, comenzaron los ataques contra el nombre *Encuentro de Partidos y Movimientos Políticos de Izquierda de América Latina y el Caribe*. "No es compatible —argumentaron algunos— ser *de izquierda* y *llegar al gobierno* por la vía electoral". En medio de esta polémica, se apeló al nombre *Foro de San Pablo* como una solución intermedia entre quienes defendían y quienes rechazaban la definición "de izquierda". Incluso resultó difícil vencer la resistencia a ese nombre porque hace referencia implícita a la "Declaración de San Pablo", la cual reivindicó el socialismo. El enfrentamiento acerca de su identidad, colocó al Foro ante su primera posibilidad de ruptura en el III Encuentro de ese agrupamiento, celebrado en Nicaragua en julio de 1992. No obstante, el escollo fue superado mediante la reafirmación del consenso como método para la adopción de acuerdos.

El agravamiento de la crisis latinoamericana
en el primer período presidencial de
William Clinton (1993–1997)

Después de utilizar durante décadas la "amenaza del comunismo" como centro de su política para múltiples fines, incluida la propaganda electoral, la desaparición de la Unión Soviética provocó un cambio de prioridades de la sociedad estadounidense. De nada le valió a George H. Bush haber sido el presidente de los Estados Unidos en el momento en que ese país cosechó el mayor éxito geopolítico de toda su historia con la derrota de la "amenaza soviética". Tampoco le sirvió de mucho haber inaugurado el Nuevo Orden Mundial por mediación de la Guerra del Golfo, la invasión a Panamá y la "intervención humanitaria" en Somalia. Después de tres gobiernos republicanos consecutivos, los votantes se pronunciaron por la alternancia con el Partido Demócrata. En las elecciones de noviembre de 1992, el triunfador fue William Clinton.

Como es usual en ese país, al asumir la presidencia en enero de 1993, el nuevo mandatario mantuvo las líneas gruesas de la política que venía ejecutando su predecesor, con ajustes que hubiesen podido encajar en un segundo período de Bush. Esos ajustes estuvieron orientados a otorgar una mayor atención a los asuntos domésticos y a afianzar la competitividad frente a la Unión Europea y Japón. Con Clinton regresaron al gobierno los "liberales" que años antes habían diseñado el proyecto de política exterior de la administración Carter, pero este reciclaje de funcionarios demócratas no interrumpió la reestructuración de las relaciones interamericanas porque, durante los períodos presidenciales de Reagan y Bush, se había conformado un consenso bipartidista conservador, que incluso las "palomas" de Carter adoptaron como propio.

La presidencia de Clinton se caracterizó por la afirmación de la docilidad de los gobiernos de América Latina. Sin embargo, mientras en el cuatrienio de Bush predominó el afianzamiento de la dominación continental, en el suyo lo que sobresalió fue la crisis política, económica y social. Clinton estrenó su política latinoamericana con mayores exigencias a México para aprobar su ingreso al Tratado de Libre Comercio de América del Norte (TLCAN). Adicionalmente, a instancias del gobierno estadounidense, en la XXIII Asamblea General de la OEA, celebrada en 1993, esa organización se atribuyó mayores facultades en la "promoción y defensa de la democracia representativa", al tiempo que inició la reevaluación de sus vínculos con la JID, orientada a convertirla en un mecanismo intervencionista directo. No obstante, el "plan maximalista" del gobierno de los Estados Unidos, consistente en crear una fuerza militar interamericana similar a los "cascos azules" de la ONU, fue rechazado por varios países encabezados por México. De manera análoga a lo ocurrido con anterioridad en Haití y Perú, en 1993, el intento de autogolpe de Estado protagonizado por el presidente de Guatemala, Jorge Serrano Elías, fue aprovechado por el imperialismo norteamericano para engrasar la maquinaria de "protección de la democracia de la OEA". En este caso, esa organización promovió la sustitución de Serrano por Ramiro de León Carpio, figura seleccionada por el Congreso Nacional.

A partir de las expectativas generadas por la entrada en vigor del TLCAN el 1ro. de enero de 1994 y del inicio de la negociación para establecer un tratado similar de libre comercio con Chile, el gobierno de los Estados Unidos convocó a la Cumbre de las Américas que se celebraría en Miami en diciembre de ese año. Después de haber sentado las pautas del nuevo sistema de dominación continental mediante la reforma de la Carta de la OEA, la Cumbre de Miami dio un paso cualitativamente superior hacia su institucionalización. Los mandatarios de los treinta y cuatro países del continente —con excepción de Cuba— asumieron más de ciento veinte acuerdos y compromisos que constituyen un genuino código de conducta de factura transnacional. Esos acuerdos y compromisos —sujetos a mecanismos de control e imposición de sanciones— dictaron las pautas de actuación de los países latinoamericanos y caribeños en los ámbitos político, económico, social y cultural, y dieron inicio a los procesos negociadores por esferas, incluida la negociación del ALCA. Sin embargo, esta reestructuración del Sistema Interamericano ha sido obstaculizada por el agravamiento de la crisis regional.

Hasta después de la Cumbre de Miami, no se evidenciaron los obstáculos que casi estancarían la reestructuración del Sistema Interamericano durante la presidencia de Clinton. La agudización de la crisis integral del capitalismo latinoamericano a partir de 1994, despertó en los círculos de poder político y económico de los Estados Unidos el temor de que los tratados de libre comercio provocaran la entrada a ese país de la inestabilidad regional. Ese temor explica la negativa del Congreso a concederle a Clinton la garantía de aprobación de los tratados de libre comercio por la "vía rápida" (*fast track*). De esta manera, se empantanó la negociación del TLC con Chile y el proceso del ALCA nació en la incertidumbre.

Por ser su vecino inmediato, con el que comparte una frontera de miles de kilómetros, la crisis que más preocupó al imperialismo norteamericano fue la mexicana. En 1993, los asesinatos de Luis Donaldo Colosio y José Francisco Ruiz Massieu, candidato presidencial del Partido Revolucionario Institucional (PRI) y subsecretario general de ese partido, respectivamente, revelaron el grado de descomposición del sistema político mexicano. La desaparición de Colosio obligó a improvisar, como candidato presidencial sustituto, a su jefe de campaña, Ernesto Zedillo, quien inició en 1994 el sexenio final de siete décadas de fusión entre el PRI y el Estado.

La acción de propaganda armada del Ejército Zapatista de

Liberación Nacional (EZLN) en Chiapas, ejecutada desde el 1ro. de enero de 1994, el día que México "entró al Primer Mundo" por la "puerta" del TLCAN, simboliza la relación que existe entre la afirmación del nuevo sistema de dominación imperialista y el agravamiento de la crisis del capitalismo latinoamericano. En diciembre de ese mismo año, el estallido de la crisis financiera mexicana, constituyó la primera demostración fehaciente de la falsedad de la teoría neoliberal del "efecto de derrame", según la cual, la concentración de la riqueza repercutiría en el aumento de la inversión, el empleo, el ingreso y el nivel de vida de toda la sociedad.

El desplome de la economía mexicana reveló el círculo vicioso de apropiación y succión foránea de la riqueza nacional, aumento de la deuda externa, terciarización de la economía, pérdida y degradación del empleo, reducción del ingreso y los servicios públicos, y polarización económica, política y social. En lo que sería una línea seguida por el resto de los gobiernos de la región, las autoridades mexicanas reaccionaron ante la crisis con el endurecimiento de las mismas políticas económicas que la habían ocasionado. Esa actitud suicida reveló el grado de sometimiento de las élites latinoamericanas a los centros transnacionales de poder político y económico. El gobierno de Zedillo abrió una etapa superior de entrega al capital financiero estadounidense, al utilizar el petróleo como garantía de pago de los préstamos recibidos y establecer el compromiso secreto de privatizar los hidrocarburos y la energía.

El llamado Efecto Tequila, provocado por la crisis mexicana, repercutió en Argentina en la bancarrota del Plan Cavalo, un pilar fundamental de la política económica del presidente Carlos Saúl Menem. Ese plan era un esquema de atracción de capital especulativo, basado en el mantenimiento artificial de la paridad cambiaria entre el peso y el dólar. Sin embargo, el fracaso del Plan Cavalo tuvo el efecto, en apariencia contradictorio, de favorecer la reelección presidencial de Menem. Ello se explica por el temor, fomentado por el propio gobierno, de que un triunfo opositor provocaría una devaluación de la moneda, con la consiguiente reducción del salario real y aumento del valor de las deudas contraídas por la población.

La reelección presidencial argentina de 1993 fue posible gracias al Pacto de Olivos, suscrito ese mismo año entre Menem y el líder opositor, Raúl Alfonsín, de la Unión Cívica Radical (UCR). El Pacto de Olivos refleja una de las tendencias características del período. En la mayoría de las naciones latinoamericanas estaba prohibida la reelección presidencial en períodos consecutivos. Algunas la prohibían incluso en períodos no consecutivos. No obstante, la reestructuración neoliberal exigía mayor continuidad en el ejercicio del poder ejecutivo, función que acaparaba crecientes facultades a expensas de la legislatura. Por ese motivo, en un país tras otro, se fue estableciendo el derecho a reelección consecutiva.

Al igual que ocurrió en México con los gobiernos de Salinas y Zedillo, la gestión de Menem en Argentina constituyó un ejemplo de cómo la reestructuración neoliberal desarticula el sistema político nacional y afecta incluso a lo sectores de la burguesía encargados de aplicar sus recetas. La ofensiva lanzada por Menem en 1996 para imponer la *flexibilización laboral* y entregar los fondos de pensiones al capital especulativo, no solo fue una traición al sindicalismo peronista que apoyó su elección, sino una ruptura del sistema de alianzas sociales erigido por Juan Domingo Perón entre 1946 y 1955.

El autoritarismo tradicional mexicano y el trauma ocasionado por el pasado dictatorial argentino, respectivamente, evitaron que la crisis socioeconómica derivara en esos países en el estallido de una crisis política incontrolable. Sin embargo, en Venezuela no existían "salvaguardas" equivalentes. La destitución en 1993 del presidente Carlos Andrés Pérez, más que la sanción a un gobernante corrupto, fue el quiebre del sistema institucional imperante. La elección a la presidencia de Venezuela de Rafael Caldera, en diciembre de 1993, al frente de una coalición conformada por disidentes de COPEI y por el Movimiento al Socialismo (MAS), fue el último intento de evitar el estallido de una crisis integral en esa nación. El detonante fue la quiebra del Banco Latino, ocurrida en 1994. Mediante la fraudulenta oferta de una elevada tasa de interés, los directivos de esta institución atrajeron una gran masa monetaria que transfirieron al exterior con el fin de apropiársela. Este desfalco provocó el cierre de numerosas empresas y la pérdida de los ahorros personales de muchos ciudadanos. No solo quedó en evidencia la corrupción del sistema bancario venezolano sino de todo el andamiaje económico, político y social del cual formaba parte.

El auge de las protestas populares contra el neoliberalismo, el declive de la lucha armada y la frustración de las aspiraciones presidenciales de los candidatos de izquierda, caracterizaron el período comprendido entre 1993 y 1997. La crisis mexicana echó por tierra el mito de que la doctrina neoliberal era un esquema de desarrollo, que requería un período inicial de "sacrificio" de los países neocoloniales. Por el contrario, quedó demostrado que el neoliberalismo es un esquema de concentración y transferencia al exterior de la riqueza, en el que cada ciclo de entrega al capital foráneo y empobrecimiento de la nación neocolonial conduce a otro superior. La crisis financiera mexicana prácticamente coincide con el punto culminante de los conflictos por la tenencia de la tierra en Brasil, en virtud de los cuales el Movimiento de los Trabajadores Rurales Sin Tierra (MST) obligó al gobierno de Fernando Henrique Cardoso a aplicar una especie de reforma agraria en las propiedades improductivas de los latifundistas con deudas fiscales.

Dos acontecimientos de 1996 ratificaron la tendencia al reflujo de la lucha armada. Uno era la firma de los Acuerdos de Paz en Guatemala y el otro la captura de 486 rehenes en la residencia del Embajador de Japón en Perú realizada por un comando del MRTA.

Esta última acción fue un intento de de lograr la excarcelación de su jefe, el comandante Víctor Polay, y otros militantes presos con el propósito de relanzar la guerra revolucionaria. Tras varios meses de simulada negociación por parte del gobierno de Fujimori, este episodio concluyó con una operación comando de las fuerzas armadas peruanas, que ultimó a todos los miembros del comando del MRTA, quienes no intentaron ejecutar a los rehenes.

El efecto combinado de la "caída del comunismo", la implantación del sistema *democrático neoliberal* en toda Latinoamérica —excepto Cuba— y el reflujo de la lucha armada, indujo por estos años a un grupo de partidos y movimientos políticos, que a finales de los años ochenta comenzaron a cosechar éxitos electorales, a autodenominarse Nueva Izquierda, apelativo que abandonaron poco después. Este grupo estaba convencido que, en la década de mil novecientos noventa, brotaría en América Latina un capitalismo "democrático" y "redistributivo", similar al "Estado de Bienestar" europeo de posguerra, en el que el ejercicio del gobierno le "caería en los brazos". En concreto, esos existía entonces la expectativa de que en el "bienio electoral 1993–1994" —denominado así por la cantidad de elecciones latinoamericanas cuya fecha de celebración coincidió en esos dos años—, triunfarían todos o casi todos los candidatos presidenciales de la Nueva Izquierda. En medio de ese clima, en julio de 1993 se celebró en La Habana el IV Encuentro del Foro de San Pablo.

Los principales temas debatidos en el IV Encuentro del Foro fueron si en América Latina se estaba produciendo o no una democratización, si la izquierda debía abrazar o no la democracia burguesa como horizonte estratégico, si el imperialismo norteamericano respetaría o no el acceso de la izquierda al gobierno y, en caso afirmativo, si ese respeto incluiría la no interferencia en su programa político, económico y social. Por supuesto, esta polémica sigue inconclusa. No obstante, se hizo un poco más pausada debido a que los resultados del "bienio electoral" no fueron favorables a la mayor parte de los candidatos presidenciales de la Nueva Izquierda.

La primera derrota la sufrió Andrés Velásquez, el candidato de Causa Radical (Causa R) en Venezuela, quien en diciembre de 1993 sucumbió frente a Rafael Caldera en unos comicios calificados de fraudulentos. En julio de 1994, Cuauhtémoc Cárdenas, líder del Partido de la Revolución Democrática (PRD) perdió en México su segunda elección presidencial, en este caso, frente a Ernesto Zedillo. En las postrimerías de ese año, Luiz Inácio Lula da Silva, fundador del Partido de los Trabajadores de Brasil (PT) experimentó su segundo revés, ahora frente a una coalición de derecha articulada en torno a la figura de uno de los creadores de la teoría de la dependencia, el ministro de Hacienda del gobierno saliente, Fernando Henrique Cardoso. Aunque en Uruguay triunfó Julio María Sanguinetti, lo hizo con solo 2% de ventaja sobre Tabaré Vázquez, aspirante presidencial por el FA. Este hecho abrió un capítulo de alianza entre los partidos tradicionales (Colorado y Blanco) para neutralizar a la bancada legislativa electa por la izquierda. El único aspirante presidencial de un partido miembro del FSP que se impuso en la elección de 1994 fue Ernesto Pérez Balladares, del Partido Revolucionario Democrático de Panamá (PRD). El significado de ese triunfo, sin embargo, fue relativo porque Pérez Balladares conformó su gobierno con figuras de la derecha antitorrijista.

Las elecciones de 1994 en Uruguay, país sede del V Encuentro del FSP, obligaron a posponer su celebración para el año 1995. Esa reunión se caracterizó por un nuevo estallido de las contradicciones entre corrientes ideológicas divergentes. En esta ocasión, el debate se concentró en dos temas puntuales: la presencia de una delegación invitada del PRI de México —cuestionada por el PRD de ese país— y las críticas al Movimiento Bolivia Libre (MBL) —entonces miembro del Grupo de Trabajo del Foro— y por permanecer en la coalición gubernamental encabezada por el presidente Gonzalo

Sánchez de Losada, en momentos en que reprimía a una huelga de maestros. Estas tensiones fueron controladas un año más tarde. Bajo los auspicios del FMLN, en 1996 se efectuó en San Salvador el VI Encuentro del FSP, cuyo sello distintivo fue el buen trabajo organizativo de los anfitriones. A partir de esta edición, se adoptó el método de realizar seminarios-talleres previos a los Encuentros del Foro con la participación de los diversos sectores del movimiento popular.

A pesar de que el desenlace de las elecciones presidenciales realizadas —no solo en el "bienio electoral 1993–1994", sino en el cuatrienio comprendido entre 1993 y 1996—, resultó negativo para la casi totalidad de los candidatos presidenciales de izquierda (excepto en Panamá), se afianzó la tendencia general favorable a la lucha electoral. Ello fue el resultado de que varios partidos y movimientos políticos ampliaron sus bancadas legislativas nacionales y también su control de gobiernos locales. Eso ocurrió en los casos de México, El Salvador, Nicaragua, Guatemala y, por supuesto, Panamá, Brasil, Uruguay, Venezuela, Bolivia, Argentina, Ecuador y Perú. Dentro de esta cadena de triunfos, se destacó la elección, por segunda vez consecutiva, de un Intendente del FA en Montevideo, en este caso, Mariano Arana. También el PT de Brasil retuvo el control de la Prefectura de Porto Alegre, devenida símbolo de los gobiernos locales de izquierda a escala mundial.

El auge de la lucha popular en América Latina en el segundo período presidencial de William Clinton (1997–2001)

El segundo gobierno de Clinton transcurrió sin iniciativas en su política latinoamericana. Se cumplió el calendario de reuniones sectoriales acordado en la Cumbre de Miami, pero con la espada de Damocles de que el Congreso de los Estados Unidos nunca llegó a garantizarle la aprobación por la "vía rápida" de los tratados de libre comercio que concertase. A pesar de la agudización de la crisis política, económica y social en la región, la visita realizada en 1997 por el mandatario estadounidense a México, Centroamérica y el Caribe confirmó su poca inclinación a realizar concesiones. Los temas más espinosos eran el endurecimiento de la política imperialista de certificaciones,[122] el poco acceso al mercado norteamericano y el inicio de la práctica de repatriación forzosa de inmigrantes ilegales. La reticencia de los grupos de poder político y económico de los Estados Unidos a establecer tratados de libre comercio fue incentivada en 1998 por la "crisis de las bolsas asiáticas", que agudizó la situación económica, política y social en América Latina.

Apenas unos años después de estallar la crisis financiera mexicana, el impacto del "Efecto Dragón" en Brasil, provocado por la quiebra de las bolsas de valores de varios países asiáticos, se convirtió en motivo de preocupación, no solo para América Latina, sino incluso para los Estados Unidos. El ataque especulativo contra el gigante sudamericano obligó al gobierno de Fernando Henrique Cardoso a abandonar el Plan Real —basado en la paridad de la moneda brasileña con el dólar—, a contratar onerosos préstamos con la banca internacional y a ampliar el área de privatizaciones. El imperialismo norteamericano se convirtió en beneficiario temporal de la desestabilización brasileña, devenida fuente de tensión dentro del MERCOSUR y motivo de debilitamiento transitorio de la oposición brasileña al diseño estadounidense del ALCA.

Con el propósito de evitar la interrupción de los flujos de capitales especulativos, los gobiernos de América Latina postergaban lo más posible el reconocimiento de la recesión y emitían anuncios falsos o anticipados de recuperación. Esa actitud se explica porque, en virtud de la apertura y desregulación neoliberal, son esos flujos de capitales especulativos los que mantienen el equilibrio de la balanza de pagos de la región. Por citar un solo ejemplo, en 1999, el presidente de Chile, Eduardo Frei, dejó transcurrir todo un semestre antes de reconocer que el país había entrado en recesión. Durante ese lapso de tiempo, Frei permitió la fuga de dos mil millones de dólares y la caída de la bolsa de valores de Santiago. Cuando no pudo seguir ignorando la crisis, su reacción fue eliminar las salvaguardas contra el capital especulativo vigentes desde la dictadura de Pinochet. Esas salvaguardas estipulaban que toda inversión extranjera debía permanecer en el país por un tiempo mínimo determinado por la ley.

El quiebre de la institucionalidad democrático burguesa en Ecuador y Venezuela convirtió, en 1997 y 1998, a la región andina en el epicentro de la crisis política latinoamericana. En 1997, el presidente Abdalá Bucaram fue destituido en Ecuador como resultado de las protestas populares contra la política neoliberal, la corrupción, el favoritismo y las excentricidades de su gobierno. Sin embargo, el estallido social que derrocó a Bucaram no solo reveló las fortalezas, sino también las debilidades de un movimiento popular carente de dirección política, capaz de quebrar el *statu quo*, pero incapaz de organizar a las masas en torno a un proyecto propio de transformación social, por lo que el desenlace de su rebeldía fue el reciclaje de la dominación neoliberal. Debido a esas limitaciones, la redacción de una nueva Constitución ecuatoriana, iniciada en respuesta a la demanda popular de contar con una Carta Magna antineoliberal, enrumbó por la senda contraria porque la burguesía copó la Asamblea Constituyente y sentó las pautas para mantener el neoliberalismo y dolarizar la economía.

Un resultado opuesto al ecuatoriano tuvo la crisis venezolana. En este país, el desmoronamiento de las instituciones políticas evitó que el imperialismo norteamericano y la oligarquía local pudieran utilizarlas en 1998 para impedir la elección presidencial de Hugo Chávez, al frente de una coalición de militares nacionalistas y diversas corrientes políticas, incluidos los principales partidos de la izquierda. A diferencia de la crisis ecuatoriana, de la cual no surgió un líder popular capaz de encabezar un proyecto alternativo, Chávez capitalizó el vacío de poder creado en Venezuela. Aunque la victoria de Chávez fue interpretada por el imperialismo como una amenaza al nuevo sistema de dominación continental, con la derecha en desbandada y la magnitud del apoyo popular recibido por él en las urnas, el gobierno de los Estados Unidos y sus aliados dentro de Venezuela tuvieron que resignarse a articular un plan desestabilizador a mediano plazo. Por su parte, el nuevo mandatario inició un proceso de transformación jurídica institucional que incluyó la aprobación, en diciembre de 1999, de la Constitución de la República Bolivariana de Venezuela, la revalidación de su mandato presidencial y la elección de una nueva legislatura con mayoría oficial.

En Colombia, con la elección presidencial en 1998 del conservador Andrés Pastrana, se puso en funcionamiento la política de "doble carril" (guerra y negociación) empleada años antes en Centroamérica. Como un primer paso dentro de esa estrategia, en su campaña electoral, el candidato Pastrana se había reunido públicamente con el comandante Manuel Marulanda, máximo jefe de las FARC-EP. Pronto se evidenció que lo que ambas partes buscaban era legitimación nacional e internacional, ya que sus posiciones eran inconciliables. Más dificultoso fue el comienzo de las conversaciones de paz con el ELN, ya que las diferencias en el formato del proceso y las características de las zonas de operaciones de esta organización, unidas al desgaste de Pastrana por los nulos resultados obtenidos con las FARC-EP hasta el momento, endurecieron la posición gubernamental respecto a la desmilitarización del territorio.

La verdadera intención de Pastrana quedó clara cuando, en el año 2000 se anunció, el "Plan Colombia". Amparado en combatir el narcotráfico, este plan aprobado por el Congreso de los Estados Unidos para un período de cinco años, constituye un esquema contrainsurgente e intervencionista a escala de toda América

Latina. Este esquema incluye el fortalecimiento de las fuerzas armadas colombianas, mediante el incremento del número de efectivos, su entrenamiento y equipamiento, unido a una política de erradicación forzosa de cultivos de coca. También abarca la instalación de radares y bases militares norteamericanas en distintos puntos de América Latina y el Caribe, con el propósito de monitorear e interceptar el tráfico aéreo.

En 1997 en Bolivia, se produjo el ascenso a la presidencia del ex dictador Hugo Banzer, al frente de una "megacoalición" denominada "Compromiso por Bolivia", cuya gestión estaría caracterizada por la erradicación forzosa de los cultivos de coca impuesta por el gobierno estadounidense, que agudizaría el déficit de la balanza de pagos y provocaría el auge de las protestas campesinas e indígenas que alcanzarían su punto culminante, años más tarde, con el derrocamiento de Gonzalo Sánchez de Lozada. Durante el gobierno de Banzer, Bolivia servía como ejemplo de las contradicciones que generaban los programas de lucha contra el narcotráfico impuestos por el imperialismo norteamericano.

Carente ya de recursos naturales o activos privatizables con los cuales atraer al capital transnacional, Banzer se aferraba a la ayuda concedida por el gobierno de los Estados Unidos como incentivo para la erradicación forzosa de los cultivos de coca. Sin embargo, ese programa cosechaba una victoria pírrica por la incapacidad de cubrir el vacío provocado por la eliminación de las actividades ilícitas cuyos ingresos compensaban el déficit de la economía formal.

Uno de los hechos más connotados de este período fue el fin de la era política iniciada con la Revolución Mexicana de 1910–1917. Por ser el país en el cual durante siete décadas funcionó un mecanismo único de gobierno, basado en la simbiosis del PRI y la maquinaria del Estado, México era el más claro exponente del impacto de la transnacionalización en el desmontaje del sistema político que respondía a la lógica de una economía nacional. El triunfo de Vicente Fox, del Partido Acción Nacional (PAN) y la derrota del candidato del PRI en la elección presidencial del 2 de julio del año 2000 constituyó un factor de "cambio y continuidad" en la política mexicana, porque el cambio de partido de gobierno respondió, de manera dialéctica, a la necesidad de dar continuidad al desplazamiento del poder de los restos del sistema de alianzas sociales y políticas que imperó en México en la etapa desarrollista.

En el año 2000, concluían los diez años en que Alberto Fujimori desempeñó la presidencia peruana. El caudillismo despótico que desde 1990 ejerció Fujimori, basado en la imagen de "hombre fuerte", capaz de combatir la violencia generalizada que azotaba al país, incluida la actividad terrorista de Sendero Luminoso, fue la principal manifestación de la crisis política peruana. A tal punto llegó el poder de Fujimori que, a pesar de sus desmanes, se impuso por amplio margen a Alejandro Toledo, candidato en torno al cual se había unido toda la oposición. Poco después, sin embargo, el mandatario huyó del país y abandonó el cargo a consecuencia del escándalo desatado por la exhibición televisiva de un video en que el asesor presidencial Vladimiro Montesinos sobornaba a un legislador de la oposición, a partir de lo cual se demostró lo que hasta entonces era un secreto a voces: la corrupción, el soborno, el espionaje, el chantaje y la represión característicos de toda su gestión.

La tercera derrota consecutiva de Lula en Brasil, en esta ocasión, en los comicios de 1998, en los que fue reelecto Fernando Henrique Cardoso, terminó de enterrar las expectativas generadas por la supuesta tendencia a la democratización del capitalismo latinoamericano. Pasó a primer plano la tesis de la "alianza de la izquierda con el centro", que hacía algunos años venía promoviendo el intelectual mexicano Jorge G. Castañeda en un grupo de discusión financiado por el Programa de Naciones Unidas para el Desarrollo (PNUD) e integrado por políticos e intelectuales latinoamericanos. Según esta tesis, el ejercicio del gobierno no le "caería en los brazos" a la izquierda, sino que, para alcanzarlo, ésta tendría que desdibujarse, olvidar su identidad, objetivos y métodos de lucha y fundirse en una masa amorfa y desideologizada con el "centro". La expresión "alianza con el centro" era un eufemismo para referirse a la misma convergencia con el neoliberalismo protagonizada por la socialdemocracia europea. Eso fue lo que hizo el propio Castañeda, sumarse al carro del neoliberalismo, cuando se unió a la campaña electoral y al gobierno de Vicente Fox.

La experiencia del Partido Socialista de Chile (PSCh), el Partido por la Democracia (PPD) y el Partido Radical Socialdemócrata (PRSD) en su alianza con el Partido Demócrata Cristiano (PDC) en la Concertación, establecida a finales de los años ochenta para derrotar a la dictadura de Pinochet, fue el referente utilizado para elaborar la tesis de la "alianza de la izquierda con el centro". Inspirada en ese referente, se construyó en Argentina la alianza de la Unión Cívica Radical (UCR) con el Frente por un País Solidario (FREPASO), la alianza UCR-FREPASO. Tanto en Chile como en Argentina, se sometió a prueba esta tesis.

En la Concertación Chilena, tras dos períodos presidenciales encabezada por los demócrata cristianos Patricio Aylwin y Eduardo Frei, por primera vez un dirigente del PSCh, Ricardo Lagos, accedió en el año 2000 a la presidencia de Chile como candidato de esa coalición. Sin embargo, Lagos frustró las expectativas de que se movería "a la izquierda" de sus predecesores del PDC. Aunque sus promesas electorales no habían enfrentado el ataque abierto de la oligarquía —porque el candidato de la derecha, Joaquín Lavín defendía una plataforma similar—, tan pronto como tomó posesión del cargo, la oposición saboteó los proyectos de reforma fiscal y laboral sometidos al Congreso. La realidad deshizo el mito de una "tercera vía" que se decía capaz de compatibilizar la desnacionalización económica con un mínimo de redistribución de riqueza, al tiempo que las relaciones con los militares se tensaron por la detención de Pinochet en Londres y el dictamen de la Corte

Suprema que abrió la posibilidad de iniciar procesos judiciales contra él en el propio Chile.

En Argentina, con la promesa de poner fin a la "década menemista", en las elecciones presidenciales de 1999 triunfó Fernando de la Rúa, al frente de la Alianza UCR-FREPASO. De la Rúa, cuyo gobierno nació atenazado por la cesión de soberanía y entrega del patrimonio nacional hecha por su predecesor, inició su gestión a principios del año 2000 al frente de un país que ya había privatizado y extranjerizado sus empresas y recursos naturales, transferido al exterior los ingresos recibidos por ese concepto, atado su moneda al dólar, contraído deudas con vencimiento dentro del año por 20 mil millones de dólares y establecido el compromiso con el FMI de mantener el déficit por debajo de 4500 millones de dólares. Sin siquiera un "período de gracia" que le permitiera alejar la noción de un engaño preconcebido, De la Rúa continuó la ejecución de las tareas de reestructuración neoliberal que su antecesor dejó inconclusas, sin que por ello lograra evitar que las empresas calificadoras mantuvieran a Argentina como "deudor de alto riesgo". La continuidad de las medidas anti-populares provocó que el gobierno "alternativo" al de Menem recibiera, de inmediato, su bautismo de fuego, por mediación de huelgas, manifestaciones, interrupciones de carreteras y demás acciones de protesta.

Tanto en Chile como en Argentina, el "nuevo" paradigma terce-rista de la "alianza de la izquierda con el centro" se reveló como una simple versión de la división del trabajo característica de la socialdemocracia, entre un ala izquierda utilizada para atraer el respaldo popular y un ala derecha que monopoliza los puestos claves en el gabinete y actúa en representación del poder real. Aunque con un giro a la "izquierda" en Chile y Argentina mientras en México era a la derecha, en las tres naciones se producía un *cambio* aparente que legitimaba la *continuidad* del ajuste neoliberal.

Los enfrentamientos entre corrientes divergentes de la

izquierda latinoamericana subieron nuevamente de tono en el VII Encuentro del Foro de San Pablo, efectuado en 1997 en Porto Alegre, Brasil. Ese era el resultado de los intentos de imponerle a ese heterogéneo agrupamiento político regional una plataforma programática consistente con las tesis sobre la democratización del capitalismo y el "anclaje" de la "alternativa" dentro del horizonte de esa formación histórico social. Esa iniciativa fue derrotada por las protestas de una izquierda radical que, sin embargo, se caracterizaba por su propia dispersión y contradicciones internas, a las que se sumó la carencia de propuestas propias. Después de este choque, el VIII Encuentro del Foro, celebrado en 1998 por segunda vez en la Ciudad de México, transcurrió con relativa calma, pues se restableció la norma del consenso.

Aumento de la agresividad imperialista vs. triunfos de la izquierda y el movimiento popular durante los primeros cinco años de la presidencia de George W. Bush (2001–2005)

La presente edición de este libro cierra en febrero de 2006, cuando se acaba de cumplir el primer año del segundo mandato presidencial de George W. Bush. En este punto hacemos un corte en la transición que hemos llamado "América Latina entre siglos". Puede argumentarse que el activo rechazo generado en crecientes sectores sociales latinoamericanos por la agresiva y errática política de Bush, aconseja esperar al fin de su presidencia para incluirla, como un todo, en esta periodización. En efecto, es correcto hablar de una etapa de la política del imperialismo norteamericano hacia América Latina que se inicia en enero de 1989, a partir de la toma de posesión de George H. Bush, y que debe extenderse, al menos, hasta enero de 2009, cuando concluya la presidencia de su hijo,

George W. Bush. Decimos "al menos" porque es posible que esta etapa se prolongue aún más.

Si algo demuestra el estudio de la política exterior estadounidense es que existe una gran constancia en sus líneas generales, con independencia de los cambios del presidente e incluso del partido que ocupe el gobierno. En esa dirección apuntaba la timorata campaña del candidato opositor a Bush en la elección presidencial de noviembre de 2004, John Kerry. De manera que es previsible que la actual política imperialista se mantenga mientras subsistan las condiciones a las cuales responde y, en particular, hasta que los pueblos lo obliguen a cambiarla. Sin embargo, no tiene sentido posponer la publicación de estas reflexiones, entre otras razones, porque uno de sus objetivos es acortar el plazo de la derrota de esa política.

En el tránsito entre los siglos XX y XXI, la historia de América Latina sería muy distinta si la Revolución Cubana no hubiese demostrado la capacidad de resistir el recrudecimiento del bloqueo, el aislamiento y las amenazas de del imperialismo norteamericano. No se aborda aquí, sin embargo, la resistencia multifacética del pueblo cubano porque este libro limita a los países de América Latina donde la izquierda y el movimiento popular aún luchan por conquistar o consolidar, según sea el caso, el poder político que ya en Cuba está afianzado.

Los primeros años de la presidencia de George W. Bush están marcados por los atentados terroristas del 11 de septiembre de 2001. Bush manipuló esos acontecimientos para lanzar una "cruzada contra el terrorismo" y legitimar la doctrina de la "guerra preventiva". Esos fueron los pretextos invocados para invadir y ocupar militarmente a Afganistán e Irak, y también para incrementar las amenazas contra Irán, Siria, Corea del Norte y Cuba. Adicionalmente, el mandatario estadounidense utilizó el ambiente creado en torno a esos atentados para reactivar la reestructuración del Sistema Interamericano, estancada por la incapacidad de su predecesor, William Clinton, de conseguir el aval del Congreso de los Estados Unidos para avanzar en la negociación del ALCA.

Apenas horas después de los ataques contra las Torres Gemelas de Nueva York y el Departamento de Defensa en Virginia, la OEA aprobó en Lima la *Carta Democrática Interamericana*,[123] que dota a esa organización de mayores facultades de fiscalización, injerencia y sanción, como escalón superior del entramado de acuerdos construido a partir del *Compromiso de Santiago de Chile con la Democracia y con la Renovación del Sistema Interamericano* de 1991. Bush también aprovechó la oportunidad para obtener la autorización del Congreso que lo faculta a establecer acuerdos comerciales preferenciales (*Trade Preference Agrements*), aunque con restricciones en los términos que puede ofrecer a sus contrapartes, paso que reactivó la negociación del ALCA y la del TLC con Chile. Pero, poco duró esa racha triunfalista...

Inmerso en el sentimiento de euforia y omnipotencia generado por la desintegración del bloque socialista europeo y la crisis terminal de la Unión Soviética, a principios de la década de mil novecientos noventa el imperialismo norteamericano confiaba en que la reestructuración de su sistema de dominación continental no podría ser entorpecida —y mucho menos derrotada— por los pueblos. Dentro de ese contexto, la implantación del ALCA fue concebida por los planificadores de política estadounidenses como un proceso de negociación/imposición de contenido oculto —fuera del escrutinio popular y, en muchos aspectos, fuera también del escrutinio de las legislaturas nacionales—, cuyas cláusulas tendrían que ser aceptadas como un "paquete" único por todos los gobiernos de América Latina y el Caribe, en la fecha tope de principios de 2005 arbitrariamente decidida por ellos de antemano. Este paquete serviría de colofón a la reforma neoliberal iniciada a fines de los años setenta.

Solo la subestimación de la voluntad y la capacidad de lucha de los pueblos latinoamericanos y caribeños, explica la soberbia con que fue diseñado el ALCA. Pero, en medio de un creciente movimiento popular de rechazo a ese engendro re-neocolonizador —un movimiento estructurado y coordinado a escala continental—, el ALCA sufrió su primera derrota oficial en la reunión ministerial sobre Economía y Finanzas de las Américas celebrada en Miami en noviembre de 2003, en la cual se evidenció la incapacidad del gobierno de los Estados Unidos de imponer su diseño original. Esa derrota no fue completa y definitiva porque en esa misma reunión se adoptó un esquema alternativo de negociación, que permite suscribir la totalidad de las cláusulas del ALCA a los países dispuestos a hacerlo, mientras los demás pueden asumir aquellos compromisos parciales que consideren aceptables. A principios de 2006, esa estrategia ha dado resultados mixtos: algunos países suscribieron tratados bilaterales o subregionales de libre comercio con los Estados Unidos, mientras otros no quisieron hacerlo. Sin embargo, lo más importante es la derrota del intento hecho por Bush de revivir la negociación del ALCA en la Cumbre de las Américas celebrada en Mar del Plata, Argentina, en diciembre de 2005.

De manera similar a lo ocurrido en la negociación del ALCA, también el pilar político de la reestructuración del sistema de dominación continental, la Reforma de la Carta de la OEA, da crecientes señales de estancamiento y agotamiento. Aún más, la intromisión en la elección presidencial boliviana de diciembre de 2005 para tratar de evitar la elección de Evo Morales, el fraude cometido en la elección presidencial haitiana de febrero de 2006 para intentar robarle el triunfo a René Preval, y el inicio de una nueva campaña internacional dirigida a promover el aislamiento de la Revolución Bolivariana en Venezuela, nos inducen a comenzar a hablar del *fracaso* de esa reestructuración.

En las condiciones del mundo unipolar, el imperialismo norteamericano creyó que podría implantar en el subcontinente un modelo de *democracia neoliberal*, que garantizara sus intereses sin necesidad de recurrir a los métodos tradicionales de injerencia e intervención —como las invasiones militares, los golpes de Estado, los fraudes, las dictaduras militares, los asesinatos políticos y otros—, que tanto repudio llegaron a concitar en la opinión pública estadounidense y mundial. La idea era ceñirle al Estado latinoamericano y caribeño una camisa de fuerza, de manera que la dominación imperialista no dependiera principalmente de sus acciones para evitar, por medios violentos o "pacíficos", el acceso al gobierno de fuerzas políticas locales que no fuesen de su absoluta confianza, sino que el sistema electoral pudiera "abrirse" a la "alternancia" de diversas fuerzas políticas, siempre que todas y cada una de ellas se comprometieran a respetar las "reglas del juego", en particular, las reglas de la transferencia de riqueza al capital financiero transnacional, que no permiten ejecutar una política de distribución social compatible con los objetivos y programas históricos de la izquierda. Una de las piezas fundamentales de esa camisa de fuerza es la Reforma de a Carta de la OEA, destinada a imponer los parámetros de la *democracia neoliberal*, controlar el cumplimiento de esos parámetros y sancionar sus infracciones. Hoy podemos hablar del estancamiento, el agotamiento e, incluso, del *fracaso* de esa reforma.

El estancamiento y agotamiento de la reforma del sistema de dominación se evidencian en la derrota del intento del gobierno estadounidense, realizado en la Asamblea General de la OEA correspondiente a 2005, de dotar a esa organización facultades para *monitorear el funcionamiento democrático* de los países de la región y *adoptar medidas punitivas* en los casos en que lo considere pertinente. Se trata del fracaso del intento de crear un nuevo mecanismo intervencionista concebido, específicamente, para atacar al gobierno del presidente Chávez en Venezuela, que hubiese establecido un precedente utilizable contra otras naciones. La administración Bush tampoco logró imponer a ninguno de sus dos candidatos favoritos para la Secretaría General de la OEA, el ex presidente salvadoreño Francisco Flores o el canciller mexicano Luis Ernesto Derbez, sino que a ese cargo fue electo el ministro del Interior de Chile, José Miguel Inzulsa, con el apoyo de Brasil, Argentina, Uruguay y otros países.

Al igual que sucede con la derrota del imperialismo norteamericano en la negociación de los tratados de libre comercio, tampoco en los casos de la Reforma de la Carta de la OEA o la elección del Secretario General de esa organización se produjeron derrotas completas o definitivas, sino la imposición de límites al avance que ya venía registrando la dominación imperialista. El mecanismo de "protección de la democracia" de la OEA sigue existiendo y en las resoluciones recién adoptadas se explicita que los gobiernos pueden recurrir a él para buscar el respaldo de esa organización frente a un movimiento popular que ponga en peligro la estabilidad de la *democracia neoliberal*. Por su parte, cualesquiera que sean las intenciones personales de José Miguel Inzulsa —sin duda alguna, diferentes a las de Flores y Derbez— tendrá un margen de maniobra relativamente estrecho como funcionario de una entidad que durante los últimos quince años ha sido reestructurada para adecuarla al Nuevo Orden Mundial.

No se habla en este ensayo del *fracaso* de la reforma política del sistema de dominación continental en el sentido de que el gobierno de los Estados Unidos ya no tenga la fuerza bruta para destruir los procesos de orientación popular que se desarrollan en América Latina, o de que todos esos procesos ya estén consolidados. Esa parte de la historia está aún por escribirse. El *fracaso* consiste en que el imperialismo norteamericano se ve obligado a *volver a utilizar* —o quizás deba decirse a *seguir utilizando*— los métodos más groseros de injerencia e intervención, de los cuales quería prescindir.

A partir de la premisa de que *la excepción confirma la regla*, hasta hace poco podían considerarse como "excepciones" las intromisiones cometidas en las elecciones nicaragüenses de 1990, 1996 y 2002 para evitar el triunfo del candidato presidencial del FSLN, Daniel Ortega, y en la elección salvadoreña de 2004 para evitar el triunfo del candidato presidencial del FMLN, Schafik Handal. Con una alta dosis de candidez, podía considerarse como otra "excepción" el incremento de la campaña de desestabilización registrado desde 2001 contra la Revolución Bolivariana. Finalmente, ya no por candidez, sino por ceguera política, también podía catalogarse como "excepción" la renuncia forzosa y el envío a África del presidente haitiano Jean Bertrand Aristide, ocurrido en febrero de 2004. Pero, al incorporar a esta lista la injerencia en la elección presidencial boliviana de diciembre de 2005 para evitar la elección de Evo Morales, el intento de fraude cometido en la elección presidencial haitiana de febrero de 2006 para escamotearle la victoria a René Preval, y la nueva campaña internacional emprendida por la administración Bush para aislar al gobierno de Hugo Chávez, ya no queda lugar a dudas sobre la existencia de un patrón de conducta: el imperialismo fracasó en el intento de sustituir la injerencia y intervención abiertas por el esquema de "gobernabilidad democrática", y se ve crecientemente obligado a *volver a practicar* —o a *seguir practicando*— de manera descarnada, su histórica política de fuerza.

En el terreno militar, los magros resultados del llamado Plan Patriota —una ofensiva de más de diecisiete mil efectivos lanzada por el gobierno de Álvaro Uribe en Colombia contra las FARC-EP—, revelan el fracaso de la estrategia contrainsurgente que inspiró al Plan Colombia y la Iniciativa Regional Andina, aunque esas políticas sí cumplieron el objetivo de justificar una mayor presencia de las Fuerzas Armadas estadounidenses en América Latina, mayor control sobre las fuerzas armadas latinoamericanas y mayor apropiación de la biodiversidad de la región.

El fracaso de la reestructuración del sistema de dominación continental es el resultado de un incremento de la resistencia y lucha popular en América Latina, que abarca las más diversas formas de protesta social —incluidas las huelgas, las manifestaciones, la interrupción de calles y carreteras, los cacerolazos y los piquetes—; la construcción de redes nacionales, continentales y mundiales de movimientos populares; las acciones dirigidas contra las reuniones de la OMC, el FMI, el Banco Mundial, la OEA, las Cumbres de las Américas y demás instituciones que representan los intereses imperialistas; la consolidación del Foro Social Mundial y el Foro Social Américas como un proceso sistemático de convergencia y aglutinación popular, y la elección de candidatos de izquierda a cargos ejecutivos, legislativos y judiciales en gobiernos locales, estaduales y/o nacionales en casi todos los países de América Latina. Este movimiento de resistencia y lucha popular tiene en su haber el derrocamiento de los presidentes Fernando Color de Melo en Brasil (1992), Carlos Andrés Pérez en Venezuela (1993), Abdalá Bucaram (1997), Jamil Mahuad (2000) y Lucio Gutiérrez (2005) en Ecuador; Fernando de la Rúa y sus sucesores inmediatos (2001) en Argentina, y Gonzalo Sánchez de Losada (2003) y Carlos Mesa (2005) en Bolivia.

En el ámbito político-electoral, además de gobernar o haber gobernado en ciudades como Porto Alegre, São Paulo, Montevideo, México, Managua, San Salvador, Caracas y Bogotá, y en estados, departamentos o provincias, como Río Grande do Sul, Santa Fe, Michoacán y Estelí —por solo citar algunos de los ejemplos más conocidos—, los más importantes triunfos de la izquierda latino-americana son las elecciones a la presidencia de sus respectivos países de Hugo Chávez (Venezuela, 1998 y 2000), Luiz Inácio Lula da Silva (2002), Tabaré Vázquez (2004) y Evo Morales (2005).

Con la elección de Evo Morales a la presidencia de Bolivia, son cuatro los líderes de la izquierda latinoamericana que accedieron al gobierno desde que Hugo Chávez lo hizo en 1998. De acuerdo con el grado de agudización de la crisis capitalista en que se produjo cada uno de esos triunfos, la orientación política de sus protagonistas y la actitud asumida por ellos con respecto al sistema de dominación imperante, resulta evidente que el imperialismo norteamericano considera a los gobiernos de Venezuela y Bolivia son incompatibles con el sistema de dominación impuesto en el subcontinente a partir de 1991, mientras a los de Brasil y Uruguay los trata como funcionales a él.

Tanto por ser el primer triunfo de un candidato popular en una elección presidencial latinoamericana contemporánea, como por su enfrentamiento al imperialismo norteamericano, nuestro análisis de la construcción de alternativas de izquierda en la América Latina de entre siglos comienza por la Revolución Bolivariana de Venezuela, que sorteó los más recientes episodios de la campaña desestabilizadora en su contra. La elección del presidente Hugo Chávez se produjo en diciembre de 1998, en medio del desmoronamiento de la institucionalidad democrático burguesa venezolana. Tan debilitados y desprestigiados quedaron los partidos tradicionales que el imperialismo y sus aliados locales tardaron más de tres años en conformar un esquema desestabilizador basado en el control que ejercen sobre los medios privados de comunicación, las organizaciones empresariales, los sindicatos amarillos y la Jerarquía Católica. Durante este período se aprobó la Constitución de la Quinta República, se produjo la reelección de Chávez y se realizaron diversos comicios que ampliaron el poder popular.

La ofensiva contrarrevolucionaria en Venezuela alcanzó el clímax durante el primer mandato de Bush. Entre los intentos de derrocar al presidente Chávez resaltan el golpe de Estado del 11 de abril de 2002 —derrotado por la espontánea movilización popular—, el Paro Cívico Nacional iniciado inmediatamente después —que incluyó la huelga empresarial y el sabotaje a PDVSA— y el Referéndum Revocatorio Presidencial celebrado el 15 de agosto de 2004. A partir del triunfo de Chávez en este referéndum por más de más de dos millones de votos, las fuerzas bolivarianas recuperaron la iniciativa frente a una oposición política nuevamente dividida, debilitada y desacreditada. La victoria popular se ratificó en las elecciones estaduales y municipales del 31 de octubre de 2004, en las que los bolivarianos ganaron casi todas las gobernaciones (salvo las de Zulia y Nueva Esparta) y 270 de las 337 alcaldías del país.

En las nuevas condiciones, el gobierno del presidente Chávez —que durante sus primeros años se concentró en la reforma del sistema constitucional, legal y electoral—, pudo complementar su obra mediante el desarrollo de las *misiones sociales* que brindan servicios de salud, educación, capacitación y otros, a los sectores desposeídos de la población, al tiempo que, en la esfera internacional, la Alternativa Bolivariana para la América (ALBA) inició una nueva era de cooperación con el resto de los países de América Latina y el Caribe, basada en un enfoque solidario y mutuamente ventajoso.

A poco más de siete años de la elección de Chávez, la consolidación de la Revolución Bolivariana es una tarea prioritaria, tanto porque sus enemigos no cejarán en el empeño de destruirla, como por las insuficiencias propias, inherentes a todo naciente proceso político de orientación popular. En este sentido, el resultado de los comicios legislativos de diciembre de 2005 fue ambivalente. Por una parte, convencida de que solo obtendría unas pocas diputaciones, la oposición decidió evitarse ese fracaso mediante el llamado a la abstención —tradicionalmente alta en el país—, lo que despejó el camino para que la coalición gubernamental ocupara todos los asientos de la Asamblea Nacional. Por otra, la asistencia a las urnas de 25% de los votantes, aunque solo obedece de manera marginal al llamado opositor, revela la necesidad de fortalecer la labor de organización y movilización electoral, porque, si bien la reelección del presidente Chávez en diciembre de 2006 no está en duda, la abstención facilita la campaña deslegitimadora. Esa campaña cobró una nueva dimensión con la ofensiva emprendida por la secretaria de Estado de los Estados Unidos, Condoleeza

Rice, y otros altos funcionarios de la administración Bush, para promover el aislamiento de la Revolución Bolivariana.

Cuando la acumulación de reveses sufridos desde 1988 por todos los demás candidatos presidenciales de la izquierda latino-americana daba la impresión de que la elección de Chávez era un acontecimiento irrepetible, en octubre de 2002, Luiz Inácio Lula da Silva fue electo presidente de Brasil. Esta victoria se produjo catorce años después que la votación recibida por Lula en su primera elección presidencial consolidara la apertura de una nueva etapa de lucha de la izquierda latinoamericana. Durante ese lapso, el líder del PT sufrió tres derrotas consecutivas (1989, 1994 y 1998) que casi provocan el fin de su vida política, y ese partido fue estremecido, una y otra vez, por el debate sobre si esas derrotas eran resultado de una insuficiente o una excesiva ampliación de sus alianzas hacia los sectores de centro.

Lula asumió la presidencia de Brasil el 1ro. de enero de 2003, dentro de los estrechos márgenes de maniobra que le permitían las ataduras impuestas al país por el capital financiero transnacional. Su gobierno no contaba con una mayoría en el Congreso Federal que le posibilitara aprobar su agenda legislativa, por lo que su tarea inicial fue negociar la incorporación a la alianza guber-namental de fuerzas políticas de centro y centroderecha, que no habían integrado la coalición electoral originalmente formada en torno al PT. La estrategia de esa alianza fue priorizar —e incluso anticipar— el cumplimiento de los compromisos con los acreedores internacionales, con el argumento de que había que reducir primero la vulnerabilidad externa, para después acumular excedentes que pudieran destinarse al desarrollo económico y social en un eventual segundo período gubernamental.

Mediante programas como Hambre Cero y Bolsa de Familia, el gobierno de Lula centró su política social en el combate a la pobreza extrema, meta que no rebasa los postulados del Banco Mundial, a los que pocos gobiernos prestan atención. Las reivindicaciones de los sectores populares brasileños serían atendidas en la medida en que no pusieran en riesgo el cumplimiento de los compromisos financieros. En mayor o menor medida, esta política dejaba insatisfechas un conjunto de expectativas que, fuesen atinadas o no, se habían hecho los movimientos populares que constituyen la base social del PT desde su fundación. A poco más de tres años de iniciado su mandato, se observa la huella de esas contradicciones, que hacen del gobierno de Lula un "caso de estudio" de las posibilidades y desafíos que se presentan ante la izquierda latinoamericana. El principal de esos desafíos es la imposibilidad de compatibilizar el respeto a las reglas del sistema de dominación, con el cumplimiento de los objetivos históricos proclamados por la izquierda.

La crisis que azota al gobierno de Lula desde los primeros meses 2005, revela otro de los peligros que asechan a las fuerzas de izquierda cuando acceden a espacios institucionales en las condiciones de la democracia neoliberal: la tentación a la que sucumben valiosos compañeros de recurrir a las mismas prácticas empleadas por la burguesía para mantener el equilibrio del poder. El detonante de la crisis fue la denuncia de que dirigentes del gobierno y el PT operaban un esquema financiero, conocido en Brasil como *Caja 2*, consistente en recibir donaciones secretas, que eran utilizadas para cubrir gastos del PT y otros partidos de la alianza gubernamental. Aunque no se trata de un caso de enriquecimiento o corrupción personal, sí es una trasgresión de los principios enarbolados por el PT desde su fundación, que da al traste, incluso, con el "plan mínimo" de la centroizquierda actual, consistente en "marcar la diferencia" con respecto a los gobiernos burgueses, si bien no mediante una ruptura con el *statu quo* impuesto por el capital financiero, al menos, con una gestión de gobierno transparente y eficiente.

Entre la espada de las expectativas creadas por la elección de un gobierno de izquierda y la pared de un sistema de dominación transnacional que no permite satisfacerlas, se encuentra también el gobierno del Frente Amplio de Uruguay encabezado por el presidente Tabaré Vázquez. A raíz de su victoria electoral en octubre de 2004, el 1ro. de marzo de 2005 tomó posesión en Uruguay el gobierno de la alianza electoral Frente Amplio-Encuentro Progresista-Nueva Mayoría, que en diciembre de ese año fundió en una sola coalición política, mediante la incorporación al Frente Amplio por parte del Encuentro Progresista y la Nueva Mayoría.

El gobierno uruguayo, que abarca a fuerzas de izquierda, centroizquierda y centro, cuenta con mayoría legislativa en la Cámara de Diputados y en el Senado, aunque no llega a ser la mayoría calificada necesaria para hacer reformas constitucionales. El Frente Amplio (FA) consolidó su triunfo y delineó un nuevo mapa político en las elecciones municipales de mayo de 2005, porque por primera vez esa fuerza, no solo retuvo la Intendencia de Montevideo —donde se impuso por cuarta vez consecutiva, ahora con 60% de los votos—, sino también eligió intendentes en otros siete departamentos. Así quebró el control ejercido durante 170 años por los partidos de derecha sobre el gobierno nacional y los gobiernos municipales del interior. Hoy el FA controla los territorios donde reside 75% de la población y se produce 80% de la riqueza del país.

De manera similar al gobierno de Lula en Brasil, el gabinete de Vázquez prioriza —y anticipa— los pagos de la deuda externa a partir de la premisa de que ello permitirá, eventualmente, acumular excedentes para invertirlos en el desarrollo económico y social. Salvo las restricciones derivadas de ese orden de prioridades —que, sin dudas, no constituye un dato menor—, el FA presta una atención, sin precedentes en el Uruguay, a las reivindicaciones de los sectores populares.

Todos tenemos derecho a estar de acuerdo o discrepar, en mayor o menor medida, con los objetivos, la estrategia y la táctica de cualquier fuerza de izquierda. Sin embargo, al ejercer ese derecho "desde fuera" en casos como los del PT y el FA, es preciso hacerlo con respeto y mesura, porque son fuerzas políticas *plurales*, dentro de las que convergen diversas corrientes políticas e ideológicas, cada una de las cuales formula y defiende su propia visión del proyecto emancipador por el que lucha su partido, movimiento o coalición, y de la estrategia y la táctica para construirlo. De esto se deriva que, cualesquiera que sean las opiniones que un crítico *externo* pueda tener sobre la línea política general o sobre las acciones concretas de estas organizaciones —u otras similares—, es muy probable que dentro de ellas ya haya grupos de dirigentes y militantes que defienden opiniones similares, con mucho mayor conocimiento de causa y efectividad. Lo más importante es que, organizaciones como el PT y el FA, intentan desbrozar caminos en un terreno casi virgen, por lo que tanto sus aciertos como sus desaciertos aportarán valiosas experiencias al resto de la izquierda latinoamericana

Otro candidato de izquierda que se presentó a elecciones presidenciales en 2004 fue el recién desaparecido Schafik Jorge Handal, por el FMLN de El Salvador. Schafik fue derrotado a pesar de que obtuvo una votación superior a la de cualquier presidente elegido en la historia de esa nación. Ello obedeció, entre otros factores, a la intromisión del imperialismo norteamericano en la campaña electoral, que llegó a amenazar con interrumpir las remesas y hacer una repatriación masiva de inmigrantes ilegales salvadoreños, lo que contribuyó a que el candidato del partido oficialista, ARENA, recibiera una votación aún mayor que la de él. La injerencia imperialista en este caso fue similar a la practicada en todas las elecciones presidenciales nicaragüenses desde la realizada en 1990.

Cuando la decisión de los gobiernos de Lula en Brasil y Tabaré en Uruguay de llenar un expediente de buena conducta con el capital financiero, parecía apuntar a una tendencia general —que colocaba a Venezuela en una posición excepcional de enfrentamiento al imperialismo y la oligarquía nacional—, en diciembre de 2005, Evo Morales fue electo presidente de Bolivia, a pesar de la intromisión del imperialismo norteamericano para evitarlo. La elección de Evo, candidato del Movimiento al Socialismo (MAS), es un acontecimiento sin precedentes por varias razones: es el primer mandatario indígena en la historia de ese país —y de toda América Latina, después de Benito Juárez—, es el primer líder de la izquierda y el movimiento popular boliviano que accede a la jefatura del Estado, y es la primera vez que un candidato presidencial obtiene 53,7% de la votación, cifra superior a la mitad más uno establecida por la ley, que eliminó toda posibilidad de que el triunfo le fuera escamoteado en el Congreso Nacional.

La elección de Evo obedece a su capacidad de capitalizar los efectos de la crisis desatada en octubre de 2003, en medio de la cual fue derrocado el presidente Gonzalo Sánchez de Lozada, a la inoperancia del sustituto de este último, Carlos Mesa y, en general, a la incapacidad de las fuerzas políticas tradicionales de satisfacer las demandas del movimiento popular, entre ellas la nacionalización de los hidrocarburos y la elección de una Asamblea Constituyente. Además de las mayorías indígenas y de otros sectores de la base de pirámide social boliviana, el MAS captó el voto de la clase media baja, formada por profesionales mal remunerados, y pequeños empresarios y comerciantes que van rumbo a la ruina.

El nuevo gobernante boliviano se enfrentará a una gama de problemas que pueden agruparse en tres categorías: primera, formar un gobierno funcional y coherente, y una fuerza política capaz de movilizar en su apoyo a los sectores populares; segunda, satisfacer las expectativas creadas por su elección, lo que implica vencer la resistencia de los poderes trasnacionales y nacionales a que se cumpla la agenda del popular y, tercera, derrotar la campaña de desestabilización que el imperialismo no tardó en iniciar. En este último aspecto, cabe esperar una ofensiva reaccionaria contra Evo, similar a la que desde hace años se desarrolla contra Chávez.

Si bien no se trata del triunfo de candidatos de izquierda, también la elección de Néstor Kirchner en Argentina (febrero de 2003) y la de Michelle Bachelet en Chile (enero de 2006), entorpecen el "plan máximo" de la dominación imperialista, en el caso de Kirchner por su rechazo al ALCA y otros aspectos de la política de Bush y, en el caso de Bachelet, por el papel que desempeñó el voto comunista en la segunda vuelta para impedir el triunfo del candidato de la ultraderecha.

Ante el desprestigio del sistema político imperante y la bancarrota de sus instituciones —y también influida por el triunfo de Lula en los comicios brasileños de finales de 2002—, la elección presidencial de Néstor Kirchner y su gestión con una plataforma que incluye la imagen de una negociación honorable con el FMI y la satisfacción de importantes demandas políticas y sociales (no tanto las económicas) de la izquierda y el movimiento popular, reflejan el repliegue a que se ha visto obligado el capital transnacional y la oligarquía criolla, quienes apuestan a su desgaste para lanzarse de nuevo a la ofensiva, ya sea para empujarlo por hacia el neoliberalismo ortodoxo, o para desestabilizarlo para demostrar que no hay alternativa a esa doctrina.

El gobierno de Kirchner se fortalece por la percepción popular de que logró contener los problemas políticos, económicos y sociales que aquejaron al país en los últimos cuatro años. Este fortalecimiento se evidenció en las elecciones legislativas de octubre de 2005, en las que se renovó una parte del Congreso Nacional, de las legislaturas de ocho provincias —incluidas la Capital Federal y las provincias de Buenos Aires, Santa Fe y Córdoba— y de sus correspondientes municipios, donde habita el 75% de la población.

Tras mantener una relación ambivalente con la administración de George W. Bush, que en transcurso de 2005 parecía apuntar a un acercamiento del gobierno argentino al estadounidense, la contradicción entre ambas partes pasó al primer plano cuando el presidente Kirchner, junto a Hugo Chávez, Luiz Inácio Lula da Silva y Tabaré Vázquez, actuó en la Cumbre de Mar del Plata como uno de los mayores opositores a la propuesta de relanzar la negociación del ALCA y, aún más, cuando después viajó a Venezuela para suscribir convenios de colaboración. Kirchner combina las críticas al FMI y las empresas transnacionales que violan los términos de las privatizaciones, con una política neoliberal heterodoxa, cuya retórica social encubre la prioridad otorgada al pago de la deuda al propio FMI y a garantizar las remesas de utilidades al exterior.

A la relación de gobiernos latinoamericanos ubicados en el espectro que abarca desde la izquierda hasta el centro, que hoy se cierra con Argentina, podría sumarse México en las elecciones presidenciales de julio de 2006, en caso de que se produzca la victoria de Andrés Manuel López Obrador, candidato del Partido de la Revolución Democrática (PRD), el Partido Convergencia Democrática (PCD) y el Partido del Trabajo (PT). López Obrador es el candidato de un amplio y heterogéneo espectro que abarca a sectores de izquierda, centroizquierda y centro. Es un dirigente del PRD que alcanzó su popularidad en virtud de la imagen de administrador dedicado, honrado, austero y eficiente, que proyectó como jefe de Gobierno del Distrito Federal. Parte de esa popularidad se la debe al intento del presidente Fox y el liderato del PRI, de fabricar un juicio para inhabilitarlo como candidato presidencial, maniobra que lo convirtió en una figura nacional y le granjeó un masivo apoyo ciudadano.

La actuación del Partido Socialista de Chile (PSCh), el Partido por la Democracia (PPD) y el Partido Radical Socialdemócrata (PRSD) dentro de la Concertación de Partidos por la Democracia, que gobierna en Chile desde 1990, no se ubica en el espectro de izquierda, centroizquierda y centro en que actúan los gobiernos de Lula en Brasil y Tabaré en Uruguay, y ni siquiera en el terreno de centro progresista que ocupa el gobierno de Kirchner en Argentina. Baste recordar que Chile fue el segundo país latinoamericano, después de México, que firmó un tratado de libre comercio con los Estados Unidos, y que es un activo promotor del ALCA. Hecha esta salvedad, puede afirmarse que la elección de Michelle Bachelet a la presidencia y el cambio en la correlación de fuerzas ocurrido en el Congreso, en detrimento de los sectores de ultraderecha, evitan que la situación del país empeore aún más.

La victoria de la socialista Bachelet, con 52% de los votos emitidos en la segunda vuelta de la elección presidencial efectuada el 15 de enero de 2006, abrió el camino al cuarto gobierno sucesivo de la Concertación. El derrotado fue Sebastián Piñera, candidato de la Alianza por Chile, formada por la Unidad Democrática Independiente (UDI) y Renovación Nacional (RN), ambas de la derecha más recalcitrante, quien obtuvo un nada despreciable 46% del sufragio.

En el triunfo de Bachelet, jugó un papel decisivo el voto movilizado por el Partido Comunista, hecho que la compromete, políticamente y moralmente, a cumplir con el compromiso de trabajar para eliminar el sistema electoral binominal, impuesto por Pinochet con el propósito de discriminar a las fuerzas de izquierda. La elección de Bachelet se suma al cambio en la correlación de fuerzas en el Senado y la Cámara de Diputados, ocurrido en las elecciones efectuadas en diciembre de 2005 junto a la primera vuelta de las presidenciales, que favorece a la Concertación y perjudica a los partidos de extrema derecha, al tiempo que, al interior de la Concertación, beneficia al polo de centroizquierda y centro integrado por el PSCh, el PPD y el PRSD, en detrimento del polo de derecha que ocupa el PDC.

Otra elección en la que los antecedentes históricos no se corresponden con la actuación presente de la fuerza política que asume el gobierno es la de Martín Torrijos en Panamá, ocurrida en 2004, que generó la expectativa de que desarrollaría una política de centroizquierda o progresista, atribuible a la memoria del general Omar Torrijos y a la existencia de corrientes de izquierda dentro del oficialista Partido Revolucionario Democrático (PRD). Sin embargo, el gobierno de Torrijos es uno de los principales defensores del ALCA, a cuya sede aspira la Ciudad de Panamá. Como contrapartida, los factores que enturbian las relaciones entre Panamá y Estados Unidos son el rechazo del sector agrícola panameño a los términos del Tratado de Libre Comercio y el interés demostrado por el mandatario panameño en restablecer las relaciones diplomáticas y ampliar la colaboración con Cuba.

Las relaciones entre Cuba y Panamá, rotas a raíz del indulto otorgado por la ex presidenta Mireya Moscoso a cuatros terroristas de origen cubano que planeaban un atentado contra la vida del presidente Fidel Castro, fueron restablecidas el 20 de agosto de 2005, fecha conmemorativa del duodécimo primer aniversario del restablecimiento de relaciones entre ambos países tras la ruptura impuesta por la OEA en la reunión de Punta del Este, uno de cuyos protagonistas fue el desaparecido Omar Torrijos.

A pesar de que este libro no analiza la problemática del Caribe de habla inglesa, francesa y holandesa, es imposible pasar por alto los acontecimientos ocurridos en Haití en los últimos años. En medio de una aguda crisis política, que incluyó una ola de violencia protagonizada por bandas armadas, en febrero de 2004, fuerzas especiales de los Estados Unidos ocuparon el Palacio Presidencial de Haití, obligaron a renunciar al presidente Jean Bertrand Aristide y lo enviaron a un país africano. Dos años tardaron el gobierno provisional haitiano y los cascos azules de la ONU en organizar un proceso comicial para elegir a un nuevo presidente constitucional y una nueva legislatura. Tras varias posposiciones, atribuidas a problemas organizativos y logísticos, esas elecciones se efectuaron el día 7 de febrero de 2006.

En las primeras cifras parciales dadas a conocer por el Consejo Nacional Electoral (CNE), el ex primer ministro (del gobierno de Aristide) y también ex presidente, René Preval, aparecía con más de 60% del voto popular, mientras su más cercano rival apenas sobrepasaba el 11%. Sin embargo, en siguientes cortes informativos, la votación de Preval "cayó" a menos del 50%, lo cual lo obligaba a concurrir a una segunda vuelta, para la cual ya los demás candidatos derrotados se habían puesto de acuerdo para formar un bloque contra él. Las pruebas del fraude contra Preval —incluidas miles de boletas encontradas en su basurero y mostradas por la televisión— y las protestas de sus seguidores, llevaron al CNE a adjudicar a cada candidato una cantidad de los votos en blanco proporcional a sus respectivos porcentajes, con lo cual Preval fue electo presidente con más de 51%.[124]

Es importante señalar que la logística, la seguridad y la transparencia del proceso electoral haitiano estaban a cargo del contingente de cascos azules de la ONU, encabezado por un general brasileño, e integrado, entre otros, por soldados de dos países gobernados por presidentes de izquierda, Brasil y Uruguay; de un país gobernado por un presidente progresista, Argentina; y de otro país gobernado por un presidente con una trayectoria anterior de izquierda, Chile. De manera que la administración Bush y sus aliados en Haití no tuvieron escrúpulos de cometer un fraude que, por acción, omisión, tolerancia o desconocimiento, podía implicar a los gobiernos latinoamericanos de izquierda y progresistas con tropas en ese país.

De los gobiernos latinoamericanos de derecha, cuya característica general es que están asediados por la agudización de la crisis política, económica y social, el que cuenta con mejor fortuna es el de Álvaro Uribe. La decisión de la Corte Constitucional de Colombia de aprobar la reelección presidencial abre el camino a un segundo mandato de Uribe, cuya imagen de "hombre fuerte" concita amplio respaldo en una población hastiada de la inseguridad y la violencia reinantes. Otro aspecto relevante en el plano político es la fusión de las coaliciones Polo Democrático Independiente (PDI), de centroizquierda, y Alternativa Democrática (AD), de izquierda, en un nuevo frente electoral, denominado Polo

Democrático Alternativo (PDA). Aunque la candidatura presidencial del PDA para las elecciones de mayo de 2006 se enfrenta a grandes obstáculos, constituye un importante esfuerzo por unir a todo el espectro de izquierda, centroizquierda y centro en un frente opositor al bloque de ultraderecha encabezado por Uribe.

Paradójicamente, a pesar de que la promesa de "pacificar" al país es la que sustenta la popularidad de Uribe, su Política de Seguridad Democrática no logró destruir ni ocasionar grandes bajas a los movimientos insurgentes. El fracaso más connotado de la política de Uribe es el del denominado Plan Patriota, campaña militar de más de 17 mil soldados contra las FARC-EP, cuyo supuesto éxito recibió gran cobertura de los medios de comunicación, pero el gobierno no pudo probarlo mediante la exhibición de guerrilleros muertos, heridos o prisioneros.

Una de las acciones del mandatario colombiano más repudiadas por la opinión pública nacional e internacional fue aprobación de la Ley de Justicia y Paz, que ampara el indulto y desmovilización de las fuerzas paramilitares, una parte de las cuales adopta nuevas modalidades para seguir operando dentro del andamiaje criminal-represivo del narcotráfico y la contrainsurgencia, mientras otra se reincorpora de inmediato a las actividades que, supuestamente, acaban de abandonar. Según declaraciones de sus propios jefes, los paramilitares cuentan con 35% de los senadores y diputados que integran el Congreso Nacional.

Con el fin de compensar los costos provocados por el fracaso de la Política de Seguridad Democrática y por el indulto a los paramilitares, Uribe adoptó dos medidas: una fue sostener en La Habana, en la tercera semana de diciembre de 2005, un intercambio con el ELN para explorar la posibilidad de iniciar un diálogo de paz, y la otra fue malograr —tras la fachada de una supuesta aceptación— la propuesta de una Comisión Europea, formada por España, Francia y Suiza, que hubiese permitido concretar el intercambio humanitario de prisioneros propuesto hace tiempo por las FARC-EP.

En el resto de América del Sur, los gobiernos de derecha no tuvieron una situación favorable como el de Colombia. En Perú, a pesar de que el gobierno de Alejandro Toledo estableció en 2005 un nuevo record de impopularidad, desprestigio y protesta social, ninguna fuerza política forzó su caída, con la esperanza de que la campaña para las elecciones de abril de 2006 ayude a formar una coalición capaz de enfrentar la crisis que azota al país. Dieciséis candidatos presidenciales, doce de derecha y cuatro de izquierda, se inscribieron para esos comicios. Como ninguno obtendrá más de 50% de los votos para elegirse en primera vuelta, todos tratan de hacer alianzas para la segunda, con un enfoque pragmático que no descarta combinación alguna de partidos de derecha, centro e izquierda.

En Ecuador, igual que ocurrió con los presidentes Abdalá Bucaram y Jamil Mahuad, el derrocamiento del presidente Lucio Gutiérrez en abril de 2005 solo sirvió para reciclar la política neo-liberal y la sumisión al imperialismo norteamericano, en este último caso, mediante la gestión del presidente interino Alfredo Palacio. La diferencia es que la movilización que provocó la renun-cia de Gutiérrez no fue convocada por los partidos políticos, los sindicatos o por los movimientos indígenas, sino por las capas medias y altas de Quito que, desde febrero, exigían su salida con protestas que cobraron fuerza hasta sumar miles y miles de participantes.

Centroamérica, la región más sometida al imperialismo norte-americano, fue devastada por la falta de políticas de protección ecológica y defensa civil frente a los fenómenos de la naturaleza. En este contexto, en medio de inundaciones y derrumbes, el día 10 de octubre de 2005 el FMLN de El Salvador conmemoró su XXV aniversario. Tras su derrota en la elección presidencial de 2004, el FMLN concentra su atención en las elecciones legislativas y municipales de marzo de 2006, en las que aspira a recuperar —o incluso aumentar— las bancas de diputados y las alcaldías que perdió por las deserciones ocurridas en esa organización. La desaparición física de Schafik Jorge Handal, miembro de la Dirección Nacional del FMLN y jefe de su bancada en legislativa, acaecida en enero de 2006 al regresar de la toma de posesión del presidente Evo Morales, en Bolivia, es una pérdida irreparable, no solo para la izquierda salvadoreña, sino de toda América Latina y el mundo.

En Nicaragua, tras los reveses sufridos en 1990, 1996 y 2002, el secretario general del FSLN, Daniel Ortega Saavedra, se prepara para emprender su cuarta campaña presidencial, en esta oportunidad, para las elecciones de noviembre de 2006. Los candidatos con mayores posibilidades de triunfo son Ortega y el liberal constitucionalista Eduardo Montealegre, favorito del gobierno estadounidense para encabezar la alianza "todos contra el FSLN", que ya organizó con éxito en las tres contiendas anteriores. Otro candidato que atrae la atención de los medios de comunicación y los electores es el ex alcalde de Managua, Herty Lewites, quien intenta aglutinar a la diáspora que rompió con el FSLN durante los últimos quince años, desde la derrota de la Revolución Popular Sandinista, ocurrida en febrero de 1990.

En medio de una compleja interacción entre la política imperialista dirigida a ampliar y profundizar su penetración en América Latina, y el aumento de las luchas del movimiento popular y la izquierda latinoamericana que, en sus diversas modalidades, obstaculizan y tienden a derrotar la dominación foránea, en ocasión del XV Aniversario de su fundación, del 1ro. al 4 de julio de 2005 se efectuó el XII Encuentro del Foro de San Pablo, en la misma ciudad brasileña que lo vio nacer. Durante estos quince años, el Foro ha sido la expresión palpable y abarcadora del proceso de transformaciones por el que atraviesa la izquierda latinoamericana a finales del siglo XX y comienzos del siglo XXI.

El Foro de San Pablo transita en la actualidad por una etapa compleja y definitoria. En la medida en que muchos de los partidos y movimientos políticos miembros de ese agrupamiento regional comienzan a someter a la prueba inapelable de la práctica las estrategias y tácticas, por supuesto de orientaciones diversas, con las que apenas soñaban hace tres lustros, arrecia lógicamente la intensidad de los debates políticos e ideológicos en su seno. Nadie sabe cuánto tiempo más funcionará el Foro de San Pablo porque el desarrollo de la lucha popular demanda una modificación constante de los medios y métodos empleados por los partidos y movimientos políticos de izquierda para relacionarse. Esa modificación puede ser una renovación del Foro, o puede que otros instrumentos ocupen su lugar. En cualquier caso, la contribución del Foro al debate, la coordinación y la solidaridad entre los pueblos de América Latina y el Caribe, y de ellos con los de otras regiones del mundo, ya le ha hecho acreedor de un lugar en la historia.

América Latina
entre siglos

Los principales acontecimientos ocurridos en América Latina entre 1989 y 2005 permiten identificar cuatros procesos indisolublemente relacionados entre sí: el primero es la sujeción a un sistema de dominación mundial y continental cualitativamente superior al de la era bipolar; el segundo es la crisis política, económica y social ocasionada por la incapacidad del Estado latinoamericano de cumplir con las funciones que le corresponden dentro de este nuevo sistema de dominación; el tercero es el auge de las luchas de los movimientos populares contra el neoliberalismo estimulado por la crisis, y el cuarto es la reformulación estratégica y táctica que realizan los partidos, movimientos políticos y coaliciones de izquierda, para adecuarlas a las actuales condiciones.

Un esquema de dominación cualitativamente superior

A poco más de un siglo de la Conferencia de Washington de 1889–1890, el imperialismo norteamericano logró hacer realidad un sueño de su infancia: institucionalizar un sistema —político, económico, militar e ideológico— de dominación y subordinación de América Latina, en el que las fuerzas políticas gobernantes y los sectores sociales que ellas representan hacen suyos, en parte por imposición y en parte por complicidad, los principios y postulados de su propia dominación y subordinación.

El Sistema Interamericano ya no está conformado solo, y ni siquiera en primera instancia, por la Organización de Estados Americanos y otros mecanismos regionales como el Tratado Interamericano de Asistencia Recíproca, la Junta Interamericana de Defensa y el Banco Interamericano de Desarrollo. Por encima de ese andamiaje obsoleto, se erigen ahora las Cumbres de las Américas, las reuniones ministeriales, sectoriales y temáticas de imposición/negociación celebradas bajo esa "sombrilla", los procesos de "certificación" mediante los cuales el gobierno de los Estados Unidos "juzga" la "conducta" de otros, los condicionamientos a los acuerdos de comercio y asistencia civil y militar, y otras presiones directas e indirectas. Pero no es solo eso: todos los organismos, mecanismos y acuerdos, regionales, subregionales o bilaterales —participen en ellos o no los Estados Unidos, preexistentes o establecidos a partir de 1991, guarden o no relación con el Sistema Interamericano—, asumen las bases del nuevo sistema de dominación transnacional, mediante el compromiso ritual con la "democracia representativa", los "derechos humanos" y la "economía de mercado".

Si bien la implantación del nuevo sistema de dominación continental no está exenta de contradicciones y resistencias, sí cumple con la función de cercenar la independencia, la soberanía y la autodeterminación de América Latina. Se trata de la imposición de una "camisa de fuerza" que se propone eliminar la posibilidad, tanto de una reforma social progresista, como de una situación revolucionaria. Sin embargo, este sistema de dominación es un gigante con pies de barro.

El agravamiento de la crisis capitalista en América Latina

El propósito del nuevo sistema de dominación es imponer las condiciones políticas, económicas y sociales que garanticen la máxima transferencia de riqueza de América Latina a los centros de poder imperialista, en particular a los Estados Unidos, con un flujo mínimo de inversiones productivas. Es un proceso que, en vez de crear nuevas fuentes de riqueza, se apropia de las ya existentes y las depreda. Si partimos de que la riqueza producida en la región siempre fue insuficiente para satisfacer las necesidades sociales, y que, además, es la peor distribuida de todo el planeta, comprenderemos que su resultado es el agravamiento de la crisis del capitalismo latinoamericano, que intensifica y amplía las contradicciones sociales: las intensifica porque succiona recursos cuyo déficit siempre fue motivo de inestabilidad, y las amplía porque no solo afecta a los grupos sociales tradicionalmente desposeídos, sino también a las burguesías criollas y las capas medias, crecientemente fragmentadas, polarizadas y disminuidas, que antes eran parte del bloque social dominante.

Visto desde otro ángulo, el nuevo sistema de dominación está basado en la integración transnacional, con carácter exclusivo y vertical, de aquellos bolsones de las economías y las élites tecnocráticas latinoamericanas que al imperialismo le interesa incorporar al ciclo transnacional de rotación del capital. De ello se desprende que esos "bolsones" económicos (petróleo y demás recursos naturales, sectores financiero, comercial y de servicios, maquilas y otros), las élites conformadas por los socios locales del capital financiero transnacional y sus empleados de cuello blanco, quedan cercenados del resto de la nación. Son esas élites desarraigadas, que no viven, piensan, sienten ni padecen como latinoamericanas, las que ejercen, por delegación transnacional y dentro de márgenes limitados, los resortes del poder político en la región. Esta integración desintegradora destruye la estructura social y el sistema de alianzas políticas sobre la cual se asentaron los equilibrios —precarios, inestables y de corto plazo, pero equilibrios al fin— mantenidos por las repúblicas latinoamericanas durante el período nacional-desarrollista, sin que puedan ser sustituidas por otras.

La concentración de la propiedad, la producción y el poder político, tiene el efecto "colateral", indeseado pero inevitable, de impedirle al Estado latinoamericano cumplir las funciones básicas que le corresponden en su carácter de eslabón de la cadena del sistema de dominación imperialista. Estas funciones son: la transferencia al exterior de la mayor cantidad de riqueza posible, con independencia de sus costos económicos, políticos y sociales; la redistribución permanente de cuotas de poder político y económico dentro de los sectores nacionales dominantes, y la cooptación de algunos grupos sociales subordinados (determinados sindicatos, organizaciones campesinas, comunales, femeninas y otras de naturaleza clientelista), con el fin de facilitar el control y la represión de las mayorías populares. Es evidente que la primera de estas funciones impide el cumplimiento de las otras dos.

El Estado latinoamericano no puede redistribuir cuotas de poder político y económico para zanjar las contradicciones dentro de las élites porque estas últimas están polarizadas entre los sectores dedicados a las finanzas, los servicios y el comercio —que logran convertirse en apéndices del capital financiero transnacional— y los sectores productivos orientados al mercado interno —que ya son verdaderas "especies en extinción" remanentes del desarrollismo. Ese Estado tampoco puede mantener el *status* que disfrutaron las capas medias, principales beneficiarias de los servicios públicos del período desarrollista, cuyo lugar ocupan hoy los tecnócratas empleados por los monopolios transnacionales, que reproducen el modo de vida y la ideología del Norte, del cual se consideran parte. Menos aún puede cooptar a los sectores populares, porque los obreros nutren las filas de los desempleados, los subempleados y los informales, mientras los campesinos desaparecen y crecen los trabajadores rurales sin tierra.

El auge de la lucha social

De la misma manera en que la "globalización" y la "Revolución Científico Técnica" no son "nuevos fenómenos" que provocan una supuesta ruptura con la historia de la humanidad, sino productos del propio desarrollo histórico, tampoco los grupos humanos que luchan contra la dominación y la explotación capitalista contemporáneas son "nuevos sujetos" o "nuevos actores" sociales. Por solo refutar los casos más mencionados, baste recordar que ni los pueblos aborígenes del continente americano, ni los descendientes de esclavos de origen africano, ni las mujeres son "nuevos" sobre la faz de la tierra.

Los pueblos aborígenes americanos tienen una historia milenaria. Como parte de esa historia, hace más de quinientos años que luchan contra la dominación, la explotación y el aplastamiento étnico. Algo análogo ocurre con la población negra descendiente de los esclavos africanos traídos a América durante la conquista y la colonización. En su historia se inscriben capítulos gloriosos como el triunfo de la Revolución Haitiana. Esa gesta no solo dio origen a la primera república independiente de América Latina y el Caribe, sino también fue la primera en abolir la esclavitud en el continente americano. Lo mismo ocurre con el movimiento feminista, cuya historia es tan antigua como la del movimiento obrero y socialista. Las simientes de estos tres movimientos, el feminista, el obrero y el socialista, llegaron a Latinoamérica con las migraciones procedentes de Europa a partir del período de desarrollo de la industria capitalista moderna. También los *sin tierra*, los *sin techo* y demás grupos que luchan contra otras manifestaciones de la concentración de la riqueza y la masificación de la exclusión social son los descendientes de los marginados de siempre. Donde sí puede hablarse de *nuevos sujetos* o *nuevos actores* es en los casos de los grupos que luchan contra problemas de origen reciente, tales como la destrucción del medio ambiente y las violaciones de los derechos humanos cometidas por las dictaduras militares de "seguridad nacional".

Algo distinto ocurre con la expresión *nuevos movimientos sociales*, que es también frecuente. En América Latina sí podemos hablar de la existencia, desarrollo y consolidación de *nuevos movimientos sociales* —de obreros, campesinos, *sin tierra, sin techo*, aborígenes, negros, mujeres ambientalistas, defensores de los derechos humanos y otros—, porque los objetivos de sus luchas, su composición, sus formas organizativas y todas sus demás características, responden a los *nuevos contenidos* y las *nuevas formas* de dominación y explotación capitalista. Son, en su mayoría, *sujetos* o *actores sociales* históricos, hoy organizados en *nuevos movimientos*.

Por supuesto que en un mundo en que impera la transnacionalización y la desnacionalización, los movimientos populares latinoamericanos tienen vasos comunicantes con sus similares del resto del mundo, incluidos los del Norte. No obstante, como en otras disciplinas, constituye un error frecuente trasplantar, de manera mecánica, parámetros y conclusiones de Europa Occidental y Norteamérica para aplicarlos a América Latina. No es el llamado *posmaterialismo*, sino la pobreza, la que cruza transversalmente a todo el amplio espectro de los movimientos populares latinoamericanos.[125]

En América Latina, los movimientos populares tuvieron un protagonismo indisputable durante el período 1964–1989. Eso obedece a que, después de la represión inicial desatada por las dictaduras militares de "seguridad nacional", fueron ellos los que lograron abrir ciertos espacios de lucha social, mientras los partidos y las organizaciones políticas de izquierda todavía estaban sometidos a una represión que, en la mayoría de los casos, condujo a su descabezamiento y casi destrucción. A contracorriente de la avalancha neoliberal, entre los años sesenta y los noventa, emergen los *nuevos movimientos* populares latinoamericanos. Esos movimientos funcionan, por una parte, como refugio de numerosos dirigentes y activistas de izquierda, desencantados por sus experiencias políticas o frustrados por la aparente imposibilidad de hacer cambios estructurales y, por otra, como espacio para la incorporación, formación, organización y movilización de las jóvenes generaciones de luchadores. En países como Brasil, México y Uruguay, esos nuevos movimientos populares fueron componentes fundamentales de los partidos y movimientos políticos en ascenso que trataban de adecuar a las nuevas condiciones la práctica histórica de combinar la protesta social con la lucha electoral. Baste señalar que, en este empeño fueron ellos, promovieron el desarrollo inicial de un partido tan importante como el PT de Brasil.

La lucha de los movimientos populares latinoamericanos no decayó ni en los momentos más confusos y complejos de la crisis terminal del socialismo europeo. Sin embargo, en ese momento se inició una ofensiva del capital que, en sentido general, los colocó a la defensiva con el argumento de que la reestructuración neoliberal era imprescindible para saldar deudas con "excesos" anteriores en la redistribución de la riqueza, y que la concentración de la riqueza se había convertido en una condición necesaria para su posterior "derrame". No solo predominaba entonces la noción de que era imposible sustituir al capitalismo por una sociedad superior, sino incluso mantener un esquema económico que no estuviese determinado por la *desigualdad* como elemento "dinamizador", *lo cual constituye la antítesis de la lucha de clases en todas sus manifestaciones, incluida la lucha reivindicativa.* Fueron la insurrección zapatista en Chiapas y la crisis financiera mexicana, la primera en enero y la segunda en diciembre de 1994, las que marcaron la ruptura de esta barrera ideológica. A partir de ese momento, podemos hablar del auge de la lucha popular en América Latina. Es lógico que el protagonismo de los nuevos movimientos populares se multiplique en la actual etapa de demo-cracia neoliberal, al menos, por cuatro razones: primera, porque esos movimientos adquirieron vida propia y razón propia de ser; segunda, porque la crisis socioeconómica se agudizó en extremo; tercera, porque el aumento de la competencia entre obreros, fomen-tada por la acumulación neoliberal, debilita al sindicalismo y otras formas tradicionales de organización y lucha social, y cuarta, porque el sistema político se "impermeabilizó" para impedir a los partidos cumplir, incluso en la medida limitada en que lo hacían en el pasado, con la función de intermediar entre el Estado burgués y la sociedad.

Como demuestra el derrocamiento de los presidentes Fernando Color de Melo en Brasil, Carlos Andrés Pérez en Venezuela, Abdalá Bucaram, Jamil Mahuad y Lucio Gutiérrez en Ecuador; Fernando de la Rúa y sus sucesores inmediatos en Argentina, y Gonzalo Sánchez de Losada y Carlos Mesa en Bolivia, hace años que los movimientos populares latinoamericanos son capaces de provocar la caída de gobiernos neoliberales. Sin embargo, en ninguno de esos casos la caída del gobierno neoliberal condujo a su sustitución por uno popular. Solo en Venezuela, Brasil y Bolivia, los tres países de ese grupo donde surgieron liderazgos de izquierda capaces de *acumular políticamente*, la crisis creó las condiciones para el triunfo de candidatos presidenciales representativos de los sectores popu-lares: Hugo Chávez triunfó en Venezuela un ciclo electoral (de cinco años) después de la defenestración de Pérez, Lula se impuso en Brasil en la tercera elección presidencial realizada (diez años) después de la caída de Color, y Evo Morales lo hizo en Bolivia en los comicios efectuados seis meses tras la renuncia de Mesa. En los tres casos, se trata de triunfos *políticos*, obtenidos por líderes *políticos*, que fueron capaces de unir y encauzar la fuerza de los movimientos populares cuyos intereses representan.

Varios factores determinan la complejidad de la relación entre los movimientos populares y los partidos políticos de izquierda en América Latina. Ente ellos resaltan: la diversidad y la heterogeneidad de los movimientos populares, muchos de ellos organizados en torno a un eje único o principal; la reducida capacidad de los partidos y movimientos políticos de izquierda de arrancarle concesiones concretas a la burguesía dentro del "espacio de confrontación" del que hablara Gramsci; el rechazo a "la política" y "los partidos políticos" inducido desde los propios centros de dominación imperialista como forma de contribuir a la división del sujeto social revolucionario; los traumas previos provocados por la manipulación del movimiento popular en función de objetivos de corto plazo de muchos partidos y frentes políticos de izquierda, y el alejamiento de algunos sectores de izquierda de sus propias bases sociales, con la esperanza de que así podrán alcanzar sus metas electorales, convertidas en un fin en si mismo, en función del cual están dispuestos a respetar de hecho, aunque no de palabra, el *statu quo* neoliberal.

Las alternativas políticas de la izquierda

A raíz del triunfo de la Revolución Cubana, en América Latina se replantea el debate acerca de las *formas de lucha,* en particular, entre los partidarios de la *lucha armada* que había resultado eficaz en Cuba y la *lucha electoral* que desarrollaban los partidos políticos de la llamada izquierda tradicional, que incluía tanto a los partidos socialdemócratas como a los socialistas y los comunistas. En capítulos anteriores se bosqueja cómo el imperialismo norteamericano y sus aliados en América Latina desarrollaron la ofensiva contrainsurgente y contrarrevolucionaria que abarcó de 1964 a 1989. Esa ofensiva no hizo distinciones con respecto a las formas de lucha popular. Tan reprimidos fueron los partidos políticos de izquierda como los movimientos político militares revolucionarios. Con idéntica saña, el imperialismo derrocó al gobierno constitucional de la Unidad Popular en Chile, invadió militarmente a Granada y Panamá, y destruyó la Revolución Popular Sandinista.

Transcurrieron veinte años entre la victoria del pueblo cubano y el triunfo de las revoluciones granadina y nicaragüense. En Granada, los graves errores de la dirección del Movimiento de la Nueva Joya facilitaron el pretexto para la invasión militar estadounidense, mediante la conspiración interna que condujo al asesinato del primer ministro Maurice Bishop. Por su parte, la Revolución Popular Sandinista sucumbió en las elecciones de febrero de 1990, como resultado del desgaste sistemático provocado por la llamada Guerra de Baja Intensidad, el reblandecimiento del apoyo soviético y los errores reconocidos por la propia dirección sandinista. A partir del derrumbe de la URSS, Cuba quedaría sumida en un aislamiento sin precedentes. Concluía así la etapa de auge de la lucha revolucionaria iniciada en 1959. Terminaba también el debate sobre las formas de lucha, que era, ante todo, un debate sobre si existía o no una *situación revolucionaria* en América Latina.

Debido a la asociación conceptual existente entre: por una parte, *lucha armada* y *revolución social* y, por otra, *lucha electoral* y *reforma del capitalismo*, desde la derrota de la Revolución Popular Sandinista, el debate político e ideológico de la izquierda latinoamericana se inclinó a favor de la *reforma* y en contra de la *revolución*. Como resultado de esa situación ya no se habla de *izquierda revolucionaria* sino de *izquierda transformadora*. Sin embargo, el llamado Nuevo Orden Mundial no solo está concebido para impedir la *revolución socialista* sino también la *reforma social progresista* del capitalismo, por lo que el problema de la estrategia y la táctica de la izquierda resurge una y otra vez. En general, las corrientes "reformistas" dan por concluido esta polémica histórica, mientras las "transformadoras" acuden al inventario de errores cometidos por la Unión Soviética para elaborar una nueva plataforma socialista a partir del compromiso de no repetirlos.

En las condiciones del mundo unipolar, dos elementos saltan a la vista en la región: el primero es que se desdibujan los elementos de la situación revolucionaria cuyo flujo y reflujo caracterizó el período 1959–1989; el segundo es que, por primera vez en la historia, el imperialismo y sus aliados latinoamericanos adoptan una actitud casuística frente a los espacios conquistados por partidos de izquierda en gobiernos locales y estaduales, en legislaturas nacionales, e incluso, en los gobiernos de varios países. ¿Significa esto que en América Latina se cerró el camino de la revolución social y se abrió el de la reforma progresista del capitalismo? La respuesta es no.

En los entretelones del desmoronamiento del socialismo europeo, el reflujo de las fuerzas revolucionarias y el restablecimiento de la institucionalidad democrático burguesa en los países gobernados por dictaduras militares, y como consecuencia de la agudización de la crisis económica y social, en la segunda mitad de los años ochenta se abrieron espacios nunca antes vistos para la lucha electoral de la izquierda latinoamericana.

No es casual que el fin de la bipolaridad y el reflujo de ola revolucionaria coincidieran con el llamado proceso de democratización. En la medida en que emergía el Nuevo Orden Mundial, que las organizaciones insurgentes desaparecían o se convertían en partidos políticos, y que el sistema de dominación socavaba la independencia de la región, el imperialismo norteamericano decidió sustituir la oposición a *todo* triunfo electoral de izquierda, por un modelo, en apariencia más flexible, de *gobernabilidad democrática*,[126] que impone tantas restricciones a la capacidad de decisión y acción soberana de los Estados, que ya el problema no es tanto quién ejerce el gobierno, sino que respete las "reglas del juego".

La gobernabilidad democrática promueve lo que Zemelman

define como "alternancia dentro del proyecto", con otras palabras, un esquema de alternancia "democrática" entre las personas y los partidos que ocupan el gobierno, pero todos ellos sometidos a un proyecto neoliberal único, que no pueden sustituir ni modificar más allá de muy estrechos márgenes.[127] Sin embargo, la "alternancia dentro del proyecto" marcha hacia el fracaso porque provoca un efecto en cadena de acción y reacción: el "proyecto" agrava la crisis, la crisis potencia la lucha social y la lucha social ya comienza a acoplar con la lucha política de la izquierda, incluida su expresión electoral. Esa cadena amenaza con romper la camisa de fuerza impuesta por el imperialismo para anular el efecto de los triunfos de la izquierda latinoamericana.

Vale la pena mencionar el balance de triunfos y reveses de los candidatos presidenciales de izquierda entre 1988 y enero de 2006. De veintiocho elecciones efectuadas en ese período en las que presentaron candidatos presidenciales de izquierda, estos últimos sufrieron diecinueve derrotas y obtuvieron nueve victorias.

Las derrotas fueron: México, 1988, 1994 y 2002 (Cuauhtémoc Cárdenas, PRD); Brasil, 1989, 1994 y 1998 (Luiz Inácio Lula da Silva, PT); Uruguay, 1989 (Líber Seregni, FA), 1994 y 1999 (Tabaré Vázquez, FA); Nicaragua, 1990, 1996 y 2002 (Daniel Ortega, FSLN); Perú, 1990 (Henry Pease, Izquierda Unida); Venezuela, 1993 (Andrés Velásquez, Causa R); Colombia, 1994 (Antonio Navarro Wolf, AD-M19); El Salvador, 1994 (Rubén Zamora, Convergencia), 1998 (Facundo Guardado, FMLN) y 2004 (Schafik Handal, FMLN) y Bolivia, 2002 (Evo Morales, MAS).

Los triunfos fueron: Panamá, 1995 (Ernesto Pérez Balladares, PRD) y 2004 (Martín Torrijos, PRD); Venezuela, 1998 y 2000 (Hugo Chávez, MVR); Chile, 2000 (Ricardo Lagos, Concertación) y 2006 (Michelle Bachelet, Concertación); Brasil, 2002 (Luiz Inácio Lula da Silva, PT), Uruguay, 2004 (Tabaré Vázquez, FA) y Bolivia, 2005 (Evo Morales, MAS).[128]

Si consideramos que las elecciones de Pérez Balladares, Lagos,

Torrijos y Bachelet derivaron en gobiernos de centro-centrode-recha, quedan veinticuatro elecciones, en las que se produjeron diecinueve derrotas y cinco victorias. Estas son las dos victorias de Hugo Chávez, una de Lula, una de Tabaré Vázquez y una de Evo Morales.

No puede plantarse que los triunfos de Chávez, Lula, Tabaré y Evo inicien una tendencia general a la elección de gobiernos de izquierda en Latinoamérica, por una parte, debido a que en pocos países existe una izquierda con la unidad y la capacidad electoral suficientes y, por otra parte, porque las posibilidades de gobernar con un programa de izquierda son muy reducidas. La tendencia realmente existente es la acentuación de la crisis política, económica, social y moral que azota a la región, pero esa crisis solo ha repercutido en triunfos de candidatos presidenciales de izquierda en los países donde, o bien se quebró la institucionalidad democrático burguesa, como ocurrió en Venezuela y Bolivia, o bien las fuerzas de izquierda contaban con una acumulación política y social que les permitió capitalizar a su favor el desgaste de la derecha, como en los casos de Brasil y Uruguay. Solo en la elección de Chávez y Evo existe un vínculo directo entre la fractura del sistema político institucional, el auge del movimiento social y el ascenso al gobierno de fuerzas políticas populares, en circunstancias en las que pudieron romper con una parte de las ataduras impuestas por el esquema de dominación. Ciertamente la crisis socioeconómica y auge del movimiento social son ingredientes de las victorias de Lula y Vázquez, pero no existía en Brasil o Uruguay un agravamiento de la crisis ni un desborde social que llegaran a poner en peligro el equilibrio institucional. Aún más que en Brasil y Uruguay, la crisis y la lucha social son ingredientes básicos de la llegada de Néstor Kirchner al gobierno en Argentina. Sin embargo, en este caso no se trata un dirigente de izquierda, sino de un político de un partido tradicional que intenta establecer y mantener un difícil equilibrio político, económico y social.

El principal problema de la lucha electoral, sin embargo, no es cuantitativo. La otra razón por la que no puede hablarse de una tendencia favorable a los gobiernos de izquierda es porque, incluso cuando ésta logra imponerse en una elección presidencial, esos triunfos se producen en condiciones en las que resulta muy difícil ejercer los resortes del gobierno para detener —y mucho menos revertir— la reestructuración neoliberal. No se trata de negar o subestimar la importancia de los espacios institucionales conquistados por la izquierda, sino de comprender que esos triunfos no son en sí mismos la "alternativa". De ello se desprende que la prioridad de la izquierda no puede ser el ejercicio del gobierno y la búsqueda de un espacio permanente dentro de la alternabilidad neoliberal burguesa, sino acumular políticamente con vistas a la futura transformación revolucionaria de la sociedad.

A partir del análisis de la relación entre dominación imperialista y lucha popular en el período comprendido entre 1988 enero de 2006, concluimos que el factor predominante en la situación de América Latina sigue siendo el sistema de dominación continental impuesto para evitar o destruir cualquier intento de revolución social o reforma progresista. En virtud de ese sistema de dominación, los gobiernos de izquierda de Venezuela, Brasil, Uruguay y Bolivia están sujetos a las condiciones del esquema de "gobernabilidad democrática", que el imperialismo modifica, casi a diario, para que los presidentes Chávez y Morales no quepan bajo su "sombrilla legitimadora". No obstante, a pesar de que la injerencia y la intervención imperialista pueden ser las fuerzas predominantes en la región durante un largo período, y de que en ese período habrá avances y retrocesos del movimiento popular y de izquierda, podemos aseverar que ese sistema de dominación perdió la fuerza avasalladora de sus primeros años, y que ya da señales de agotamiento, entre ellas, el fracaso del Plan Colombia y la Iniciativa Regional Andina, la negativa de aceptar la presencia militar estadounidense —o de concederle inmunidad a sus tropas— por parte de varios gobiernos de la región, la incapacidad del gobierno de los Estados Unidos de imponer a su candidato favorito en la Secretaría General OEA, el estancamiento de varios tratados bilaterales o subregionales de libre comercio, y las derrotas sufridas por el ALCA, en particular, en la Cumbre de Mar del Plata de diciembre de 2005.

Al análisis dialéctico de las fortalezas y debilidades relativas del sistema de dominación imperialista, es preciso incorporar el balance de las luchas electorales de la izquierda. Cuando los planificadores de la política estadounidense decidieron imponer en América Latina la gobernabilidad democrática, lo hicieron convencidos de que dentro de ese esquema no cabría ningún gobierno que desafiara sus intereses. Como esa premisa no se verificó en la práctica, el imperialismo se vio obligado a actuar, de manera diferenciada, en tres escenarios:

• En la Cuenca del Caribe, la subregión más sometida a sus dictados, se producen las violaciones más groseras de la soberanía, la independencia y la autodeterminación. El temor a que triunfen los candidatos presidenciales del FSLN en Nicaragua y el FMLN en El Salvador, lleva al imperialismo a una intromisión abierta en los procesos electorales de esos países, incluida la amenaza de repatriación masiva de inmigrantes y de interrupción de las remesas. Aunque en este libro no se aborda la problemática del Caribe de habla inglesa, francesa y holandesa, y al margen de las opiniones que cada cual tenga sobre el gobierno de Jean Bertrand Aristide, el imposible obviar la renuncia forzosa y el envío a un país africano de ese presidente de haitiano, ejecutado por tropas estadounidenses en febrero de 2004. Mucho menos puede obviarse el fraude cometido para tratar de despojar del triunfo a René Preval en la elección presidencial efectuada en ese país el 7 de febrero de 2006, frustrado por las protestas populares.

- En la región andina, se registra una intromisión en los asuntos internos de las naciones que resulta tan grosera como en la Cuenca del Caribe, pero con la diferencia de que en ella no ha dado los mismos resultados. Los triunfos de Hugo Chávez en Venezuela y Evo Morales en Bolivia se produjeron, a pesar de todos los esfuerzos para impedirlos, porque la crisis política y el apoyo popular a los candidatos de izquierda eran tan grandes que no pudo evitarlos.

- En el Cono Sur, donde el PT de Brasil y el FA de Uruguay enfatizan el respeto al sistema político-institucional, no se opuso a las victorias de Lula y Tabaré, a partir del cálculo de que podría encasillarlos dentro del esquema de *alternabilidad dentro del proyecto*.

Los argumentos expuestos demuestran que en América Latina no se produjo —ni se está produciendo— un proceso de democratización, ni una apertura de espacios a la reforma progresista del capitalismo, sino la imposición de un nuevo concepto de democracia, la *democracia neoliberal*, capaz de "tolerar" a gobiernos de izquierda, siempre que se comprometan a gobernar con políticas de derecha. Otra cosa es que el agravamiento de la crisis del capitalismo latinoamericano, y la acumulación social y política alcanzada en algunos países por la izquierda, le permita a esta última conquistar espacios institucionales no previstos por el imperialismo, y utilizarlos de maneras que violentan, en mayor o menor medida, las premisas de la "gobernabilidad democrática".

El imperialismo suponía que la camisa de fuerza impuesta al Estado latinoamericano y caribeño garantizaba que solo fueran electas al gobierno —y solo pudieran ejercerlo— las fuerzas políticas —de derecha, de centro o, incluso, de izquierda—, que no desafiaran sus intereses. Sin embargo, en esa definición no encaja la elección de Hugo Chávez a la presidencia de Venezuela (1998), ni la de Evo Morales a la presidencia de Bolivia (2005); tampoco encaja una eventual elección de los candidatos presidenciales del FSLN en Nicaragua y el FMLN en El Salvador; tampoco cabe el respeto a la soberanía de Haití. Esta acumulación de hechos nos permite identificar un patrón.

Ya nadie puede pensar en "hechos aislados" —en "excepciones" en la política provocadas por acontecimientos imprevistos—, cuando se habla del intento de golpe de Estado, el "paro petrolero", el referéndum revocatorio y la desestabilización mediática contra Chávez; ni cuando se habla de la amenaza de interrumpir las remesas y deportar masivamente de los Estados Unidos a los inmigrantes nicaragüenses y salvadoreños, si triunfan los candidatos presidenciales del FSLN y el FMLN, respectivamente; ni cuando se habla de la intromisión en la más reciente campaña electoral boliviana para evitar el triunfo de Evo; ni cuando los marines yanquis derrocan, secuestran y envían al exilio al presidente haitiano Jean Bertrand Aristide. El fraude cometido para tratar de escamotear la victoria de Preval es la gota que colma la copa: *es la prueba más reciente de que el imperialismo norteamericano fracasó en el intento de sustituir la injerencia e intervención grosera en la región, por el esquema de "gobernabilidad democrática".*

Los acontecimientos ocurridos en Haití a raíz de la elección presidencial de febrero de 2006 sorprenden "en el lado equivocado" a varios gobiernos latinoamericanos integrados por partidos, movimientos y coaliciones de izquierda y progresistas, los cuales creyeron que podría haber algún grado de sinceridad en la prédica de la "defensa de la democracia", reemprendida por el imperialismo cuando las dictaduras dejaron de serle útiles. Esa confusión obedece, en parte, a que tal cambio en la política imperialista facilitó la apertura de los espacios electorales que le permitieron a esas fuerzas de izquierda y progresistas llegar al gobierno de sus respectivos países.

Para llenar un expediente de respetabilidad y buena conducta en el actual sistema de relaciones internacionales y, sin dudas, basados en la sincera creencia de que sus tropas en Haití podrían desempeñar un rol moderador dentro de esa fuerza de ocupación, esos gobiernos decidieron incorporarse a (o mantenerse en) la MINUSTAH. El resultado es que hoy tienen tropas en el contingente de los cascos azules de la ONU que, o ejecutó, o toleró, o no evitó, o no supo evitar, el intento de fraude cometido contra Preval, y que, acto seguido, emprendió la represión contra el pueblo haitiano, cuando éste ejerció su derecho de protestar contra el fraude. La moraleja es que, dentro del amplio y heterogéneo espectro de la izquierda, puede haber muchos puntos de vista sobre qué es y qué no es *democracia*, pero, cuando, ya sea en lo conceptual o en algún hecho práctico, una fuerza de izquierda coincide con el imperialismo en este aspecto, al margen de cualquier otra consideración, siempre debe preguntarse: ¿quién está en el "lado equivocado"?

La historia enseña que la reforma progresista del capitalismo solo prosperó en aquellos lugares y momentos en que fue compatible con el proceso de reproducción del capital. Esa compatibilidad no existe hoy, ni en América Latina, ni en ninguna otra región del mundo. Puede argumentarse que, a raíz del agravamiento de las contradicciones del capitalismo, es imposible que esa compatibilidad vuelva a presentarse. De esta realidad se deriva que, tarde o temprano, el contenido popular y la "envoltura" capitalista de los procesos políticos desarrollados hoy por la izquierda latinoamericana entrarán en una contradicción insostenible: solo una transformación social revolucionaria, cualesquiera que sean las formas de realizarla en el siglo XXI, resolverá los problemas de América Latina.

Tampoco está delineado el programa de la izquierda transformadora, una parte de la cual redefine su ideal socialista, de manera exclusiva, a partir de la crítica al "paradigma soviético". No es suficiente saber todo lo negativo de la sociedad capitalista que queremos erradicar, ni todo lo positivo de la sociedad socialista que aspiramos a construir. Sin duda, es preciso delinear los contornos de la sociedad que aspiramos a edificar; sin duda, no hay socialismo sin democracia socialista, entendida como sistema político que no copie o trasplante de la democracia burguesa, sino basado en mecanismos de participación y representación popular, capaces de conformar consensos que garanticen la unidad de pensamiento y acción en los puntos cardinales de la edificación socialista, y de retroalimentar esa unidad mediante el flujo libre y constructivo de todas las ideas y propuestas que reflejen la diversidad de intereses de los grupos humanos para cuyo beneficio se construye. Pero, por encima de todo, la construcción de "alternativas populares" estará condicionada por las situaciones histórico-concretas en que se les emprenda, de las que surgirán nuevos problemas que demandarán nuevas soluciones.

No basta con afirmar el compromiso de construir un proyecto socialista que, además de erradicar la dominación y la explotación clasista, se caracterice por la sustentabilidad ecológica, el enfoque de género, el respeto a la preferencia sexual de cada ser humano, el aprovechamiento de la diversidad cultural de todos los pueblos y otros problemas teóricos y prácticos incorporados al marxismo contemporáneo. No basta porque el cumplimiento de los objetivos de la construcción socialista, tanto los objetivos considerados "clásicos" como los más recientemente asumidos, está determinado por dónde, cuándo, cómo y en qué condiciones se produzca la conquista del poder político, factor que constituye su premisa indispensable. Esas son interrogantes aún no resueltas en las condiciones del mundo unipolar.

A modo de conclusión

Es más fácil hacer el diagnóstico de la situación del mundo —y, dentro de él, de la situación de América Latina— que encontrar soluciones para los problemas que arroja ese diagnóstico. Del nuevo sistema de dominación se deriva una contradicción cuya solución aguarda por un nuevo parto de la historia. El imperialismo contemporáneo depreda, con intensidad sin precedentes, la economía, la sociedad y el medio ambiente, al punto de poner en duda la supervivencia misma de la especie humana, pero también desarticula los cimientos del Estado-nación, que constituye el escenario histórico de las luchas populares, tanto las orientadas a la reforma como a la revolución. Esta es una de las razones por las cuales existe en la actualidad mayor desarrollo de la resistencia social que de la construcción de alternativas políticas de izquierda.

En esencia, la metamorfosis en curso del sistema capitalista no crea un "mejor" o "peor" escenario para las luchas populares y la construcción de alternativas políticas de izquierda, sino un escenario cualitativamente diferente al anterior, en el que todo ese nuevo poder, poder objetivo, real, evidente, con que cuenta el capital para afianzar su dominación, tiene como contraparte la agudización de sus contradicciones antagónicas e insolubles, que son también objetivas, también reales, también evidentes, pero en las que usualmente no se repara.

Aún no están a nuestra disposición todos los datos de la realidad histórico-concreta que permitirían saldar el debate sobre las formas de lucha, pero sí podemos estar seguros que:

- Más temprano que tarde la agudización de la crisis integral del capitalismo los proporcionará.

- Las alternativas políticas de la izquierda tendrán que inscribirse en las páginas de la revolución, aunque hoy la izquierda tenga que pelear en el terreno de la reforma social progresista frente a la contrarreforma neoliberal,

- Será inevitable ejercer algún tipo de violencia revolucionaria, porque quienes detentan el poder en el mundo van a aferrarse a él hasta sus últimas consecuencias.

Notas

1. Rafael Cervantes Martínez, Felipe Gil Chamizo, Roberto Regalado Álvarez y Rubén Zardoya Loureda. *Transnacionalización y desnacionalización: ensayos sobre el capitalismo contemporáneo*. Primera edición en Español: Tribuna Latinoamericana, Buenos Aires, 2000; segunda edición en Español: Ediciones Nuestra América, Bogotá, 2001; tercera edición en Español: Editorial Félix Varela, La Habana, 2002. Primera edición en Alemán: *Imperialismus Heute: Über den gegenwärtigen transnationalen Monopolkapitalismus*. Neue Impulse Verlag, Munich, 2000.

2. El tránsito entre una formación económico-social y otra no es un proceso uniforme, lineal y simultáneo. Incluso en la actualidad, en muchos países del Sur, subsisten remanentes de diversos modos de producción y formas de organización social precapitalistas. No obstante, su existencia no invalida la afirmación de que la sociedad gentilicia, la sociedad esclavista y la sociedad feudal desaparecieron hace siglos como resultado del desarrollo histórico. Para conocer las opiniones de Marx y Engels acerca del tránsito de la sociedad gentilicia a la esclavista, de la esclavista a la feudal y de la feudal a la capitalista, ver: Carlos Marx y Federico Engels. "Feuerbach. Oposición entre las concepciones materialista e idealista", en *O.E.* (en tres tomos), t. 1, Editorial Progreso, Moscú, 1963, pp. 16–61; ver también: Federico Engels. "El origen de la familia, la propiedad privada y el Estado", en *O.E.* (en tres tomos), t. 3, Editora Política, La Habana 1963, pp. 42–120.

3. "Aunque los primeros indicios de producción capitalista se presentan ya, esporádicamente, en algunas ciudades del Mediterráneo durante los siglos XIV y XV, la era capitalista solo data, en realidad, del siglo XVI. Allí donde surge el capitalismo hace ya mucho tiempo que se ha

abolido la servidumbre y el punto de esplendor de la Edad Media, la existencia de ciudades soberanas, ha declinado y palidecido". Carlos Marx. "El Capital. Capítulo XXIV: La llamada acumulación originaria", en *O.E.* (en tres tomos), t.2, Editorial Progreso, Moscú, 1981, pp. 103-104.

4. "Una vez que este proceso de transformación ha corroído suficientemente, en profundidad y extensión, la sociedad antigua, una vez que los productores se han convertido en proletarios y sus condiciones de trabajo en capital, una vez que el modo capitalista de producción se mueve ya por sus propios medios, el rumbo ulterior de la socialización del trabajo y de la transformación de la tierra y demás medios de producción en medios de producción explotados socialmente, es decir, sociales, y por tanto, la marcha ulterior de la expropiación de los propietarios privados, cobra una nueva forma. Ahora ya no es el trabajador que gobierna su economía el que debe ser expropiado, sino el capitalista que explota a numerosos obreros. Esta apropiación se lleva a cabo por el juego de las leyes inmanentes de la propia producción capitalista, por la centralización de los capitales. Un capitalista devora a muchos otros". *Ibíd.*, pp. 150-151.

5. Ver: Federico Engels. "Del socialismo utópico al socialismo científico", en *O.E.* (en tres tomos), t.2, Editora Política, La Habana, 1963, p. 312. Ver también: *Ibíd.*, pp. 358-359.

6. Según Lenin "...el resumen de la historia de los monopolios es el siguiente: 1) Década del 60 y 70 [del siglo XIX], punto culminante de desarrollo de la libre competencia. Los monopolios no constituyen más que gérmenes apenas perceptibles. 2) Después de la crisis de 1873, largo período de desarrollo de los cárteles, los cuales solo constituyen todavía una excepción, no son aún sólidos, aún representan un fenómeno pasajero. 3) Auge de fines del siglo XIX y crisis de 1900 a 1903: los cárteles se convierten en una de las bases de toda la vida económica. El capitalismo se ha transformado en imperialismo". Vladimir Ilich Lenin. "El imperialismo, fase superior del capitalismo", en *O.C.*, t. 27, Editorial Progreso, Moscú, 1986, p. 22.

7. Rafael Cervantes Martínez y otros. *Transnacionalización y desnacionalización: ensayos sobre el capitalismo contemporáneo*, Editorial Félix Varela, La Habana, 2002, p. 134.

8. *Ibíd.*, pp. 214-242.

9. Ver: Federico Engels. "Del socialismo utópico al socialismo científico", ob. cit., pp. 366–367.

10. Ver criterios sobre Hobson expresados en: Vladimir Ilich Lenin. "Reseña de *La evolución del capitalismo moderno*", en *O.C.*, t. 4, Editorial Progreso, Moscú, 1981, pp. 162–163.

11. Rafael Cervantes Martínez y otros, ob. cit., p.185.

12. Esta idea se la debo a Rafael Cervantes, quien generosamente la compartió conmigo antes de publicarla (nota del autor).

13. Carlos Marx y Federico Engels. "El Manifiesto del Partido Comunista, en *O.E.* (en tres tomos), t. 1, Editorial Progreso, Moscú, 1972, p. 115.

14. Carlos Marx. "El Capital. Capítulo XXIV", ob. cit., p. 148.

15. *Ibíd.*, p. 104.

16. "Los contingentes expulsados de sus tierras al disolverse las huestes feudales y ser expropiados a empellones y por la fuerza formaban un proletariado libre y privado de medios de existencia, que no podía ser absorbido por las manufacturas con la misma rapidez con que aparecía en el mundo. Por otra parte, estos seres que de repente se veían lanzados fuera de su órbita acostumbrada de vida no podían adaptarse con la misma celeridad a la disciplina de su nuevo estado. Y así, una masa de ellos fue convirtiéndose en mendigos, salteadores y vagabundos; algunos por inclinación, pero los más, obligados por las circunstancias. De aquí que a fines del siglo XV y durante todo el siglo XVI se dictase en toda Europa Occidental una legislación sangrienta persiguiendo el vagabundaje. De este modo, los padres de la clase obrera moderna empezaron viéndose castigados por algo de que ellos mismos eran víctimas, por verse reducidos a vagabundos y mendigos. La legislación los trataba como a delincuentes 'voluntarios', como si dependiese de su buena voluntad continuar trabajando en las condiciones ya abolidas". *Ibíd.*, p. 122.

17. *Ibíd.*, 110.

18. "Hemos visto que la usurpación violenta de estos bienes, acompañada casi siempre por la transformación de las tierras de labor en pastos, comienza a fines del siglo XV y prosigue a lo largo del XVI. Sin embargo, en aquellos tiempos revestía la forma de una serie de actos individuales de violencia, contra los que la legislación luchó infructuosamente durante 150 años. El progreso aportado por el siglo

XVIII consiste en que ahora la propia ley se convierte en vehículo de esa depredación de los bienes del pueblo, aunque los grandes arrendatarios sigan empleando también, de paso, sus pequeños métodos personales e independientes". *Ibíd.*, p. 113. "Finalmente —explica Marx—, el último proceso de expropiación de los agricultores es el llamado *Clearing of Estates* ("limpieza de fincas", que en realidad consistía en barrer de ellas a los hombres). Todos los métodos ingleses que hemos venido estudiando culminan con esta "limpieza" [...] ahora que ya no había labradores independientes que barrer, las 'limpias' llegan a barrer los mismos *cottages*, no dejando a los braceros del campo sitio para alojarse siquiera en las tierras que trabajan". *Ibíd.*, p. 117.

19. *Ibíd.*, pp. 126–127.

20. Federico Engels. Prefacio a la segunda edición alemana de 1892 de *La situación de la clase obrera en Inglaterra*, en *O.E.* (en tres tomos), t. 3, Editora Política, La Habana, 1963, pp. 274–275.

21. Antonio Gramsci. *Cuadernos de la Cárcel* (en cuatro tomos), t. 3, Ediciones Era, México D.F., 1984, pp. 59–60.

22. Federico Engels. "El origen de la familia, la propiedad privada y el Estado", ob. cit., p. 182.

23. "Hace ciento cincuenta años que se editaban dos manifiestos, uno en febrero y otro en julio. Uno de ellos, el más conocido, es el *Manifiesto Comunista*. El segundo, la *Declaración de Sentimientos*, fue desconocido para la gran mayoría de entonces y desgraciadamente ha sido olvidado también en este aniversario. La declaración de las mujeres reunidas en Seneca Falls representa la elaboración de los primeros ejes políticos de otro movimiento social que a lo largo de siglo y medio sigue intentando, también con avances y retrocesos, con propuestas unitarias y divisiones, que se le reconozca como portador de esas voces excluidas y repetidamente olvidadas en las propuestas de las organizaciones políticas y sociales. Un hilo conductor fino y sinuoso, oculto algunas veces durante años, entrelaza las propuestas políticas de entonces con el debate y los objetivos actuales del movimiento. Cuando Nueva York era solo una aldea, un grupo de alrededor de trescientas mujeres y hombres se reunió para redactar un manifiesto de doce puntos que titularon *Declaración de Sentimientos*. Eran los días 19 y 20 de julio de 1848". Lucía González Alonso. "Cuestión social, cuestión de géneros: Del 'olvido' al diálogo", "Papeles de la FIM",

No. 10, 2ª. Época, Fundación de Investigaciones Marxistas, Madrid, 1998, p. 131.

24. G.D.H. Cole. *Historia del Pensamiento Socialista I: Los precursores (1789–1850)*, Fondo de Cultura Económica, México D.F., 1986, p. 19.

25. Federico Engels. "Del socialismo utópico al socialismo científico", ob. cit., p. 339.

26. *Ibíd.*

27. "'Comunismo' fue otra palabra que empezó a usarse en Francia durante la fermentación social que siguió a la revolución de 1830. No es posible decir exactamente cómo y cuándo surgió; pero la advertimos por primera vez en relación con algunas sociedades revolucionarias secretas de París durante la década del 30 y sabemos que se hizo de uso corriente hacia 1840 principalmente para designar las teorías de Étienne Cabet. Tal como la usaban los franceses, evocaba la idea de la *commune*, como la unidad básica de la vecindad y del gobierno autónomo, e indicaba una forma de organización social basada en una federación de 'comunas libres'. Pero al mismo tiempo sugería la noción de *communauté*, la de tener cosas en común y de propiedad común; bajo este aspecto fue desarrollada por Cabet y sus partidarios, mientras que el otro aspecto la relacionaba más bien con los clubes clandestinos de extrema izquierda y, a través de ellos, con los de revolucionarios exiliados, por medio de los cuales pasó a ser empleada en el nombre de la Liga Comunista de 1847 y en el *Manifiesto Comunista* de 1848 [...] Fue deliberadamente elegida por el grupo para el cual Marx y Engels prepararon el *Manifiesto Comunista*, porque implicaba más que la palabra 'socialista' la idea de la lucha revolucionaria y tenía al mismo tiempo una conexión más clara con la idea de propiedad y goces comunes. Era, según ha explicado Engels, menos 'utópica': se prestaba mejor a ser asociada con la idea de la lucha de clases y con la concepción materialista de la historia". G.D.H. Cole. *Historia del Pensamiento Socialista I: Los precursores (1789–1850)*, ob. cit., pp. 14–15.

28. Ver: G.D.H. Cole. *Historia del pensamiento socialista VII: socialismo y fascismo (1931–1939)*, Fondo de Cultura Económica, México D.F., 1986, pp. 272–273.

29. Federico Engels. Introducción a la edición de 1895 de "Las luchas de

clase en Francia de 1848 a 1850", en *O.E.* (en tres tomos), t. 1, Editorial Progreso, Moscú, 1963, p. 192. El propio Marx definió: "Lo que yo he aportado de nuevo ha sido demostrar: 1) que la *existencia de las clases solo va unida a determinadas fases históricas de desarrollo de la producción;* 2) que la lucha de clases conduce, necesariamente, a la *dictadura del proletariado;* 3) que esta misma dictadura nos de por si más que el tránsito hacia la *abolición de todas las clases* y hacia una sociedad *sin clases..."*. Carlos Marx. "Carta a Joseph Weydemeyer", en *O.E.* (en tres tomos), t.1, Editorial Progreso, Moscú, 1963, p. 542.

30. G.D.H. Cole. *Historia del pensamiento socialista II: marxismo y anarquismo (1850-1890),* Fondo de Cultura Económica, México D.F., 1986, p. 7.

31. Ver: Carlos Marx. "La guerra civil en Francia", en *O.E.* (en tres tomos), t. 2, Editorial Progreso, Moscú, 1963.

32. Ver: Federico Engels Introducción a la edición de 1895 de "Las luchas de clase en Francia de 1848 a 1850", ob. cit., p. 198.

33. Así recapitula Lenin la trayectoria del marxismo: "Durante el primer medio siglo de su existencia (desde la década del 40 del siglo XIX), el marxismo impugnó las teorías que le eran profundamente hostiles. En la primera mitad de la década del 40, Marx y Engels saldaron cuentas con los jóvenes hegelianos radicales, que abrazaban el idealismo filosófico. A fines de esta década, pasa a primer plano la lucha en el terreno de las doctrinas económicas contra el proudhonismo. Esta lucha culmina en la década del 50: crítica de los partidos y de las doctrinas que se habían dado a conocer en el turbulento año 1848. En la década del 60, la lucha se desplaza del campo de la teoría general a un terreno más cercano al movimiento obrero propiamente dicho: expulsión del bakunismo de la Internacional. A comienzos de la década del 70 descuella en Alemania por breve tiempo el proudhonista Mülberger; a fines de esa década, el positivista Dürihng. Pero la influencia de uno y otro en el proletariado es ahora insignificante en extremo. El marxismo alcanza ya el triunfo absoluto sobre todas las demás ideologías del movimiento obrero". Vladimir Ilich Lenin. "Marxismo y Revisionismo", en *O.C.,* t.17, Editorial Progreso, Moscú, 1986, p.18.

34. Rosa Luxemburgo. *Reforma Social o Revolución y otros escritos contra los revisionistas,* Distribuciones Fontamara S.A., México, D.F., 1989, pp. 119-120.

35. "Paul Brousse (1854-1912) era doctor en medicina. Habiendo salido de Francia después de la Comuna, fue primero a España y después a Suiza, en donde conoció a Bakunin y trabajó con la federación del Jura. Después de residir en Inglaterra volvió a Francia cuando fue proclamada la amnistía, y se unió a Guesde y a Lafargue. Hizo de su periódico, *Le Prolétaire*, el órgano del movimiento posibilista, y en 1883 expuso su política en un folleto, *La propieté collective et les services publics*. Del casi anarquismo había pasado a un socialismo gradualista que daba importancia al control local. Sostenía que las industrias y los servicios llegaban gradualmente a estar maduros para la socialización a medida que pasaban bajo un control en gran escala, y que la primera etapa debía ser que los organismos públicos municipales, regionales y nacionales, según los casos, se apoderasen de los servicios públicos esenciales. Era contrario a las ideas de Guesde, tanto por su insistencia en la iniciativa y autonomía local como porque creía que era necesario encargarse de las industrias y de los servicios cuando estuviesen maduros para ello, sin esperar a que los administrase un nuevo 'Estado de los obreros'. Su hostilidad contra la centralización le atrajo el apoyo de muchos socialistas que no aprobaban sus opiniones gradualistas". G.D.H. Cole. *Historia del Pensamiento Socialista III: La Segunda Internacional (1889-1914)*, Fondo de Cultura Económica, México D.F., 1986, pp. 307-308.

36. Ver: Vladimir Ilich Lenin. "Marxismo y Revisionismo", ob. cit., pp. 24-25.

37. Así sintetizaba Lenin su crítica al revisionismo: "El fin no es nada, el movimiento lo es todo". Esta frase proverbial de Bernstein expone la esencia del revisionismo mejor que muchas largas disertaciones. Determinar de cuando en cuando la conducta que se debe seguir, adaptarse a los acontecimientos del día, a los virajes de las minucias políticas, olvidar los intereses cardinales del proletariado y los rasgos fundamentales de todo el régimen capitalista, de toda la evolución del capitalismo y sacrificar estos intereses cardinales por ventajas reales o supuestas del momento: ésa es la política revisionista y de su esencia misma se desprende con toda certidumbre que esta política puede adoptar formas infinitamente diversas y que cada problema un tanto 'nuevo', cada viraje un tanto inesperado e imprevisto de los acontecimientos —aunque este viraje solo altere la línea fundamental

250 AMÉRICA LATINA ENTRE SIGLOS

del desarrollo en proporciones mínimas y por el plazo más corto dará lugar, siempre, a tal o cual variedad de revisionismo. *Ibíd.*, p. 24.

38. Vladimir Ilich Lenin. "La Bancarrota de la II Internacional", en *O.C.*, t. 26, Editorial Progreso, Moscú, 1986, pp. 228–229.

39. Esa contemporización con el colonialismo impulsa a Lenin a decir: "Una clase de desposeídos, pero no trabajadores, no es capaz de derrocar a los explotadores. Solo la clase de los proletarios, que mantiene a toda la sociedad, puede hacer la revolución social. Pues bien, la vasta política colonial ha llevado *en parte* al proletariado europeo a una situación en la que *no* es su trabajo el que mantiene a toda la sociedad, sino el trabajo de los indígenas coloniales casi convertidos en esclavos. La burguesía inglesa, por ejemplo, extrae más ingresos de las decenas y centenares de millones de habitantes de la India y de otras colonias suyas que de los obreros ingleses. Así las cosas, se instaura en algunos países la base material, la base económica para contaminar de chovinismo colonial al proletariado de tal o cual país". Vladimir Ilich Lenin. "El Congreso Socialista Internacional de Stuttgart", en *O.C.*, t. 16, Editorial Progreso, Moscú, 1983, p. 73.

40. Ver: Vladimir Ilich Lenin, "La Bancarrota de la II Internacional", ob. cit., 221–280.

41. Anthony Giddens. *The Third Way: The Renewal of Social Democracy*, Polity Press, Cambridge, 1988, p. 4. "Lo que se convirtió en el 'Estado de bienestar' (un término que no fue ampliamente utilizado hasta los años sesenta y el cual William Beveridge, el arquitecto del Estado de bienestar británico, abiertamente rechazaba) ciertamente ha abigarrado (*chequered*) la historia. Sus orígenes estuvieron muy distantes de los ideales de la izquierda —en parte fue creado para disipar la amenaza socialista. Los grupos gobernantes que establecieron el sistema de seguridad social en la Alemania imperial en las postrimerías del siglo XIX despreciaban la economía de *laissez-faire* tanto como al socialismo. Sin embargo, el modelo de Bismarck fue copiado por muchos países. Beveridge visitó Alemania en 1907 para estudiar el modelo. El Estado de bienestar tal como existe hoy en Europa fue producido en y por la guerra, como lo fueron tantos aspectos de la ciudadanía nacional". *Ibíd.*, p. 111.

42. Ver: Peter Havas. "Los conflictos sociales del capitalismo, la lucha de clases en la ideología y en la política de la socialdemocracia", en

Memorias del Seminario Internacional Proyección de la socialdemocracia en el mundo actual (en dos tomos), t.1., La Habana, 6–9 de octubre de 1981, pp. 56–57.

43. La pusilanimidad de aquel gobierno, que no hizo más que reeditar la historia iniciada con el gobierno de Ramsay McDonald, motivó al dirigente laborista de izquierda Tony Benn a declarar: "Al observar la derrota sufrida en mayo de 1979 por el gobierno laborista, mientras más lo pienso más me convenzo de que fue una rendición y no una derrota. Durante veinte años proclamaron un movimiento sindical apolítico y resultó un callejón sin salida, proclamaron un laborismo no socialista y también esto resultó un callejón sin salida". Citado por Peter Havas en *Ibíd*. Por su parte, Boris Orlov dice que "llama la atención un grupo de estudiosos que en el marco de la Sociedad Fabiana hizo un análisis de los resultados prácticos de la actividad de los gobiernos laboristas en todo el tiempo de su estancia en el poder. P. Ormrod, uno de los autores de la investigación, hace constar, por ejemplo: 'En 1929–31, en 1969–70 y en 1974–79, en fin de cuentas, los gobiernos laboristas comprendieron que no les queda otra alternativa que aceptar la política dictada por los intereses de los grupos financieros". Boris Orlov. "Acerca de la correlación entre la teoría y la práctica en la actividad de la socialdemocracia", en *Memorias del Seminario Internacional Proyección de la socialdemocracia en el mundo actual* (en dos tomos), t.1, La Habana, 6–9 de octubre de 1981, p. 96.

44. Carlos Marx. "Trabajo asalariado y capital", en *O.E.* (en tres tomos), t.1, Editorial Progreso, Moscú, 1973, pp. 169–171.

45. Federico Engels. Introducción a la edición de 1895 de "Las luchas de clase en Francia de 1848 a 1850", ob. cit., p. 199.

46. *Ibíd.*, p. 201.

47. Carlos Marx. "Proyecto de respuesta a la carta de V.I. Zasúlich, en *O.E.* (en 3 tomos), t. 3, p. 162.

48. Federico Engels. Prefacio a la segunda edición rusa de 1882 de "El Manifiesto del Partido Comunista", ob. cit, pp. 101–102.

49. Incluso Cole, conocido crítico de Marx, Lenin y el concepto de revolución, concluye: "La Revolución Alemana de 1918 fue de hecho, como hemos visto, el ejemplo más completo de la manera errónea de hacer una revolución. Los reformistas que quieren solo cambios

graduales y no demasiado radicales pueden permitirse hasta cierto punto incorporar a la nueva estructura la mayor parte de la antigua —utilizar la burocracia y los tribunales existentes e inclusive oficiales del ejército—, aunque la medida en que puedan hacerlo depende de las actitudes mentales de estos grupos sociales. Una revolución verdadera, por otra parte, debe, para sobrevivir, sino barrer en absoluto con todo lo anterior, efectuar cuando menos un cambio decisivo en la composición de los altos cargos administrativos, el poder judicial y las fuerzas armadas y debe colocar de inmediato en las posiciones claves a personas en cuyo apoyo a la causa revolucionaria puede confiarse". G.D.H. Cole. *Historia del pensamiento socialista VI: Comunismo y Socialdemocracia (1914–1931) Segunda Parte*, Fondo de Cultura Económica, México D.F., 1986, pp. 388–389.

50. Carlos Marx y Federico Engels. "El Manifiesto del Partido Comunista", ob. cit., p. 120.

51. Vladimir Ilich Lenin. *El desarrollo del capitalismo en Rusia*, en *O.C.*, t.3, Editorial Progreso, Moscú, 1981.

52. Vladimir Ilich Lenin. "La revolución proletaria y el renegado Kautsky", en *O.C.*, t. 37, Editorial Progreso, Moscú, 1981, p. 252.

53. Vladimir Ilich Lenin. "El Estado y la Revolución", en *O.C.*, t. 33, Editorial Progreso, Moscú, 1981, p. 91.

54. *Ibíd.*, p. 120.

55. Ver: Piero Gleijeses. *Misiones en conflicto: La Habana, Washington y África 1969–1976*, Editorial Ciencias Sociales, La Habana, 2002.

56. Los "incidentes del Golfo de Tonkin" fueron supuestos ataques de fuerzas navales de la República Democrática de Vietnam contra unidades navales de los Estados Unidos, utilizados como pretexto para justificar un aumento de la intervención estadounidense en la guerra.

57. Ver: Peter Kornbluh. *The Pinochet File, a National Security Archive Book*, The New Press, New York, 2003–2004.

58. Ver: Holly Sklar. "Trilateralism: managing dependence and democracy — an overview", en Holly Sklar (editor) *Trilateralism: The Trilateral Commission and Elite Planning for World Management*, South End Press, Boston, 1980, pp. 5–6.

59. Ver: *Ibíd.*, p.7.

60. Samuel Huntington, citado por Holly Sklar, *Ibíd.*, p. 38. "Para algunas personas —dice Huntington—, la democracia debe o debería tener connotaciones movilizadoras y más idealistas. En su opinión, la 'verdadera democracia', significa *liberté, egalité, fraternité*, un efectivo control ciudadano sobre las políticas, gobierno responsable, honestidad y apertura política, deliberación informada y racional, iguales cantidades de poder y participación, y otras diversas virtudes cívicas. Estas son, en general, cosas buenas, y la gente puede, si lo desea, definir la democracia en estos términos. Haciéndolo así, sin embargo, aparecen todos los problemas que han acabado con las definiciones de democracia por la fuente o por los objetivos. Las normas borrosas no permiten análisis útiles. Elecciones, apertura, libertad y juego limpio son la esencia de la democracia, el inexcusable *sine qua non*. Los gobiernos creados por medio de elecciones pueden ser ineficientes, corruptos, de cortas miras, irresponsables, dominados por intereses concretos e incapaces de adoptar las políticas que exige el bien público. Estas cualidades los convierten en gobiernos indeseables, pero no en gobiernos no democráticos". Samuel Huntington. *La tercera Ola: la democratización a finales del siglo XX*, Editorial Paidós, Buenos Aires, 1994, pp. 22-23.

61. Holly Sklar. "Trilateralism: managing dependence and democracy — an overview", ob. cit., p. 44.

62. *Ibíd.*, p. 36.

63. "Los trilateralistas —concluye Holly Sklar— ven en el futuro una era supuestamente posnacional en la cual los valores sociales, económicos y políticos originados en las regiones trilaterales se transformen en valores universales. Redes en expansión de funcionarios gubernamentales, hombres de negocios y tecnócratas con un mismo pensamiento —productos élite de la educación occidental— deben ejecutar la formulación de la política interna y exterior. Funcionalmente, instituciones específicas con 'un mayor enfoque técnico, y *menor conciencia pública*' son los más capacitados para enfrentar los asuntos internacionales en el modelo trilateral. Los trilateralistas llaman a este proceso de toma de decisiones 'funcionalismo por partes' [*piecemeal functionalism*]. Ello significa no presentar o debatir ninguna propuesta integral, sino dejar que el diseño trilateral general vaya tomando forma poco a poco. Sus componentes 'funcionales'

deben ser adoptados en mayor o menor medida, de manera parcial, por partes, de forma que se limite la posibilidad de que la gente pueda captar el diseño completo y organizar la resistencia [...] En el plano internacional, los líderes trilaterales estarían responsabilizados de la *elaboración de las reglas...". Ibíd.* pp. 21–22.

64. Gregorio Selser. *Reagan: Entre El Salvador y las Malvinas*, Mex-Sur Editorial, México D.F., 1982, p. 51.

65. *Ibíd.*, p. 41.

66. Para conocer las opiniones recientes de un grupo de especialistas cubanos en esta temática, ver: Mesa Redonda "¿Por qué cayó el socialismo en Europa Oriental?". Rafael Hernández (moderador), *Temas* No. 39–40, La Habana, octubre–diciembre 2004.

67. Nils Castro. *Las izquierdas latinoamericanas: observaciones sobre una trayectoria*, Fundación Friedrich Ebert —Panamá, 2005, p. 86.

68. *Ibíd.*, p. 87. El citado autor añade que: "De esa reversibilidad se desprenden varias observaciones. Una de ellas, que al completar cada realización o etapa del acontecer práctico o de la historia, la realidad queda modificada y comienzan a abrirse, a su vez, nuevos abanicos de demandas, alternativas y oportunidades. En consecuencia, en sus respectivas circunstancias y conforme a sus propios niveles de conciencia, son las personas y pueblos involucrados quienes disciernen entre el inmovilismo o las nuevas opciones, y quienes deciden cursar una u otra de las distintas alternativas, eligiendo según sus propias creencias, expectativas y posibilidades [...] Y, finalmente, que los propios cambios y revoluciones sociales, al realizarse, modifican a las personas y pueblos que los moldearon, así como a las circunstancias nacionales y las condiciones externas en que los acontecimientos han tenido lugar. Si el programa se ha cumplido, la realidad que lo pedía y justificaba ha dejado de ser la que era, iniciando otra realidad. Lo que en el siguiente período dará pie al reclamo ciudadano de rehacer objetivos, programa y estilo de trabajo para emprender una nueva generación de cambios adicionales". *Ibíd.*, pp. 87–88.

69. Tulio Halperin Donghi. *Historia contemporánea de América Latina*, Edición Revolucionaria, La Habana, 1990, pp. 480–481.

70. Hayek afirma que "la igualdad formal ante la ley está en pugna y de hecho es incompatible con toda actividad del Estado dirigida

deliberadamente a la igualación material o sustantiva de los individuos, y que toda política directamente dirigida a un ideal sustantivo
de justicia distributiva tiene que conducir a la destrucción del Estado
de Derecho. Provocar el mismo resultado para personas diferentes
significa, por fuerza, tratarlas diferentemente. Darle a los diferentes
individuos las mismas oportunidades objetivas, no significa darles la
misma *chance* subjetiva. No puede negarse que el Estado de Derecho
produce desigualdades económicas; todo lo que puede alegarse en
su favor en que esta desigualdad no pretende afectar de una manera
determinada a individuos en particular". Friedrich Hayek. *Camino de
Servidumbre*, Alianza Editorial, Madrid, 1976, p. 111.

71. Ver: Perry Anderson. "El despliegue del neoliberalismo y sus
    lecciones para la izquierda", en *Marx y el siglo XXI. Una defensa de
    la historia y el socialismo*, Renán Vega (editor), Ediciones Pensamiento
    Crítico, Bogotá, 1997, pp. 360–361.

72. Ver: *Ibíd.*, p. 355.

73. *Ibíd.*, p. 357.

74. *Ibíd.*, pp. 356–357.

75. "Doy por sentado que 'tercera vía' se refiere a una estructura de pensa-
    miento y de hacer política que busca adaptar la socialdemocracia a un
    mundo que ha cambiado de manera fundamental durante las últimas
    dos o tres décadas. Es una tercera vía en el sentido de que constituye
    un intento de trascender, tanto a la socialdemocracia de viejo estilo,
    como al neoliberalismo". Anthony Giddens, ob. cit., p. 26.

76. *Ibíd.*, pp. vii–viii (prefacio).

77. *Ibíd.*, p. 26.

78. Tony Blair. "La Tercera Vía: nuevas políticas para el nuevo siglo", en
    *La Tercera Vía: nuevas políticas para el nuevo siglo/Una alternativa para
    Colombia*, Tony Blair y Juan Manuel Santos, Editora Aguilar, Bogotá,
    1999, pp. 72–73.

79. Ver: Norberto Bobbio. *Left and Right*, Polity Press, Cambridge, 1996.

80. Anthony Giddens, ob. cit., pp. 38–39.

81. *Ibíd.*, pp. 39–40.

82. *Ibíd.*, p. 25.

83. Felipe González. Intervención en la inauguración de los trabajos de

la Comisión Progreso Global, en *CD Progreso Global*, Comunicación Interactiva, Madrid.

84. Durante los primeros años de la conquista y colonización, América no tuvo nombre propio. Cristóbal Colón fallece en 1506 convencido de que había cumplido el objetivo de sus viajes de exploración, que era hallar una nueva ruta hacia el Oriente para facilitar el comercio con esa región. Pronto los europeos se percataron de que los territorios a los que Colón accidentalmente había llegado eran hasta entonces desconocidos por ellos, por lo que inicialmente los denominaron *Nuevo Mundo* o *Indias*. Poco después, ese último nombre fue complementado con la palabra *Occidentales*: *Indias Occidentales*. De manera paulatina, esos apelativos fueron sustituidos por *América*. Este nombre había sido sugerido en 1507 por el alemán Martin Waldseemüller en honor al navegante Américo Vespucio, a quien por error se le atribuyó el haber encontrado ese continente. Ver: Sergio Guerra Vilaboy y Alejo Maldonado Gallardo. *Los laberintos de la integración latinoamericana: historia, mito y realidad de una utopía*, Universidad Michoacana de San Nicolás de Hidalgo, Morelia, 2002, pp. 15–16.

85. Manuel Lucena Salmoral. *La esclavitud en la América española*, Centro de Estudios Latinoamericanos, Universidad de Varsovia, Varsovia, 2002, p. 115.

86. *Ibíd.*, p. 29.

87. Sergio Guerra Vilaboy. *Historia Mínima de América Latina*, Editorial Pueblo y Educación, La Habana, 2003, p. 52.

88. "El neologismo América Latina, que al parecer hizo su aparición a mediados del siglo XIX, tuvo como verdaderos padres al colombiano José María Torres Caicedo y al chileno Francisco Bilbao, ambos entonces residentes en París. Este último empleó el vocablo, por primera vez, en una conferencia dictada en la capital francesa el 24 de junio de 1856 con el título de 'Iniciativa de la América' donde también se valió del gentilicio *latino-americano*. Tres meses después [...] Torres Caicedo también lo utilizó, el 26 de septiembre de 1856, en la primera estrofa de la parte IX de su poema 'Las dos Américas'. El colombiano, a diferencia de Bilbao —quien no seguiría utilizando el neologismo en protesta por la intervención francesa en México—, sería un incansable propagandista de la novedosa expresión y su más tenaz difusor —al extremo de corregir las segundas ediciones de sus trabajos anteriores

a 1856, para sustituir América Española por América Latina [...] En su libro *Mis ideas y mis principios*, publicado en París en 1875, el propio Torres Caicedo [...] se atribuyó la primacía en la adopción del nuevo término, lo que ha llevado a algunos historiadores a adjudicarle su exclusiva paternidad, desconociendo el papel de coautor que con justicia corresponde a Bilbao. En definitiva, a lo largo del siglo XX, el uso de América Latina terminaría por imponerse de manera categórica sobre los otros nombres que indistintamente se venían usando". Sergio Guerra Vilaboy y Alejo Maldonado Gallardo, ob. cit., pp. 32–38.

89. Tulio Halperin Donghi, ob. cit., pp. 163–164.

90. Un análisis circunstanciado de la política del imperialismo norteamericano hacia América Latina y el Caribe puede encontrarse en: Luis Suárez Salazar. *Madre América: un siglo de violencia y dolor [1898–1989]*, Editorial Ciencias Sociales, La Habana, 2004.

91. Las colonias de los Estados Unidos son: Puerto Rico, Guam, Islas Vírgenes estadounidenses, Samoa, Islas Marianas del Norte, Islas Midway, Atolón Johnston, Arrecife Kingman, Isla Navaza, Atolón Pamyra, e Islas Baker, Howland y Jarvis.

92. Ver: Luis Suárez Salazar, ob. cit., pp. 32–33.

93. El Corolario Roosevelt de la Doctrina Monroe no quedó establecido mediante un solo pronunciamiento, sino fue el resultado de diversas acciones y declaraciones realizadas entre 1901 y 1906. Ver: *Ibíd.*, 42.

94. Para un recuento de la historia de este período, ver: *Ibíd.*, pp. 133–173.

95. Tulio Halperin Donghi, ob.cit., p. 415.

96. Claude Heller. "Las relaciones militares entre Estados Unidos y América Latina: un intento de evaluación", *Nueva Sociedad* No. 27, Caracas, 1976, pp. 18–19.

97. Ver: Francisco Zapata. *Ideología y política en América Latina*, El Colegio de México, Centro de Estudios Sociológicos, México D.F., 2002, p. 142.

98. Ver: Sergio Guerra Vilaboy. *Historia Mínima de América Latina*, ob. cit., p. 253. Ver también: Sergio Guerra Vilaboy. *Etapas y procesos en la historia de América Latina*, Centro de Información para la Defensa, La Habana, s/f, p. 40; Luis Suárez Salazar, ob. cit., pp. 133–148.

99. Francisco Zapata, ob. cit., p. 16.

100. Ver: *Ibíd.*, pp. 14–15.

101. En abril de 1961 el presidente John F. Kennedy autorizó la invasión a Cuba por parte de una fuerza militar contrarrevolucionaria organizada por su predecesor, Dwight Eisenhower, con un esquema similar al utilizado en 1954 contra la Guatemala de Jacobo Arbenz, concebido para enmascarar la agresión estadounidense tras la fachada de una supuesta acción protagonizada por fuerzas de la propia nación agredida.

102. Ver: Luis Suárez Salazar, ob. cit., p. 256.

103. Nelson A. Rockefeller. "La calidad de la vida en las Américas", *Documentos No. 1*, Centro de Estudios sobre América, La Habana, 1980.

104. *Ibíd.*, p. 23.

105. Comisión sobre las Relaciones Estados Unidos-América Latina (Comisión Linowitz). "Las Américas en un mundo en cambio" (*Informe de la Comisión sobre las Relaciones de los Estados Unidos con América Latina o Informe Linowitz I*), Washington D.C., octubre de 1974, *Documentos No. 2*, Centro de Estudios sobre América, La Habana, 1980.

106. *Ibíd.*, p. 51.

107. Comisión sobre las Relaciones Estados Unidos-América Latina (Comisión Linowitz). "Estados Unidos y América: próximos pasos" (Segundo Informe de la Comisión sobre las Relaciones de los Estados Unidos con América Latina o Informe Linowitz II), *Documentos No. 2*, Centro de Estudios sobre América, La Habana, 1980.

108. *Ibíd.*, pp. 100–102.

109. "Se trataba simplemente —afirma Luis Maira— de asumir el carácter minoritario y corrompido del régimen; de advertir que su larga tradición de represión lo hacía irrecuperable en sí mismo para cualquier tentativa democrática; de evaluar hasta qué punto el control por los miembros de la dinastía de la estructura productiva nicaragüense había originado una resistencia civil que incluía a capas cada vez más amplias de la propia burguesía. En fin, de darse cuenta que existían en Nicaragua fuerzas políticas internas capaces de dar forma a un nuevo gobierno democrático moderado". Luis Maira. "La política latinoamericana de la administración Carter", en *Lecturas No. 2*. Centro de Estudios sobre América, La Habana, 1982, pp. 23–24.

110. Ver: Gregorio Selser. *Reagan: Entre El Salvador y las Malvinas*, ob. cit., pp. 74–75.

111. El documento del Comité de Santa Fe o Santa Fe I —después se elaboraron otras tres versiones (Santa Fe II, II y IV)—, se encuentra en: www.nuncamas.org/documento/docstfe1

112. Esta afirmación no abarca al Caribe anglófono, vinculado a Gran Bretaña por viejos lazos coloniales, la mayoría de cuyos gobiernos se alinearon con la antigua metrópoli mientras otros no se pronunciaron públicamente.

113. "No podía haber —decía el subsecretario de Estado para Asuntos Interamericanos, Thomas Enders— otra posición para Estados Unidos que la de oponerse a la ilegal utilización de la fuerza para resolver una disputa" *(Sic.!)*, Thomas O. Enders. "Prepared Statement of the Assistant Secretary of State for Inter-American Affairs", U. S. House of Representatives, Mineo, 14 pp., Washington D.C., 5 de agosto de 1982.

114. *Report of the National Bipartisan Comission on Central America*, Publicación realizada por el Gobierno de los Estados Unidos, Washington D.C., 1984.

115. Fuente: Gregorio Selser, ob. cit., pp. 186–187.

116. Para conocer un ejemplo representativo de cómo los círculos políticos de los Estados Unidos valoran en su momento las posibilidades que la crisis de la URSS le ofrecen para reafirmar su dominación sobre América Latina, ver: *The Americas in a New World: The 1990 Report of the Inter-American Dialogue*, The Aspen Institute, Washington D.C., 1990.

117. El concepto *democracia restringida* ha sido ampliamente utilizado en América Latina. Este es un término que puede prestarse a confusión debido a que *democracia* es una forma de dominación y subordinación de clase, que lleva implícita la noción de *restricción* de las libertadas de las clases dominadas y subordinadas. Con el término *democracia restringida* se identifica al sistema político impuesto en América Latina con posterioridad a las dictaduras militares de "seguridad nacional", que, además de las limitaciones y condicionamientos inherentes a la democracia burguesa en sentido general, fue concebido e implantado, de manera específica, para cerrar en los países de la región aquellos

espacios de confrontación de los que habló Gramsci, en los cuales los pueblos puedan arrancarle concesiones al imperialismo y sus aliados locales.

118. "La dictadura abrió paso al modelo económico [neoliberal] mediante la violencia extrema. En una nueva etapa, ya implantado el modelo, requería de otra base de sustentación y también de otra forma de llevarse adelante. La violencia progresivamente fue siendo reemplazada por mecanismos económicos. Ello era necesario, además, para lograr una inserción internacional más plena, sin los frenos que significaba la dictadura, por las resistencias que levantaba en diferentes países". Hugo Fazio. *El Programa Abandonado: balance económico y social del gobierno de Aylwin*, LOM Ediciones, Santiago de Chile, 1996, p. 175.

119. Bolivia, cuya Constitución establece que el Congreso elija al Presidente de la República en caso que ningún candidato obtenga 50% más uno en los comicios, era el país en que existían mejores condiciones para el florecimiento de este tipo de alianza.

120. Como antecedente histórico, vale la pena apuntar que Sergio Guerra y Alejo Maldonado hablan de "la reunión de Madrid (1900) de un Congreso Hispano-Americano, inaugurado por el polígrafo mexicano Justo Sierra sin la presencia de delegaciones oficiales de gobiernos, cuyo propósito era adelantarse al II Congreso Panamericano que se realizaría al año siguiente en México promovido por Estados Unidos. En este cónclave, a iniciativa del español Rafael María de Labra, aprobó la creación de la Unión Iberoamericana, encargada de promover el panhispanismo, para contraponerlo al panamericanismo promovido desde 1889 por el Secretario de Estado de los Estados Unidos James G. Blaine, En relación con el panhispanismo hay que advertir, como oportunamente hiciera Fernando Ortiz, que también venía acompañado de intenciones tutelares e incluso aspiraciones imperialistas por parte del gobierno español, sustentadas en una supuesta *raza hispana*". Sergio Guerra Vilaboy y Alejo Maldonado Gallardo, ob. cit., pp. 38–39.

121. El Foro de San Pablo es un agrupamiento regional conformado por alrededor de cien partidos y movimientos políticos latinoamericanos y caribeños, que abarcan todo el espectro ideológico de *izquierda*. Con una definición *antimperialista* y *antineoliberal*, el FSP constituye

un lugar de encuentro, un escenario de debate y un mecanismo de comunicación, coordinación y solidaridad. Como norma, el FSP realiza un encuentro anual de toda su membresía. También organiza seminarios y talleres temáticos con el propósito de interactuar con los movimientos populares de la región. A sus actividades asisten, en calidad de invitados, partidos políticos y movimientos populares de América del Norte, Europa, Asia, África y Medio Oriente. Como mecanismo de coordinación del Foro funciona un Grupo de Trabajo, integrado actualmente por partidos políticos de 12 países: Brasil, Cuba, Colombia, Chile, Ecuador, Guatemala, Haití, Nicaragua, México, Puerto Rico, El Salvador, Uruguay.

122. Se refiere a la práctica imperialista de emitir certificaciones de "buena" o "mala" conducta de otros gobiernos en materia de "respeto a los derechos humanos" y "combate al narcotráfico". A partir de esas certificaciones, el gobierno de los Estados Unidos establece sanciones contra quienes estima pertinente.

123. AG/doc. 8 (XVIII–E/01).

124. Es evidente que el incremento artificial de la cifra de votos en blanco fue uno de los procedimientos utilizados para cometer el fraude, ya que es inconcebible que los electores de las barriadas pobres y zonas rurales del Haití hicieran colas de entre seis y ocho horas frente a los centros de votación para, simplemente, anular la boleta.

125. En este sentido, Carlos Vilas afirma que, en América Latina que "la identidad del sujeto colectivo *pueblo* es heterogénea en sus elementos constitutivos y homogénea en su enmarcamiento en el mundo de la pobreza y en su confrontación con la explotación y la opresión —si bien las manifestaciones de esa confrontación asumen una amplia variación. La pluralidad de elementos constitutivos obliga a referirse a las 'clases populares' como sujeto doblemente colectivo —por la heterogeneidad de sus ingredientes y por sus expresiones—, donde el concepto de clase abandona su referente estrecho al trabajador: 1) productivo, 2) asalariado y 3) del mercado formal, para englobar a todos quienes participan como explotados y oprimidos en las relaciones de poder —político, económico, de género, cultural, étnico…— institucionalizadas en el Estado, sus aparatos y políticas. De esto se deriva que el sujeto clase no debe ser visto como el pasado de un presente popular". Carlos Vilas. "Actores, sujetos, movimientos: ¿Dónde

quedaron las clases?", *Nuestra Bandera* No. 176/177, Vol. 2, Madrid, 1998, p. 34.

126. Como ya se explicó en capítulos anteriores, la gobernabilidad no fue concebida como una forma de democracia sino como un modelo de *control social*, destinado a revertir "los excesos democráticos" y el "igualitarismo" que entorpecían la concentración de la riqueza. El culto a la gobernabilidad, rebautizada como *gobernabilidad democrática* y convertida en engranaje del sistema de dominación continental, se generalizó en América Latina en los años noventa como panacea capaz de evitar la crisis política, sin atender a sus causas económicas y sociales.

127. "Lo que estamos viendo en este momento en América Latina es que la democracia abierta a la alternancia de proyectos, de la cual Allende fue un ejemplo, se está cerrando. Por el contrario, existe un sistema democrático impulsado desde los mismos organismos transnacionales como el Banco Mundial, el mismo Fondo Monetario Internacional y ni qué hablar del Departamento de Estado, que están interesados en una alternancia, por lo tanto, en un juego de mayoría y minoría pero al interior de los parámetros de un proyecto único e innegociable, y que se identifica con la democracia; de manera que cualquier idea de alternancia de proyectos es calificada de antidemocrática por democrática que sea". Hugo Zemelman. "Enseñanzas del gobierno de la Unidad Popular en Chile". En: *Gobiernos de izquierda en América Latina: el desafío del cambio* (Beatriz Stolowicz, coordinadora), Plaza y Valdés Editores, México D.F., 1999. pp. 35–36.

128. Esos datos no incluyen al Caribe de habla inglesa donde en este período fueron electos gobiernos progresistas en Guyana, Dominica y Santa Lucía.

Bibliografía

1. Carlos Abalo. "El Derrumbe del Peronismo y la Política Económica del Gobierno Militar", *Nueva Sociedad* No. 27, Caracas, 1976.

2. Pedro Alfonso Leonard. "Capitalismo desarrollado contemporáneo: transformaciones sociales y tecnológicas", *Tecnología y Sociedad*, Instituto Superior Politécnico José Antonio Echeverría, La Habana, 1997.

3. Oneida Álvarez. "¿Constituye la integración regional una alternativa al ALCA?", *Cuba Socialista* No. 26. La Habana, 2002.

4. Francisco Álvarez Somoza y otros. "La Internacional Socialista de Ginebra a Albufeira", en *Memorias del Seminario Internacional La Socialdemocracia y los Países del llamado Tercer Mundo* (en dos tomos), t. 1, La Habana, 25 al 28 de octubre de 1983.

5. Perry Anderson. "El despliegue del neoliberalismo y sus lecciones para la izquierda", en *Marx y el siglo XXI. Una defensa de la historia y el socialismo*, Renán Vega (editor), Ediciones Pensamiento Crítico, Bogotá, 1997.

6. Ricardo Antunes. "¿Cuál crisis de la sociedad del trabajo?", en *Marx y el siglo XXI. Una defensa de la historia y el socialismo*, Renán Vega (editor), Ediciones Pensamiento Crítico, Bogotá, 1997.

7. Waldo Ansaldi. "Gobernabilidad y Seguridad Democrática". Ponencia presentada en el Seminario Gobernabilidad y Seguridad Democrática en América del Sur, Santiago de Chile, 16 al 18 de agosto de 1990.

8. Sergio Arancibia. *Dependencia y deuda externa*, Taller Popular, Lima, 1988.

9. Sergio Aranda. "El retorno de Chile a la democracia", *Nueva Sociedad* No. 27, Caracas, 1976.

10. Hugo Azcuy. "Democracia y derechos en la agenda latinoamericana", *Cuadernos de Nuestra América* Vol. IX No. 19, Centro de Estudios sobre América, La Habana, 1992.

11. José R. Balaguer Cabrera, Manuel Menéndez Díaz y otros, "El imperialismo actual. Un debate a partir del ensayo: *Transnacionalización y desnacionalización. La metamorfosis del capitalismo monopolista de Estado*" (presentado por Rafael Cervantes, Felipe Gil, Roberto Regalado y Rubén Zardoya), *Cuba Socialista* No. 10, La Habana, 1998.

12. Paul Bairoch. *Revolución industrial y subdesarrollo*, Editorial Siglo XXI, México D.F., 1967.

13. Silvio Baró Herrera. "Globalización y tendencias en las relaciones políticas internacionales", *Cuba Socialista* No. 3, La Habana, 1996.

14. ____. "Estados Unidos y los 'nuevos temas", *Cuadernos de Nuestra América* Vol. VI No. 12, Centro de Estudios sobre América, La Habana, 1999.

15. Jack Barnes. "La marcha del imperialismo hacia el fascismo y la guerra", *Nueva Internacional* No. 4, 1995.

16. Deborah Barry. "Los conflictos de baja intensidad: reto para los Estados Unidos en el Tercer Mundo (el caso de Centroamérica)", en *Centroamérica: la guerra de baja intensidad ¿hacia la prolongación del conflicto o preparación para la invasión? Cuadernos de Pensamiento Propio*, CRIES, Managua, 1986.

17. Marie-France Baud. "La mundialización de los mercados", *El Correo de la UNESCO*, noviembre de 1996.

18. Oswaldo Bayer. "¡Basuras del mundo, uníos!", en *Marx y el siglo XXI. Hacia un marxismo ecológico y crítico del progreso*. Renán Vega (editor), Ediciones Pensamiento Crítico, Bogotá, 1997.

19. Norberto Bobbio. *Left and Right*, Polity Press, Cambridge, 1996.

20. Carl Bogss. "El Marxismo de Gramsci", *Paradigmas y Utopías* No. 5, México D.F., julio–agosto 2002.

21. Atilio Borón. *Imperio e imperialismo*, Casa de las Américas, La Habana, 2004.

22. Rodrigo Borja. "Ideologías y partidos políticos", en *Los partidos políticos en el tercer milenio*. Conferencia Permanente de Partidos Políticos de América Latina y el Caribe (COPPPAL), Memorias del Encuentro celebrado en la Ciudad de México el 22 y 23 de febrero de 1996.

23. Tony Blair. "La Tercera Vía: nuevas políticas para el nuevo siglo", en *La Tercera Vía: nuevas políticas para el nuevo siglo/Una alternativa para Colombia*. Tony Blair y Juan Manuel Santos, Editora Aguilar, Bogotá, 1999.

24. Dave Broad. "Globalización versus trabajo", en *Marx y el siglo XXI. Hacia un marxismo ecológico y crítico del progreso*, Renán Vega (editor), Ediciones Pensamiento Crítico, Bogotá, 1997.

25. Michel Camdessus. "Siete pilares de la sabiduría". Intervención en el Encuentro "Los Nuevos Caminos de América Latina", organizado por el Círculo de Montevideo, Montevideo, septiembre de 1996.

26. Fernando Henrique Cardoso. "Gobernabilidad y democracia: desafíos contemporáneos", en *Gobernar la globalización*. Ediciones Demos, México D.F., 1997.

27. Hugo Cores. "Algunas consideraciones sobre los desafíos actuales de la izquierda latinoamericana", *Papeles de la FIM* No. 10, 2ª. Época, Fundación de Investigaciones Marxistas, Madrid, 1998.

28. Julio Carranza. "Crisis y perspectivas del modelo de acumulación de capitales en Centroamérica", *Cuadernos de Nuestra América*, Vol. VI, No. 12, Centro de Estudios sobre América, La Habana, 1999.

29. Alicia Castellanos Guerrero y Gilberto López Rivas. "El debate de la nación. Cuestión nacional, racismo y autonomía". *Claves Latinoamericanas*, México D.F., 1992.

30. Fidel Castro Ruz. *La crisis económica y social del mundo*, Ediciones del Consejo de Estado, La Habana, 1983.

31. ____. *Nada podrá detener la marcha de la historia*, Editora Política, La Habana, 1985.

32. ____. Discurso pronunciado en la sesión conmemorativa del Aniversario 50 de la creación del Sistema Multilateral de Comercio, Palacio de las Naciones, Ginebra, Suiza, el 19 de mayo de 1998, *Granma*, 20 de mayo de 1998.

33. ____. Comparecencia ante la televisión cubana el 2 de febrero de 1998, *Granma*, 5 de febrero de 1998.

34. Nils Castro. *Las izquierdas latinoamericanas: observaciones sobre una trayectoria*, Fundación Friedrich Ebert, Panamá, 2005.

35. Rafael Cervantes Martínez, Felipe Gil Chamizo, Roberto Regalado Álvarez y Rubén Zardoya Loureda. *Transnacionalización y desnacionalización: ensayos sobre el capitalismo contemporáneo*, Editorial "Félix Varela", La Habana, 2002.

36. Comisión del Sur. *Desafío para el Sur*, Fondo de Cultura Económica, México D.F., 1991.

37. Comisión sobre las Relaciones Estados Unidos-América Latina (Comisión Linowitz). "Las Américas en un mundo en cambio" (Informe de la Comisión sobre las Relaciones de los Estados Unidos con América Latina o Informe Linowitz I), Washington DC, octubre de 1974, en *Documentos No. 2*, Centro de Estudios sobre América, La Habana, 1980.

38. ____. "Estados Unidos y América: próximos pasos" (Segundo Informe de la Comisión sobre las Relaciones de los Estados Unidos con América Latina o Informe Linowitz II), en *Documentos No. 2*, Centro de Estudios sobre América, La Habana, 1980.

39. B. Carolina Crisorio y Norberto R. Aguirre. "Los países del Cono Sur y un largo camino hacia la integración. Las relaciones con Europa", *Historia y perspectiva de la integración latinoamericana*, Asociación por la Unidad de Nuestra América (Cuba) y Escuela de Historia de la Universidad Michoacana de San Nicolás de Hidalgo, Morelia, 2000.

40. B. Carolina Crisorio, Norberto R. Aguirre y Ofelia B. Scher. "Europa y los procesos de integración de América Latina", *Historia y perspectiva de la integración latinoamericana*, Asociación por la Unidad de Nuestra América (Cuba) y Escuela de Historia de la Universidad Michoacana de San Nicolás de Hidalgo, Morelia, 2000.

41. Francois Chesnais. "Contribución al debate sobre la trayectoria del capitalismo a finales del siglo XX", en *Marx y el siglo XXI. Una defensa de la historia y el socialismo*, Renán Vega (editor), Ediciones Pensamiento Crítico, Bogotá, 1997.

42. Noam Chomsky y Heinz Dieterich. *La Sociedad Global. Educación, mercado y democracia*, Editora Abril, La Habana, 1997.

43. Liliana De Riz. "El fin de la sociedad populista y la estrategia de las fuerzas populares en el Cono Sur", *Nueva Sociedad*, Caracas, marzo-abril 1980.

44. Diálogo Interamericano. *Convergencia y comunidad: las Américas en 1993*, Instituto Aspen, Washington D.C., 1993.

45. *Diccionario de Economía Política*, Editorial Progreso, Moscú, 1981.

46. George Douglas Howard Cole. *Historia del Pensamiento Socialista I: Los precursores (1789–1850)*, Fondo de Cultura Económica, México D.F., 1986.

47. ____. *Historia del pensamiento socialista II: marxismo y anarquismo (1850–1890)*, Fondo de Cultura Económica, México D.F., 1986.

48. ____. *Historia del Pensamiento Socialista III: La Segunda Internacional (1889–1914)*, Fondo de Cultura Económica, México D.F., 1986.

49. ____. *Historia del pensamiento socialista IV: La Segunda Internacional (1889–1914) Segunda Parte*, Fondo de Cultura Económica, México D.F., 1986.

50. ____. *Historia del pensamiento socialista V: comunismo y socialdemocracia (1914–1931)* Primera Parte, Fondo de Cultura Económica, México D.F., 1986.

51. ____. *Historia del pensamiento socialista VI: comunismo y socialdemocracia (1914–1931)* Segunda Parte, Fondo de Cultura Económica, México D.F., 1986.

52. ____. *Historia del pensamiento socialista VII: socialismo y fascismo (1931–1939)*, Fondo de Cultura Económica, México D.F., 1986.

53. Dudley Dillard. *La teoría económica de John Maynard Keynes*, Instituto del Libro, La Habana, 1969.

54. German Dilienski. "Las bases sociales, ideológicas y políticas de la socialdemocracia moderna", en *Memorias del Seminario Internacional Proyección de la socialdemocracia en el mundo actual* (en dos tomos), t. 1, La Habana, 6–9 de octubre de 1981.

55. Federico Engels. "El origen de la familia, la propiedad privada y el Estado", en *O.E.* (en tres tomos), t. 3, Editora Política, La Habana 1963.

56. ____. "Del socialismo utópico al socialismo científico", en *O.E.* (en tres tomos), t. 2, Editora Política, La Habana, 1963.

57. ____. Introducción a la edición de 1895 de "Las luchas de clase en Francia de 1848 a 1850", en *O.E.* (en tres tomos), t.1, Editorial Progreso, Moscú, 1973.

58. ____. Prefacio a la segunda edición alemana de 1892 de *La situación de la clase obrera en Inglaterra*", en *O.E.* (en tres tomos), t. 3, Editora Política, La Habana, 1963.

59. ____. "Principios del comunismo", en *O.E.* (en 3 tomos), t. 1, Editorial Progreso, Moscú, 1973.

60. Thomas O. Enders. "Prepared Statement of the Assistant Secretary of State for Inter-American Affairs", U. S. House of Representatives, Mineo, 14 pp., Washington D.C., 5 de agosto de 1982.

61. Hugo Fazio. *El Programa Abandonado: balance económico y social del gobierno de Aylwin*, LOM Ediciones, Santiago de Chile, 1996.

62. Roberto Fernández Retamar. *Todo Caliban*, Ediciones Callejón, San Juan, 2003.

63. Giuseppe Fiori. "La centralidad del pensamiento de Gramsci", *Paradigmas y Utopías* No. 5, México D.F., julio–agosto 2002.

64. Vivianne Forrester. *El horror económico*, Fondo de Cultura Económica, México D.F., 1997.

65. Jeff Frieden. "The Trilateral Commission: economics and politics in the 1970s", en Holly Sklar (editor) *Trilateralism: The Trilateral Commission and Elite Planning for World Management*, South End Press, Boston, 1980.

66. Dan Gallin. "El capitalismo al final del siglo XX: globalización y trabajo", en *Marx y el siglo XXI. Hacia un marxismo ecológico y crítico del progreso*, Renán Vega (editor), Ediciones Pensamiento Crítico, Bogotá, 1997.

67. Luis Javier Garrido. "Nuevas reflexiones sobre el neoliberalismo realmente existente". Introducción a *La Sociedad Global*, de Noam Chomsky y Heinz Dieterich, Editora Abril, La Habana, 1997.

68. Anthony Giddens. *The Third Way: The Renewal of Social Democracy*, Polity Press, Cambridge, 1998.

69. Felipe Gil Chamizo. "Especulación, capitalismo virtual y sociedad burguesa contemporánea". *Cuba Socialista* No. 9, La Habana, 1998.

70. G. Gileni. "El problema ambiental y los incentivos fiscales". *Boletín de la Academia de Ciencias Políticas y Sociales de Venezuela* No. 129, Caracas, 1994.

71. Piero Gleijeses. *Misiones en conflicto: La Habana, Washington y África 1969–1976*. Editorial Ciencias Sociales, La Habana, 2002.

72. Mayra Góngora y Juan Valdés Paz. "Modelos de sociedad propuestos por el movimiento revolucionario y la socialdemocracia", en *Memorias del Seminario Internacional La Socialdemocracia y los Países del llamado Tercer Mundo* (en dos tomos), t. 1, La Habana, 25 al 28 de octubre de 1983.

73. Lucía González Alonso. "Cuestión social, cuestión de géneros: Del 'olvido' al diálogo", *Papeles de la FIM* No. 10, 2ª. Época, Fundación de Investigaciones Marxistas, Madrid, 1998.

74. Roberto González Arana. "Una aproximación a las experiencias del Pacto Andino, el Grupo de los Tres y la Asociación de Estados del Caribe". *Historia y perspectiva de la integración latinoamericana*,

Asociación por la Unidad de Nuestra América (Cuba) y Escuela de Historia de la Universidad Michoacana de San Nicolás de Hidalgo, Morelia, 2000.

75. Pablo González Casanova. "Lo particular y lo universal a fines del siglo XX", *Memoria* No. 87, 1996.

76. Roberto González Caso. "La reelección de Reagan: ¿consolidación de la segunda guerra fría?", *Cuadernos de Nuestra América* Vol. I No. 2, Centro de Estudios sobre América, La Habana, 1984.

77. Antonio Gramsci. *Cuadernos de la Cárcel* (en cuatro tomos), Ediciones Era, México D.F., 1984.

78. Grupo de Lisboa (bajo la dirección de Ricardo Petrella). *Los límites a la competitividad*, Editorial Sudamericana, Buenos Aires, 1996.

79. Sergio Guerra Vilaboy. *Etapas y procesos en la historia de América Latina*, Centro de Información para la Defensa, La Habana, s/f.

80. _____. *Historia Mínima de América Latina*, Editorial Pueblo y Educación, La Habana, 2003.

81. Sergio Guerra Vilaboy y Alejo Maldonado Gallardo. *Los laberintos de la integración latinoamericana: historia, mito y realidad de una utopía*, Facultad de Historia de la Universidad Michoacana de San Nicolás de Hidalgo, Morelia, 2002.

82. David Harvey. "La Globalización en cuestión", en Renán Vega (editor). *Marx y el siglo XXI. Una Defensa de la historia y del socialismo*, Ediciones Pensamiento Crítico, Bogotá, 1997.

83. Tulio Halperin Donghi. *Historia contemporánea de América Latina*, Edición Revolucionaria, La Habana, 1990.

84. Peter Havas. "Los conflictos sociales del capitalismo, la lucha de clases en la ideología y en la política de la socialdemocracia", en *Memorias del Seminario Internacional Proyección de la socialdemocracia en el mundo actual* (en dos tomos), t. 1, La Habana, 6–9 de octubre de 1981.

85. Friedrich Hayek. *Camino de Servidumbre*, Alianza Editorial, Madrid, 1990.

86. _____. *La fatal arrogancia: los errores del socialismo*, Unión Editorial, Madrid, 1990.

87. Claude Heller. "Las relaciones militares entre Estados Unidos y América Latina: un intento de evaluación", *Nueva Sociedad* No. 27, Caracas, 1976.

88. María Marta Hernández, Judith Baqués y Elvira Díaz. "La evolución histórica de las concepciones de la socialdemocracia internacional en relación al Estado y la democracia", en *Memorias del Seminario Internacional Proyección de la socialdemocracia en el mundo actual* (en dos tomos), t. 1, La Habana, 6–9 de octubre de 1981.

89. Jesús Hernández "América Latina-Estados Unidos: el nudo de la crisis económica", *Cuadernos de Nuestra América* Vol. I No. 2, Centro de Estudios sobre América, La Habana, 1984.

90. Jorge Hernández. "Hegemonía y política latinoamericana de Estados Unidos en la era del ALCA", *Cuba Socialista* No. 26. La Habana, 2002.

91. Samuel Huntington. *La tercera Ola: la democratización a finales del siglo XX*, Editorial Paidós, Buenos Aires, 1994.

92. Octavio Ianni. *Teorías de la globalización*, Editorial Siglo XXI, México D.F., 1995.

93. Dora Kanoussi. "Los principios del neoliberalismo", *Memoria* No. 91, México D.F., 1996.

94. Henry Kissinger (presidente de la Comisión). *Report of the National Bipartisan Comission on Central America*, Washington. D.C., 1984.

95. Peter Kornbluh. *The Pinochet File: a National Security Archive Book*, The New Press, New York, 2003–2004.

96. Manuel Lucena Salmoral. *La esclavitud en la América española*, Centro de Estudios Latinoamericanos. Universidad de Varsovia. Varsovia, 2002.

97. Vladimir Ilich Lenin. "El Estado y la Revolución", en *O.C.*, t. 33, Editorial Progreso, Moscú, 1986.

98. ____. "Acerca del Estado", en *O.C.*, t. 39, Editorial Progreso, Moscú, 1986.

99. ____. "El imperialismo, fase superior del capitalismo", en *O.C.*, t. 27, Editorial Progreso, Moscú, 1986.

100. ____. Epílogo de 1917 a "El programa agrario de la socialdemocracia en la primera Revolución rusa", en *O.C.*, t.16, Editorial Progreso, Moscú, 1986.

101. ____. "Séptima Conferencia (conferencia de abril) de toda Rusia del POSD (b) R", en *O.C.*, t. 31, Editorial Progreso, Moscú, 1986.

102. ____. "Un viraje en la política mundial", en *O.C.*, t. 30, Editorial Progreso, Moscú, 1986.

103. ____. "Revisión del Programa del Partido", en *O.C.*, t. 34, Editorial Progreso, Moscú, 1986.

104. ____. "La Guerra y la Revolución", en *O.C.*, t. 32, Editorial Progreso, Moscú, 1986.

105. ____. "La Bancarrota de la II Internacional", en *O.C.*, t. 26. Editorial Progreso, Moscú, 1986.

106. ____. "Por el pan y por la paz", en *O.C.*, t. 35, Editorial Progreso, Moscú, 1986.

107. ____. "El programa militar de la revolución proletaria", en *O.C.*, t. 30, Editorial Progreso, Moscú, 1986.

108. ____. "El programa agrario de la socialdemocracia en la primera Revolución rusa", en *O.C.*, t. 6, Editorial Progreso, Moscú, 1986.

109. ____."Prefacio al folleto de Bujarin 'La economía mundial y el imperialismo", en *O.C.*, t. 27, Editorial Progreso, Moscú, 1986.

110. ____. "Reseña de *La evolución del capitalismo moderno*", en *O.C.*, Editorial Progreso, Moscú, 1981, t. 4.

111. ____. "El socialismo y la guerra", en *O.C.*, t. 26, Editorial Progreso, Moscú, 1986.

112. ____. "La consigna de los Estados Unidos de Europa", en *O.C.*, t. 26, Editorial Progreso, Moscú, 1986.

113. ____. "El derecho de las naciones a la autodeterminación", en *O.C.*, t. 25, Editorial Progreso, Moscú, 1986.

114. ____. "El imperialismo y la escisión del socialismo", en *O.C.*, t. 30, Editorial Progreso, Moscú, 1986.

115. ____. "La revolución proletaria y el renegado Kautsky", en *O.C.*, t. 37, Editorial Progreso, Moscú, 1986.

116. ____. "El contenido económico del populismo", en *O.C.*, t. 1, Editorial Progreso, Moscú, 1986.

117. ____. "El Congreso Socialista Internacional de Stuttgart", en *O.C.*, t. 16, Editorial Progreso, Moscú, 1986.

118. ____."Explicación de la ley de multas", en *O.C.*, t. 2, Editorial Progreso, Moscú, 1986.

119. ____. "La celebración del primero de mayo por el proletariado revolucionario", en *O.C.*, t. 23, Editorial Progreso, Moscú, 1986.

120. ____. "Proyecto y explicación del Programa socialdemócrata", en *O.C.*, t. 2, Editorial Progreso, Moscú, 1986.

121. ____. "Proyecto de Programa del Partido Obrero Socialdemócrata de Rusia", en *O.C.*, t. 6, Editorial Progreso, Moscú, 1986.

122. ____. "Proyecto de nueva ley sobre las huelgas", en *O.C.* t. 6, Editorial Progreso, Moscú, 1986.

123. ____. "Materiales para la elaboración del Programa del POSDR", en *O.C.*, t. 6, Editorial Progreso, Moscú, 1986.

124. ____. "Marxismo y Revisionismo", en *O.C.*, t.17, Editorial Progreso, Moscú, 1986.

125. ____. "La revolución proletaria y el renegado Kautsky", en *O.C.*, t. 37, Editorial Progreso, Moscú, 1986.

126. J. A. Lesourd y C. Gérard. *Historia económica mundial*, Editorial Vicens-Vives, Barcelona, 1964.

127. Soledad Loaeza. "Crisis en los partidos políticos de masas", en *Los partidos políticos en el tercer milenio*, Conferencia Permanente de Partidos Políticos de América Latina y el Caribe (COPPPAL), Memorias del Encuentro celebrado en la Ciudad de México el 22 y 23 de febrero de 1996.

128. J. López (editor). *Ciencia, tecnología y sociedad*, Editorial Ariel S.A., Barcelona, 1997.

129. Rosa Luxemburgo. *La acumulación del capital*, Editorial Ciencias Sociales, La Habana, 1970.

130. ____. *Reforma Social o Revolución y otros escritos contra los revisionistas*, Distribuciones Fontamara S.A., México, D.F., 1989.

131. Oscar Maggiolo. "Uruguay, tres años de dictadura", *Nueva Sociedad* No. 27, Caracas, 1976.

132. Luis Maira. "La política latinoamericana de la administración Carter", *Lecturas* No. 2. Centro de Estudios sobre América, La Habana, 1982.

133. Juan Francisco Martín Seco. "Economía y democracia", en Manuel Monereo (coordinador). *Propuestas desde la izquierda. Los desafíos de la izquierda transformadora para el próximo siglo*, Fundación de Investigaciones Marxistas, Madrid, 1998.

134. Osvaldo Martínez. "La ambivalencia de la integración económica latinoamericana", *Cuadernos de Nuestra América* Vol. IX No. 19, Centro de Estudios sobre América, La Habana, 1992.

135. ____. "Razones para oponerse al ALCA", *Cuba Socialista* No. 26, La Habana, 2002.

136. ____. "Globalización de la economía mundial: la realidad y el mito", *Cuba Socialista* No. 2, La Habana, 1996.

137. Osvaldo Martínez, Rafael Cervantes, Roberto Regalado y otros, "Internacionalismo de los oprimidos vs. capitalismo transnacional" (Mesa Redonda). *Contracorriente* No. 8, 1997.

138. Carlos Marx. *El Capital* (en 3 tomos), Editorial Ciencias Sociales, La Habana, 1973.

139. ____. "El Capital. Capítulo XXIV: La llamada acumulación originaria", en *O.E.* (en tres tomos), t.2, Editorial Progreso, Moscú, 1981.

140. ____. "Proyecto de respuesta a la carta de V.I. Zasúlich", en *O.E.* (en 3 tomos), t. 3, Editorial Progreso, Moscú, 1981.

141. ____. "Carta a Joseph Weydemeyer", en *O.E.* (en tres tomos), t.1, Editorial Progreso, Moscú, 1973.

142. ____. *Contribución a la crítica de la Economía Política*, Instituto Cubano del Libro, La Habana, 1970.

143. ____. *Fundamentos de la crítica de la Economía Política*, en *O.E.* (en 2 tomos), Editorial Ciencias Sociales, La Habana, 1975.

144. ____. "Las luchas de clases en Francia de 1848 a 1850", en *O.E.* (en 3 tomos), t.1, Editorial Progreso, Moscú, 1973.

145. ____. "Trabajo asalariado y capital", en *O.E.* (en 3 tomos), t.1. Editorial Progreso, Moscú, 1973.

146. ____. "El 18 Brumario de Luis Bonaparte", en *O.E.* (en 3 tomos), t. 1, Editorial Progreso, Moscú, 1973.

147. Carlos Marx y Federico Engels. "Manifiesto del Partido Comunista", en *O.E.* (en 3 tomos), t. 1, Editorial Progreso, Moscú, 1973.

148. ____. "Feuerbach. Oposición entre las concepciones materialista e idealista (Capítulo I de *La Ideología Alemana*)", en *O.E.* (en 3 tomos), t. 1, Editorial Progreso, Moscú, 1973.

149. Claude Meillassoux. "Clases y cuerpos sociales", en *Marx y el siglo XXI. Una Defensa de la historia y del socialismo*, Renán Vega (editor), Ediciones Pensamiento Crítico, Bogotá, 1997.

150. Memorias del Seminario Partidos Políticos y Gestión Estratégica, ILPES-Dolmen Ediciones, Santiago de Chile, 1997.

151. Mesa Redonda "¿Por qué cayó el socialismo en Europa Oriental?", Rafael Hernández (moderador), *Temas* No. 39–40, La Habana, octubre–diciembre 2004.

152. Lawrence Mishel y otros. *The State of Working America 1996–1997*. Institute of Economic Policy. Armonk: M. E. Sharpe, 1997.

153. Pedro Monreal. "Crisis económica y consenso conservador en los Estados Unidos en los años 90", *Cuadernos de Nuestra América*, Vol. VI No. 12, Centro de Estudios sobre América, La Habana, 1999.

154. Esteban Morales. "USA: la crisis de un liderazgo y el liderazgo de una crisis", *Temas Económicos*, Centro de Estudios sobre América, La Habana, 1980.

155. Andrés Nina. "La Doctrina de Seguridad Nacional y la Integración Latinoamericana", *Nueva Sociedad* No. 27, Caracas, 1976.

156. Jorge Núñez. *La guerra interminable: Estados Unidos contra América Latina*, Centro de Ecuación Popular, Quito, 1989.

157. Carlos Oliva Campos. "Estados Unidos-América Latina y el Caribe: entre el panamericanismos hegemónico y la integración independiente", *Historia y perspectiva de la integración latinoamericana*, Asociación por la Unidad de Nuestra América (Cuba) y Escuela de Historia de la Universidad Michoacana de San Nicolás de Hidalgo, Morelia, 2000.

158. Boris Orlov. "Acerca de la correlación entre la teoría y la práctica en la actividad de la socialdemocracia", en *Memorias del Seminario Internacional Proyección de la socialdemocracia en el mundo actual* (en dos tomos), t.1, La Habana, 6–9 de octubre de 1981.

159. Ludolfo Paramio. *Tras el diluvio: la izquierda ante el fin de siglo*, Editorial Siglo XXI, México D.F., 1996.

160. Partido Comunista de Cuba. "Por una alternativa popular para América Latina" (ponencia presentada por la delegación del Partido Comunista de Cuba en el VII Encuentro del Foro de San Pablo), *Cuba Socialista* No. 7, La Habana, 1997.

161. Partido Socialista de los Trabajadores. "Lo que anunció la caída de la bolsa de valores de 1987" (Resolución aprobada por el congreso de 1988 del Partido Socialista de los Trabajadores de Estados Unidos), *Nueva Internacional*, No. 4, 1995.

162. Esther Pérez. "Estados Unidos-América Latina: apuntes para el estudio de la relación ideológica", *Cuadernos de Nuestra América* Vol. III No. 6, Centro de Estudios sobre América, La Habana, 1986.

163. José Lorenzo Pérez. "Democracia limitada y poder militar", *Nueva Sociedad*, Caracas, marzo–abril 1980.

164. Álvaro Portillo. "Innovación política y transformaciones en Montevideo luego de ocho años de gobierno de la izquierda", en *Gobiernos de izquierda en América Latina: el desafío del cambio*. Beatriz Stolowicz (coordinadora), Plaza y Valdés Editores, México D.F., 1999.

165. Sonia Picado. "Democracia y derechos en la agenda latinoamericana", *Cuadernos de Nuestra América* Vol. IX No. 19, Centro de Estudios sobre América, La Habana, 1992.

166. Plan de Acción de la "Cumbre Regional para el Desarrollo Político y los Principios Democráticos", Brasilia, 6 de julio de 1997, en *Gobernar la globalización*, Ediciones Demos, México D.F., 1997.

167. Jaime Preciado. "Elecciones y democratización en América Latina", en *Los partidos políticos en el tercer milenio*, Conferencia Permanente de Partidos Políticos de América Latina y el Caribe (COPPPAL), Memorias del Encuentro celebrado en la Ciudad de México el 22 y 23 de febrero de 1996.

168. Lourdes Regueiro. "ALCA: los desencuentros en la agenda de negociación", *Cuba Socialista* No. 26. La Habana, 2002.

169. Carlos Rico. "De cara a un mundo de bloques: proyectos y procesos de integración en el continente americano", *Cuadernos de Nuestra América* Vol. IX No. 19, Centro de Estudios sobre América, La Habana, 1992.

170. Eugenio del Río. "La clase obrera como sujeto revolucionario. Reconsideración crítica", en *Marx y el siglo XXI. Una Defensa de la historia y del socialismo*, Renán Vega (editor), Ediciones Pensamiento Crítico, Bogotá, 1997.

171. Nelson A. Rockefeller. "La calidad de la vida en las Américas", *Documentos No. 1*, Centro de Estudios sobre América, La Habana, 1980.

172. Fernando Rojas. "Neoliberalismo y reconstrucción capitalista", en *¿"Fin de la historia" o desorden mundial? Crítica a la ideología del progreso y reivindicación del socialismo*, en Renán Vega (editor), Ediciones Antropos Ltda., Bogotá, 1997.

173. Juan Manuel Santos. "La Tercera Vía, una alternativa para Colombia", en *La Tercera Vía: nuevas políticas para el nuevo siglo/Una alternativa para Colombia*, Tony Blair y Juan Manuel Santos, Editora Aguilar, Bogotá, 1999.

174. Germán Sánchez. "Diez reflexiones sobre el neoliberalismo en América Latina y el Caribe, *Cuadernos de Nuestra América* Vol. IX No. 19, Centro de Estudios sobre América, La Habana, 1992.

175. Julio María Sanguinetti. "Los nuevos caminos". Intervención en el Encuentro "Los nuevos Caminos de América Latina", organizado por el Círculo de Montevideo, Montevideo, setiembre de 1996.

176. Eduardo Sartelli. "MERCOSUR y clase obrera". Ponencia distribuida en el Seminario Internacional "Crisis del neoliberalismo y vigencia de las utopías", organizado por la revista *América Libre* y la Facultad de Filosofía de la Universidad de Buenos Aires, Buenos Aires, 1996.

177. Jacobo Schatan. *Deuda externa, Neoliberalismo y Globalización. El saqueo de América Latina*, LOM Ediciones/Universidad Arcis, Santiago de Chile, 1998.

178. Gregorio Selser. *Reagan: entre El Salvador y las Malvinas*, Mex-Sur Editorial, México D.F., 1982.

179. ____. "Hispanoamérica en el umbral de 1980", *Nueva Sociedad*, Caracas, marzo–abril 1980.

180. Holly Sklar. "Trilateralism: managing dependence and democracy — an overview", en Holly Sklar (editor) *Trilateralism: The Trilateral Commission and Élite Planning for World Management*, South End Press, Boston, 1980.

181. Beatriz Stolowicz (coordinadora). "Presentación". *Gobiernos de izquierda en América Latina: el desafío del cambio*, Plaza y Valdés Editores, México D.F., 1999.

182. ____. "La izquierda, el gobierno y la política: algunas reflexiones", en *Gobiernos de izquierda en América Latina: el desafío del cambio*, Beatriz Stolowicz (coordinadora), Plaza y Valdés Editores, México D.F., 1999.

183. Luis Suárez Salazar. "La política de la Revolución Cubana hacia América Latina: notas para una periodización", *Cuadernos de Nuestra América* Vol. III No. 6, Centro de Estudios sobre América, La Habana, 1986.

184. ____. *Madre América: un siglo de violencia y dolor [1898–1989]*, Editorial Ciencias Sociales, La Habana, 2004.

185. Martín Tanaka. "¿Crisis de los partidos políticos?", en *Los partidos políticos en el tercer milenio*, Conferencia Permanente de Partidos Políticos de América Latina y el Caribe (COPPPAL), Memorias del Encuentro celebrado en la Ciudad de México el 22 y 23 de febrero de 1996.

186. Jorge Tapia. "La Doctrina de Seguridad Nacional y el rol político de las fuerzas armadas", *Nueva Sociedad*, Caracas, marzo–abril 1980.

187. Alain Touraine. "Seis hipótesis sobre América Latina". Intervención en el Encuentro "Los nuevos Caminos de América Latina", organizado por el Círculo de Montevideo, Montevideo, setiembre de 1996.

188. José Eduardo Utzig. "La izquierda en los gobiernos locales: el caso de Porto Alegre, en *Gobiernos de izquierda en América Latina: el desafío del cambio*, Beatriz Stolowicz (coordinadora), Plaza y Valdés Editores, México D.F., 1999.

189. Juan Valdés Paz. "Cuba y la crisis centroamericana", *Cuadernos de Nuestra América* Vol. I No. 2, Centro de Estudios sobre América, La Habana, 1984.

190. ____. "La política exterior de Cuba hacia América Latina y el Caribe en los años 90: los temas", *Cuadernos de Nuestra América* Vol. IX No. 19, Centro de Estudios sobre América, La Habana, 1992.

191. Renán Vega. *¿...*"Fin de la historia" o desorden mundial? Crítica a las ideologías del progreso y reivindicación del socialismo*, Ediciones Antropos Ltda., Santafé de Bogotá, 1997.

192. Carlos Vilas. "Actores, sujetos, movimientos: ¿Dónde quedaron las clases?", *Nuestra Bandera* No. 176/177, Vol. 2, Madrid, 1998.

193. ____. "Después del ajuste: la política social entre el Estado y el mercado", en *Estado y políticas sociales después del ajuste: Debates y alternativas*, Carlos Vilas (editor), Editorial Nueva Sociedad, Caracas, 1995.

194. José Woldenberg. "La vigencia de los partidos políticos", en *Los partidos políticos en el tercer milenio*, Conferencia Permanente de Partidos Políticos de América Latina y el Caribe (COPPPAL), Memorias del Encuentro celebrado en la Ciudad de México el 22 y 23 de febrero de 1996.

195. Francisco Zapata. *Ideología y política en América Latina*, El Colegio de México, Centro de Estudios Sociológicos, México D.F., 2002.

196. Hugo Zemelman. "Enseñanzas del gobierno de la Unidad Popular en Chile", en *Gobiernos de izquierda en América Latina: el desafío del cambio*, Beatriz Stolowicz (coordinadora), Plaza y Valdés Editores, México D.F., 1999.

AMÉRICA LATINA
Despertar de un continente
Por Ernesto Che Guevara

La presente antología lleva al lector de la mano, a través de un ordena-miento cronológico y de diversos estilos, por tres etapas que conforman la mayor parte del ideario y el pensamiento de Che sobre América Latina.

495 páginas, ISBN 1-876175-71-0

UN SIGLO DE TERROR EN AMÉRICA LATINA
Una crónica de crímenes contra la humanidad
Por Luis Suárez Salazar

Una visión panorámica de la historia de las intervenciones y crímenes de guerra de los Estados Unidos en América Latina.

Este libro, además de contribuir al enriquecimiento de la memoria histórica, sirve como un acicate para la elaboración de alternativas nove-dosas frente al genocida y depredador modelo económico, social, político e ideológico-cultural impuesto por las principales potencias imperialistas, encabezadas por los sectores neoconservadores, neoliberales y neofascis-tas dominantes en los Estados Unidos durante los últimos 100 años.

596 páginas, ISBN 1-920888-49-7

CHE GUEVARA Y LA REVOLUCIÓN LATINOAMERICANA
Por Manuel "Barbarroja" Piñeiro

Manuel Piñeiro, conocido como "Barbarroja" fue por décadas una figura de gran misterio. Como jefe del Área de América del Departamento de Relaciones Interacionales del Partido Comunista de Cuba, supervisó las operaciones cubanas en apoyo a los movimientos de liberación en todos los continentes, en especial en América Latina y África. En esta tarea, colaboró de manera muy cercana con Che Guevara en las misiones del Congo y Bolivia.

Este libro incluye varias nuevas y extraordinarias revelaciones acerca del papel de Cuba en América Latina, así como profundas valoraciones sobre la vida y el legado de Che Guevara.

300 páginas, ISBN 1-920888-85-3

LIBROS DE OCEAN SUR

MANIFIESTO
Tres textos clásicos para cambiar el mundo
Por Ernesto Che Guevara, Rosa Luxemburgo, Carlos Marx y Federico Engels
Prefacio por Adrienne Rich, Introducción por Armando Hart

"Si es curioso y sensible a la vida que existe a su alrededor, si le preocupa
por qué, cómo y por quiénes se tiene y se utiliza el poder político, si siente
que tienen que haber buenas razones intelectuales para su intranquilidad,
si su curiosidad y sensibilidad lo llevan a un deseo de actuar con otros,
para 'hacer algo', ya tiene mucho en común con los autores de los tres
ensayos que contiene este libro." —Adrienne Rich, Prefacio a *Manifiesto*

186 páginas, ISBN 1-920888-13-6

CUBA Y VENEZUELA
Reflexiones y debates
Por Germán Sánchez

Cuba y Venezuela es un resumen analítico sobre la Revolución cubana
y una comparación histórica entre la misma y el proceso de cambios que
hoy acontece en Venezuela con la Revolución bolivariana. Conteniendo
temas comunes a ambos países en el ámbito cultural, comercial, diplomático, político y otros, el autor nos lleva a descubrir los fundamentos y
principios de los vínculos entre los pueblos venezolano y cubano en este
inicio de milenio.

324 páginas, ISBN 1-920888-34-9

CHÁVEZ: UN HOMBRE QUE ANDA POR AHÍ
Una entrevista con Hugo Chávez por Aleida Guevara

Aleida Guevara, médico pediatra e hija mayor del Che Guevara, entrevistó
al Presidente Hugo Chávez en febrero del 2004. La entrevista lleva al
lector a descubrir la Revolución bolivariana y a la vez toda la falsedad que
esgrimen sus enemigos. Cubre el proceso bolivariano que intenta darle
una vida digna a los que por siglos han sido olvidados y explotados.

145 páginas, ISBN 1-920888-22-5

ocean
sur

www.oceansur.com
www.oceanbooks.com.au